汉语轻动词加工的神经机制研究

The neurocognitive mechanisms underlying the processing of light verbs in Mandarin Chinese

封世文 著

上海社会科学院出版社
SHANGHAI ACADEMY OF SOCIAL SCIENCES PRESS

本书的研究工作和出版得到了国家哲学社会科学基金（09CYY016，10ZD&126，17ZDA301）、江苏省哲学社会科学重点项目（16AYY001）、南通大学科研启动基金等项目的资助。

目　录

第一章　绪言

对语言的研究经历了从结构主义到形式主义的过程。结构主义注重对语言结构进行描写，但是也注重对语言机能的研究〔索绪尔(2004：32)〕。生成语法提出研究语言能力，最初注重句法的形式化，现阶段的口号是生物语言学，目的是研究人脑的语言机制。这表明，生成语法从诞生之日开始，就将研究人脑语言功能作为己任。生成语法的哲学基础是笛卡儿的二元论，认为语言必然有物质基础，这个物质基础的承载者就是人脑。从《句法结构》开始，乔姆斯基(Chomsky)就认为，人类可以通过有限的声音和单词，创造出无限的句子来，而这些句子都可能是合乎语法的，因此我们就有可能通过对这些有限的材料进行分析，得出产生合法句子的规则。在《句法理论面面观》(*Aspects of the Theory of Syntax*)中，乔姆斯基进一步指出，人类语言能力是遗传而来的，语言能力是人类遗传机制的一部分。这种遗传能力加上语言习得机制的作用保证了儿童在短时间内可以说出合乎语法的句子。20 世纪 80 年代以来，乔姆斯基提出了管约理论，其中的原则与参数理论进一步将人类语言能力细化。由于遗传使然，人脑中存在一种初始状态，可以称为 S_0，这种初始状态也叫作普遍语法(Universial Grammar，UG)。大脑语言机制还有一部分是原则，这些原则是遗传而来的，在应用这些具体原则的时候可以造成不同的差异，这些差异就是参数。当儿童在习得语言的时候，唯一可变的因素就是这些参数 α，因此在汉语环境里习得语言和在英语环境里习得语言的儿童最后形成的个体差异就是个体语言 S_S。用公式表示就是 UG·α=PG，也就是说这个过程就是 S_0……S_S。但是在原则与参数阶段，由于不同语言之间的表层差异过大，原则和参数又得不到有效的限制，导致了用来解释语言的原则和参数越来越大、越来越复杂，这样就减少了这个理论的解释力。因此，必须给原则和参数提出限制。20 世纪 90 年代，乔姆斯基提出了最简方案，其中的新思想就是经济原则或简便原则(Economy Principles)，包括 3 条规则，即包括推导经济和实体经济两个方面。这就将移位推导过程以及词组结构这些内容推向了语言学研究的前沿。

现阶段生成语法的研究热点是采用生物语言学的观点研究人类语言的普遍性特征，例如句法的递归性等。最简方案和乔姆斯基最近的语言学思想认为，语言系统包括认知系统和表现系统，而认知系统则包含词库和演算系统，表现系统包含发音和概念。从认知到表现的推导过程中，合并成为优于移位的过程，而词汇范畴(名词、动词、形容词等)会形成以这些词为核心构成的词组结构，词汇范畴就相应地转变为这些词组结构中具有功能的功能性范畴。最简方案中研究的功能性范畴结构包括 vP、TP、CP、DP 等。因此，vP 中的 v 也就成了生成语法研究的重要内容。vP 作为词组结构，承接词与句子的生成过程，对它的研究必然要涉及句法推导过程和词组、句子以及复合词结构的生成过程。而这些过程在大脑中加工时所涉及的神经机制正是生成语法要研究的语言能力。

神经科学或称脑科学，现阶段的关注点是人脑的高级认知功能，特别是大脑的语言能力。脑的各种高级功能，诸如感知、运动控制、学习记忆、情绪、意识和语言等都是现阶段研究的主要内容。而这些高级的认知功能中，只有语言能力是人类区别于其他动物而独有的功能。对于语言能力的发生机制的研究一直是科学研究的热点和难点。大脑是语言的载体，但长期以来，对语言的研究只能通过观察正常人和大脑受损伤的病人来开展。自从1861年布洛卡发现了Tan病人的运动性失语和1874年韦尼克发现了病人的理解性失语以来，人类就脑与语言的关系展开了深入细致的科学研究。通过从基因水平、分子水平、细胞水平、神经水平以及行为水平的研究，对语言产生和理解的生理机制进行探讨，建立语言加工的脑机制模型，从而揭示人脑语言加工的本质。在基因、分子以及细胞等微观技术层面上，从19世纪末叶开始，Cajal染色法的发明在技术上为Cajal的神经元学说研究准备了前提条件，模片钳位技术为单个离子通道的研究提供了可能，分子遗传学方法的发展使基因定位得以实现。1990年，研究者发现了一个叫作“KEs”的家族，这个家族中有一半的人存在着言语和语言错乱。研究表明，这是由一种常染色体中的显性基因或相关的基因造成的，称作“语法基因”。1998年，研究者将言语错乱与7号染色体中的一段联系在一起，它们被称作SPCH1。与此同时，有人发现了一位名叫CS的病人，这个人的基因损伤部位与KE家族相似，都在SPCH1片段上，于是研究者将这段染色体包含的基因叫作FOXP2。研究认为，正常的人脑回路是语言和言语的物质基础，而 FOXP2 基因在这种回路的正常语言形成中起作用，而不只是在变异过程中起破坏作用。FOXP2 属于编码转录因子(激发复制或促使基因变成信使 RNA 的一些蛋白质)，这些因子在胚胎的形成中起重要的作用。这个蛋白质家族中的一个明确的特征是“复制叉头部(forkhead)结构域和 DNA 中的靶区域有联系”，而且在 FOXP2 基因变异中受影响的就是这个结构域。FOXP2 基因在胎儿的脑组织和老鼠胚胎的大脑皮层的形成中也可以发现。在 CS 和部分 KE 家族成员中，只有一个 FOXP2 基因的备份是被破坏的。所以研究者认为，在胎儿脑发育的关键点上，受到影响的个体中只有正常人的一半的转录因子在起作用，而这对控制早期语言的脑发育是不够的。这是最近关于语言基因的发现和讨论。语言基因的讨论在语言障碍研究中特别受到学界的重视。例如原发性进行性失语(primary progressive aphasia, PPA)，这种失语症也叫作额颞退化(frontotemporal lobar degeneration, FTLD)或者额颞叶痴呆(frontotemporal dementia, FTD)。此类失语症最初症状与阿尔茨海默病症状类似，但是发病年龄一般在 65 岁之前。主要类型有额颞叶痴呆症、语义痴呆症、发展性非流利失语。这种疾病的主要症状是行为改变和认知能力受损，特别是语言能力和执行能力严重受损。这些病人中大约有 20%～30%会出现常染色体显性遗传，这其中一半左右的人是由于 MAPT、CHMP2B 和 VCP 等基因片段造成的。Snowden 等在 2006 年报道，大约 20%的家族性发病原因与膜下微管蛋白基因突变(microtubule-associated protein tau, MAPT)相关〔Mann(2005)〕，这其中又有许多与颗粒蛋白前体基因(progranulin, PGRN)相关，这个基因位于 MAPT 上部 1.7 肌红蛋白处。Baker 等在

2006年报道了在F337的曼彻斯特家庭中,Q486X基因序列突变以及F53家庭中的Q130Sfs－X124基因序列的突变。他还报道了两个C31LfsX34和T382SfsX29序列的框架转移以及位于exon 8(IVS8＋1G→A)的5′－splice的一个基因突变。Cruts等在2006年报道了一个比利时家族(DR8)普遍的基因突变情况,发现在基因内区0的＋5位置相关的第一个非编码外显子0中存在G－C颠换(IVS0＋5G→C)。在随后的研究中又发现了其他的4个突变,1个无意义(Q125X);2个存在框架转移(P127RfsX1和A237WfsX3);还有1个外显子中的G→A颠换破坏Met 1转录起始密码子。因此他们认为颗粒蛋白前体(GRN)突变造成的基因序列译码终止等可能是额颞叶退化病人发病产生语言障碍的原因。Swieten等2008年综述了造成此类失语的GRN类型中的临床和病理学GRN突变,以区别于此类遗传失语中形成的类型。还讨论了GRN突变和TARDBP(即TDP－43)蛋白堆积的关系,认为GRN突变会导致TARDBP积累的反常,尽管此中的原因还未曾可知,但是已有研究开始关注。Caso等2012年还报道了一列Cys157LysfsX97突变引起的PPA。这些都是从基因层面对语言机制做出的有效探讨。

从神经水平等较宏观层面对人脑语言机制的研究的快速推进始于神经脑电生理技术和脑成像技术的发明。1929年,德国精神科医师Berger首次发表脑电波图并命名为EEG。1932年,Dietch首次发表了进行EEG分析的文章。1940年,随着脑电技术的发明,该技术被运用到对癫痫病的研究。此后,大量使用EEG技术进行人脑认知功能的研究开始出现。到20世纪八九十年代,研究者们已经发现了多种脑电成分和特定的认知功能相关,例如Kutas和Hillyard在1980

年发现了句尾 ERP 成分 N400 与句子的理解加工有关，随后研究者又发现 P300、P600 等成分分别与语音、句法启动相关。脑成像技术，主要包括 MRI、PET、MEG 等。MRI（Magnetic Resonance Imaging，磁共振成像）产生于 20 世纪 70 年代。1970 年，美国纽约州立大学的 Raymond Damadian 发现正常组织的 NMR（Nuclear Magnetic Resonance）信号与病变组织的信号明显不同。这以后，Paul Lauterbur、Peter Mansfield 和 Graunell 发展了各种成像方法，前两者还因此获得了 2003 年诺贝尔生理学或医学奖。1976 年 Mansfield 得到了第一幅人体断层像，1977 年世界上第一台名为 indomitable 的全身磁共振成像装置诞生，1978 年的图像质量已经接近 CT，1980 年磁共振成像设备开始用于商业，这之后，磁共振成像技术开始进入一个飞速发展的时期。美国 Technicare 公司、GE 公司，德国 Siemens 公司，荷兰 Philips 公司等先后成为最负盛名的磁共振设备制造商，临床上也开始应用磁共振成像进行疾病的早期诊断。目前，临床和科研上运用最广的为 1.5 T 和 3 T 的 MRI 设备，3 T 场强最新一代的磁共振设备也已经在国内外著名的语言学研究机构中被广泛使用，国内外的某些研究机构已运用场强高达 7 T 甚至更高场强的 MRI 装置进行人脑高级功能的科学研究。

为了配合技术革命对脑科学研究的深入，欧美国家宣布 21 世纪是“脑科学时代”。1989 年，美国率先把 20 世纪的最后 10 年命名为“脑的十年”，研究的重点是保护脑，防治脑疾病；欧洲则兼顾保护脑和了解脑；日本于 1996 年制订了“脑科学时代计划”，把创造脑提到了与了解脑、保护脑并重的地位，并成为脑研究的三大目标。基于此，2012 年发表于 *Neuro* 杂志的研究指出，必须借助于和开发新的无介入方法和技术来探讨单个神经细胞的活动。在美国诸多科学家的推动下，2013 年，美国奥巴马政府又提出人脑活动图谱计划（Brain Activity Map project，BAM），这一计划的核心是绘制人脑神经元的功能图谱，预计投入研究经费 30 亿美元，这可以与总投入 38 亿美元的人类基因组计划相媲美。随后，日本文部省宣布跟进脑图谱的相关研究，准备投入数百亿日元对灵长类动物大脑活动和功能进行全面的研究。投入研发资金规模更大的中国脑计划目前也在逐步推进之中，在各种已有的信息和报道中，可以预测的是包括语言能力在内脑的高级认知功能将会是中国脑计划重点研究的内容。语言脑机制的研究之所以成为各种脑计划的重点研究方向，是因为我们目前对大脑语言能力复杂性的了解还知之甚少，但语言机制的科学研究在提出这些计划前确实已经具备一定的研究基础并取得了明显的进展，例如诺贝尔奖获得者 Sperry 提出的左右脑分工说，以及已经在临床上被用来治疗中风患者的运动性失语和理解性失语脑区的发现等。目前，研究者们将语言的脑机制研究的关注点放在了语言的传导过程以及脑区之间的关系之上。1991 年，Mayeux 和 Kandel 在 Wernicke－Geschwind 模型基础上提出新的语言信息处理模型。听觉输入的语言信息由听皮层传至角回，然后至韦尼克区，再传到布洛卡区。视觉输入的语言信息直接从视觉联合皮层传至布洛卡区。对一个词的视知觉与听知觉是由感觉模式不同的通路相互独立处理的，这些通路各自独立地到达布洛卡区，以及与语言含义和语言表达相关的更高级区域。大脑中，语言处理通路的每一步工作机理都可进行深入研究。例如，1996 年，Yip 和 Sussman 提出在语音学规则中使用双向约束传播机理，可以解释神经水平的听觉信号怎样对应思维层次的符号。另外依据脑成像技术，研究者们提出语言理解加工神经机制的背侧和腹侧通路理论〔Rauschecker 等(2000),Hickok 等(2004),Saur 等(2008)〕。

句法是语言规则的体现,而句法的复杂性在理论上尚且存在极大争议,目前理论语言学研究中提出的轻动词理论及其主要研究内容表明,轻动词是句法和语言脑机制研究的重要契合点。轻动词(light verb)是生成语法研究的重要内容之一,也是近年来生成语法理论研究的重要突破口。生成语法发展到最简方案阶段,提出了"大词库,小语法"的概念,对于词库的研究成为生成语法研究的焦点之一,生成语法研究者还围绕词库等问题提出了 LRC、LRS 等相关概念。同时对于词库的概念也有了新的诠释,最简方案的词库分为两个部分,一个部分是词类,例如名词、动词、形容词等;另一个部分是功能性范畴,包括时态、一致性关系以及轻动词等〔Chomsky(1995)〕。这些功能性范畴(Functional Category),在某一特定的语言里,有的可以通过实在的句法成分表现出来,有的则没有或者用其他形态表现出来。英语中的轻动词就是没有语音形式的功能范畴,黄正德(2004)认为,轻动词在语法上的表现则像一种虚词(功能性范畴)与一般以 VP 为补语的助动词类似。在语音方面,轻动词或只有词缀的地位或根本没有语音成分,不能独立成词,必须仰赖词根的支撑才能存在,而词根经过核心词上移造就了句子的表面词序。很明显,这是针对英语轻动词提出的概念,据此我们认为,英语中没有实在的句子成分和语音形式与之对应,但是轻动词存在句法功能。这些没有语音形式的功能性范畴,在汉语里是否存在对应的具有语音形式的句法成分,也就是说汉语中存不存在具有轻动词功能的成分,这些成分有没有语音形式,这一研究可以提供轻动词是否具有普遍语法意义的新证据,也是汉语轻动词研究的前提。

研究汉语中是否存在轻动词的重要意义还在于可以验证汉语中某些句法现象用轻动词解决是否合理。例如，汉语中，有些人认为轻动词必须具有“使成”意义，但是具有使成意义的词与轻动词的关系还不得而知。因此研究汉语的轻动词，不但要研究汉语轻动词是否存在，还要研究汉语轻动词是否能解决汉语的问题。换言之，从普遍语法角度看，既然轻动词作为大脑词库中必需的功能性成分之一，因此汉语中轻动词的存在必须获得理论和实验证据的支持；另一方面，从汉语的个性来看，汉语是与英语等其他语言差异非常明显的语言，也就是说汉语中存在许多不同于英语的参数，例如限定性结构的表现方式，格的外在形式等，因此汉语轻动词必然也会表现出与英语轻动词不同的参数。对于这些不同参数的研究，正是可以表明轻动词到底可以解决汉语的哪些问题。汉语中存在争论的句法-语义接口问题、使动意义与被动意义、双宾语句以及词组移位等问题，都迫切需要有新的理论来解释，汉语轻动词的研究正是瞄准了这一方向。例如，轻动词研究对于汉语词组问题研究的意义，一方面可以研究词组作为词与句子的中间单位与轻动词作为句法与语义接口研究的一致性；另一方面还可以深入探讨提出轻动词研究的 VP 壳理论及最简方案中的以词组生成为基础的句法分析过程。

语义内容比较单纯是轻动词之所以“轻”的一个普遍特点，轻动词是纯粹的具有句法功能的成分，因此，对于研究句法的普遍性规则以及句法的神经机制来说，轻动词是最恰当不过的实验语料。研究汉语轻动词可以从理论上推进普遍语法的研究，从而可以进一步了解人类语言的普遍语法规则以及这些规则的具体运作方式，对解释人脑的普遍语言能力具有重要意义。语言研究的最终目的是为了揭开人类语言之谜，因此理论研究只是开始，随着研究的深入，理论需要与人脑加工的实际相结合，通过实验验证理论假设，再在理论假设和实验结论的基础上，勾画出人脑语言运转机制的模型，才能真正揭示出人脑的语言奥秘。进一步说，汉语中是否存在轻动词还需要进行实验验证，也就是验证汉语轻动词的句法处理过程是否有神经基础，即理论假设是不是和大脑实际的处理过程一致，这样才能从根本上说明，汉语轻动词的实际存在以及它的神经基础。现代科技手段的进步，使人脑从一个“黑匣子”逐步转变为一个“灰匣子”，有的技术，例如 fMRI，更可以实时采集人脑处理语言时的血流变化情况，还有的技术，例如 TMS，可以改变神经细胞之间的联系，从而采集神经细胞之间的电流变化，这些技术俨然已经将大脑变成了一个半透明的玻璃匣子。因此，研究语言能力的神经机制，包括本书进行的汉语轻动词神经机制研究，有强有力的科技手段作为保障，这对于进一步发挥这些现代科技手段的作用也具有重要意义。

综上所述，轻动词研究与语言能力特别是句法神经机制研究的契合点具体表现为：

（一）轻动词最大的特点是表现以轻动词为中心的词组结构在句子中的功能，而对句子理解机制的探讨无疑是人脑语言神经机制要解决的最重要的问题。

（二）轻动词的存在导致了句子中核心词等成分的移位，这种移位可以看成是轻动词功能传导的过程，而人脑在处理语言加工时也存在着不同脑区之间的传导关系，即脑网络。

（三）轻动词归根到底是句子句法语义成分的一种，因此与轻动词加工相关的脑加工过程，与句子中句法语义的脑加工过程似乎应有某种一致性。

通过对语言学相关理论和语言神经机制研究相关的假设及关键问题的分析，以及上述轻动词研究和语言神经机制研究的3个契合点的阐述表明，我们要研究汉语的神经机制，就必须对汉语加工的句法和语义过程进行研究，这个研究必须在词组和句子或更大的层面上展开。汉语轻动词是词和词组、句子联系的一个重要核心环节，因此对于汉语轻动词加工的神经机制研究，不但可以揭示轻动词存在的合理性，还可以揭示汉语句法和语义加工的神经机制，汉语作为世界上几种主要语言类型的代表语言，对汉语加工神经机制的研究，无疑可以为更好地研究人类语言能力的神经机制，提供具有参考价值的成果。

第二章　轻动词理论和汉语句法加工研究

轻动词是基于生成语法基础上提出的理论假设，提出于生成语法的最简方案时期。轻动词这一理论假设还存在诸多争论，从神经机制的角度对轻动词假设所做的相关研究很少，因此在进行轻动词加工的神经机制研究时，可参照的实验研究范式非常少。但是，基于轻动词的句法属性以及本研究的实验性，将与轻动词假设理论和轻动词加工研究相关的句法、语义加工的神经机制，包括汉语句法神经机制研究做一个比较简单的介绍非常有必要。

第一节　轻动词研究的理论回顾

一、轻动词假设的由来

1965 年，Jespersen 首先提出了轻动词的概念，例如 have a rest、

give a sigh 等词组中的动词都是轻动词。Grimshaw 和 Mester(1988)、Cattell(1984)等人认为轻动词是谓语的先行词,例如日语 suru 和英语中动词 + 名词短语。早期研究者认为,轻动词是一种助词,如 Hook(1974,1991)、Abeill'e 等(1998)等。Butt(2003)则认为,轻动词是实际动词,是谓语的一部分,他认为包含轻动词的谓语是一个复杂的结构,这个复杂的结构可以定义为:(一) 论元结构复杂;(二) 主语单一并且没有成分插入;(三) 谓语的复杂表现在形态上或者句法上。他认为鉴别轻动词可以从以下几个方面出发:

首先,轻动词一般要和一个主要动词在形式上一致〔Butt 和 Lahiri(2002)〕;

其次,它们能通过主要动词和辅助词在句法和语音上得以辨认〔Butt 和 Geuder(2001)〕;

再次,句法语义对轻动词的作用难以描述。

对于轻动词假设的由来,Huang(1997)、Lin(2001)等人已经有了比较详细的介绍,我们根据他们的介绍以及近几年来的一些最新研究进展,再对轻动词研究的缘起做个简单的回顾。本书中轻动词的概念一般认为是由 Grimshaw 和 Armin(1988)、Larson(1988)、Hale 和 Keyser(1993)以及 Chomsky(1995,1998)等提出并深入展开研究的。显然,"轻动词假设"的提出是建立在对英语等语言句法分析基础之上的。其中,Larson(1988)、Hale 和 Keyser(1991,1993)以及 Chomsky(1995,1998,1999)等是从生成语法的句法-语义接口的角度提出轻动词概念。前两者是在研究英语具体句法问题的时候,提出轻动词概念,他们认为,轻动词是一种句法空位,只有最基本的语义内容,这是从语义的角度定义了轻动词。Chomsky 则是在最简方案中,将轻动词作为一种核心功能特征纳入词库特征中，他认为轻动词是及物性谓语的前置性成分。实际上，基于生成语法的轻动词概念最早来源于 Larson 在 1988 年提出的 VP 壳理论。Larson 在研究英语的双宾语结构中，发现只能将动词结构投射出一个 VP 壳，才能使下层动词移位到上一层的动词位置，从而解释双宾语动词对 NP_1 和 NP_2 的成分统制（C－Command）。具体的操作过程如下：

（1）John sent a letter to Mary

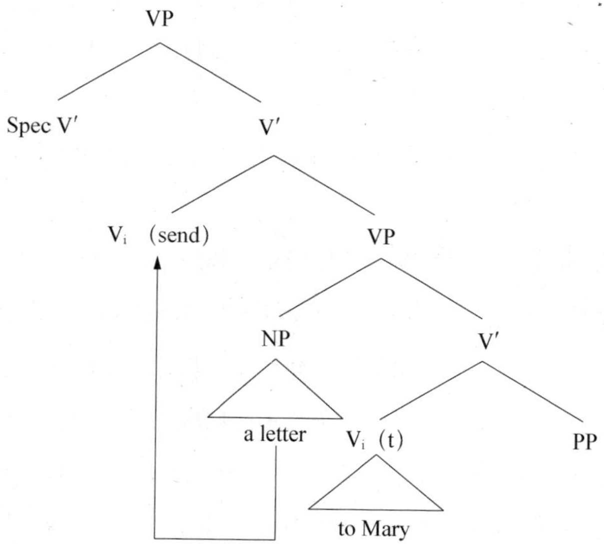

图 2－1－1 Larson(1988：343)

这表明，英语双宾语中的直接宾语要想获得格位，必须由 VP 壳中的 V′提升来赋予，而这个 V′就是轻动词。

对于汉语轻动词研究的由来，Lin(2001)已经有比较详细的论述，我们将结合汉语的一些研究再简要论述轻动词研究发展的过程。最初对英语轻动词的研究都是和事件结构或者事件性谓语联系在一起的。首先是 Hale 和 Keyser(1991,1993,1997,1999)的研究,他们认为动词词汇特征可以从句法推演中得到解释。因此,假设致使性谓语结构中包含两个动词短语,如下图所示:

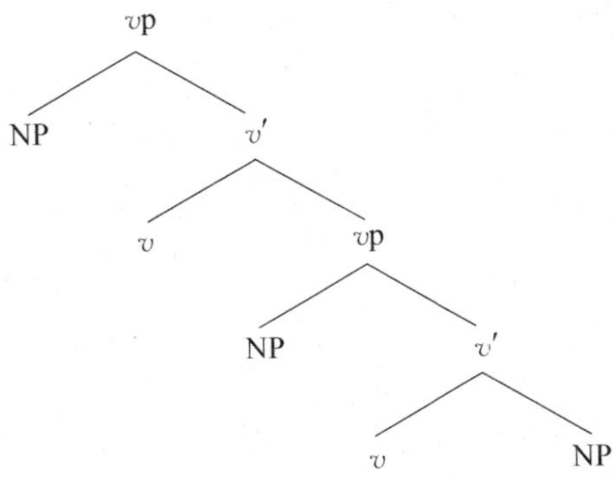

图 2-1-2

图 2-1-2 实际上包含两个 VP 壳结构,第一个 VP 壳结构表示行为的开始,是施力者,记作 CAUSE;第二个 VP 壳结构表示事情的发生,是变化者,记作 BECOME,两个结构有因果关系,从而形成了一个事件(Event),从语义上来看,这个结构就是一个事件结构(Event Structure)。因此,下面的句子就可以通过上下层 VP 结构语义关系的改变来说明为什么 put 一词会在句子生成过程中发生移位(图 2-1-3)。

他们还认为,英语中及物与不及物动词的转换同样可以用事件结构导致的移位来解释。如图 2-1-4。

a 句中 break 是不及物动词,而 b 句中则是及物动词,这是事件结构中语义关系的改变造成了动词及物和不及物关系之间的转换,也可以说是动词的移位造成的转换。

随后,Lin(2001)通过分析汉语中的"打破""撞破""吹破"等构成

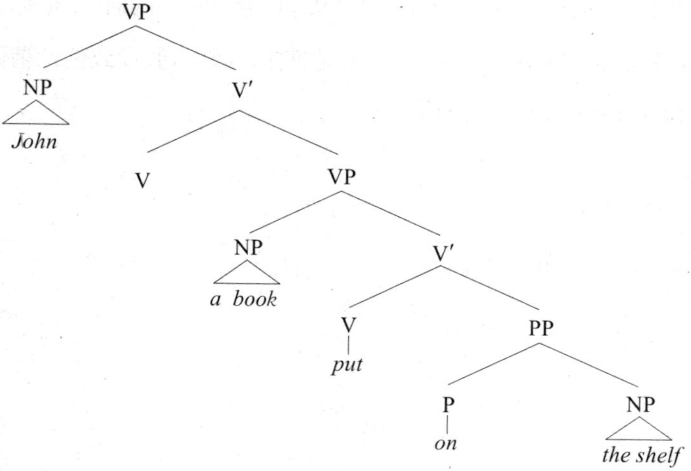

图 2-1-3　Hale and Keyser(1991)

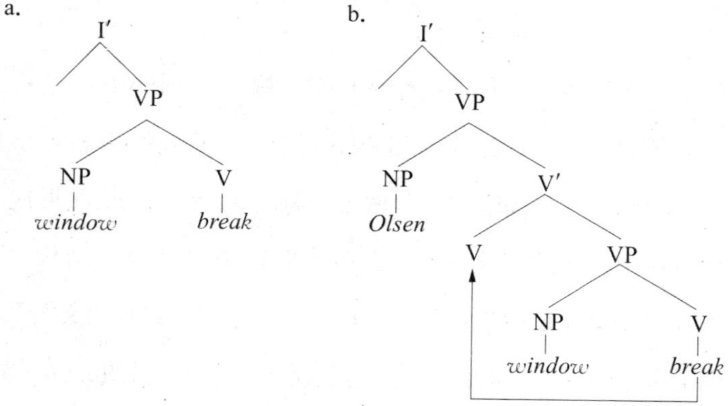

图 2-1-4　Hale and Keyser(1991)

的 V-V 复合词,发现汉语中如果一个事件结构中的动词是表示动作开始的,那么就不会造成双 VP 结构,而如果一个事件结构中的谓语是使动-施事谓语的话,那么就会造成双 VP 结构,自然就会发生动词移位。这实际上表明了,研究者称之为动补结构的汉语 V-V 复合词中存在移位机制,同时也是 Hale 和 Keyser 提出的 VP 壳理论的有力例证。其他语言，如日语的 suru 在事件结构中的作用也支持这一理论。[①] 通过对上述研究的综述，可以发现，无论是什么事件结构，只要发生动词位置的移动，总是和事件中谓语的语义内容有关，而这个谓语在英语中只以一个普通动词的形式表现出来，因此是没有语音形式的，只能用这些词的语义内容来代替它的语音形式，这些词被称作 CAUSE、BECOME 以及 DO、USE 等。

虽然对英语轻动词进行了很多研究，但是也有人认为轻动词作为一种核心的功能范畴增加了词库中的功能特征，会导致词库的无限膨胀。Rosen（1996，1999）、Ritter 等（2000）对英语轻动词与事件结构的关系做了研究，提出了一些不同的观点。Arad（1996）提出用"AspEM、AspOR"等表示动词引发移位的起点和终点的概念来替代轻动词所造成移位的功能特征。Lin（2001：11）则认为，依据轻动词构成的事件结构，完成（accomplishment）就是 CAUSE 谓语，达成（achievement）就是 BECOME 谓语，动作（activity）就是 DO 谓语，但是汉语的情况和英语不同，他认为，汉语的事件结构中，没有内在的表示目的（Telicity）的结构，因此对轻动词的句法分析可以代替语义原子的分析。

虽然对于轻动词的研究众说纷纭，但是对生成语法框架中轻动词的句法语义等属性的研究仍然在深入进行着。

我们研究汉语中的轻动词，首先就是要证明汉语句法分析中需不需要轻动词，也就是说汉语的句子生成中到底存不存在轻动词假设。这又涉及两个方面的问题，首先是汉语中存不存在具有轻动词功能的

① 可参看 Grimshaw and Mester's（1988）、Hoshi and Saito（1993）等的研究。

成分，其次是汉语中是否存在有具体语音形式的轻动词。轻动词假说作为语法研究过程中提出的重要理论假设之一，如何通过对人类语言的事实分析，证明或修正这一理论假设，使之与真实的、自然的语言加工过程相符合，是学界必须要面对的问题。由此，有学者研究了其他语言中的轻动词〔如 Choi(2001)、Miyamoto(2002)、Alboiu(2004)〕，在日语、韩语和罗马尼亚语的研究中都发现了符合轻动词假设的句法结构，以及一些具有轻动词功能的成分，例如日语中的 suru、韩语中的 ha-ta、toy-ta 和罗马尼亚语中的 fi。

Chomsky(1995)认为，轻动词是一种句法空位，不具有语音形式，也没有特定的词汇形式和它对应，现有的轻动词定义正是由此而来。最初的轻动词被认为是一种附着在及物性谓语动词之上的成分，只是在句法结构中具有一定的功能。但是，通过比对英语中轻动词的研究，研究者们发现，汉语中的轻动词具有特殊性，其中，与英语中轻动词没有语音形式不同的是，在对汉语的研究中发现了大量的具有词汇语音形式的轻动词。

汉语中存在词汇语音形式的轻动词至少有以下这些，"使、令、让"〔石定栩(2002)、熊仲儒(2004)、黄正德(1997)、冯胜利(2005a)、杨大然(2003)〕，"整、弄、搞、打"〔冯胜利(2005a)〕，"把"〔熊仲儒(2004)、沈阳等(2001)〕，"被"〔吴庚堂(1999)、李红梅(2004)、熊仲儒(2003)〕，"得"〔沈阳等(2001)、何元建(2000)、杨寿勋(1998)〕，"着、了、过、得"等〔Lin(2001)〕，"有"〔冯胜利(2005b)〕，"的"〔戴曼纯(2004)〕。这些词从传统语法的观点来看，有的是动词、有的是介词、有的是助词，尽管词性不同，但是它们的功能却相似，即都能在轻动词结构中充当轻动词或者黏着性词缀构成轻动词结构，这些词在轻动词结构中的作用以及表现形式的不同还有待进一步研究。

Huang(1997)在研究汉语的词汇结构和句法投射的时候，将关注点转向汉语轻动词。他认为，汉语中的动词在语义结构上都包含DO、BECOME、CAUSE、OCCUR、BE或HOLD等没有语音形式的隐含动词，正是这些隐含动词的存在导致了动词移位，也造成了实际的词序。这种移位在汉语和日语中，可以在句法层面表现，在英语中，他认为可以在词库内进行。这是因为汉语和日语中的轻动词可以为事件语义提供句法根基，而英语的事件结构只存在于主题结构(Argument Structure)之中，而主题结构在词汇语义结构(Lexical Conceptual Structure)中被认为是抽象于句法之外的。

以上述研究为基础，Lin(2001)系统研究了汉语中的轻动词，并得出了诸多汉语轻动词与其他语言中轻动词的不同句法特征。他根据轻动词与主语和宾语的关系对汉语轻动词进行了概括，认为汉语轻动词主要包含以下一些：

a. *Subject-selecting light verbs*

DO	agentive
EXIST	existential
CAUSE	causative
PROCEED	progressive
INCLUDE	inclusive
OCCUR	occurring etc.

b. *Object-selecting light verbs*

USE	instrumental

AT	locational/time
FOR	reason etc.
c. *Light verbs without specifier*	
Aspectual markers	aspectual
(*-le*, *-zhe*, *-guo*)	
The extension marker *-de*	descriptive/resultative

Lin的轻动词分类从主语和宾语的选择性角度出发，将汉语轻动词分为主语选择性轻动词、宾语选择性轻动词和无指定的轻动词，大致可以和汉语中一般的动词、介词、副词等词具有一定的对应关系。

由于轻动词来源于语义分析，因此每个具有事件语义的动词性成分都可能包含轻动词或者本身就是轻动词，所以汉语轻动词不但有语义内容，而且还有语音形式，这就造成了汉语的轻动词比英语的轻动词更加复杂。根据不同的分类原则可以将汉语轻动词归类，涉及汉语轻动词分类的研究除了上述Lin(2001)的研究之外，还有冯胜利(2005b)、黄正德(2004)等人的研究。

其中冯胜利将轻动词分为5个类别：(一) Causative light-verbs (使、令、让……)；(二) The Performative light Verbs (= perform an act)；(三) Eventive Light Verbs(有)；(四) Experiential Light Verbs；(五) Inchoative Light Verbs。

黄正德(2004)认为，所谓轻动词，在语义的层次上是指内涵单纯并为许多动词所共有的"因子"语义。依据动词的种类，轻动词的语义可以归纳为CAUSE、BECOME和DO三类。

杨大然(2003)认为，汉语轻动词可以分为两类，一类是没有语音实现的，只具有词缀的黏着性，必然诱发中心语“句子的谓语动词”移位，这就形成了词的使动用法，在这一点上汉语与英语的轻动词性质基本相同；另一类是有语音实现的，如，“使、让”等表示单纯致使意义的动词，它们在句法操作时从词库中提取出来，进入运算系统后直接占据了轻动词位置，不具有词缀性特征，不诱发中心语移位，主要构成使动性的句法结构。

熊仲儒(2004)在研究致使结构中，将汉语致使结构中的轻动词理解为具有 CAUSE 或者 BECOME 义的各种功能性结构，这种分类的着眼点仍然是依据英语中没有实在语音形式而划分的语义类别的轻动词。他认为，这是一种与语义原子的概念不一样的句法概念，从而需要占据一定的句法位置。

针对上述的研究我们认为，如果 CAUSE、BECOME 或者 DO 等语义内容的句法功能在汉语中实现为有语音形式的时候，就必须对这些具有语音形式的词进行重新分析，因为这些有语音形式的具体词中，有些词的功能可能比较相似，有些词的功能可能很不相同。

二、与轻动词相关的汉语句法问题

汉语轻动词的提出是基于致使结构的研究，因此汉语轻动词研究的出发点也是汉语的致使结构。这造成了认为“使、令、让”类词是汉语中显性轻动词的意见较为统一，而在双宾语句，把/被字句以及体助词研究方面则存在比较大的分歧。

(一) 对双宾句的研究

轻动词来源于对英语双宾语的研究，因此汉语双宾语问题也和轻动词研究密切相关。周长银(2000)通过 Larson 的理论来分析汉语双宾语结构，得出与英语一致的结论。但是，邓思颖（2003）认为这一研究存在很多问题，其中最重要的是汉语普通话不存在右附接〔Huang（1982）〕，但是在汉语双宾语研究中，一般把后面的直接宾语认为是右附接。因此分歧就产生了，他在提出“显性参数假设”的基础上对双宾语进行了研究。研究结果认为，汉语双宾语在两个宾语之间还存在一个功能性成分 F，因此在双宾语结构中还存在一个“额外”的结构，他称之为“FP”，句子最后的直接宾语可以通过短语移位到 FP 的指定语位置，这样就不存在右附接的问题了。我们认为，这里的 FP 结构实际上是轻动词结构的变体，只是将双 VP 结构中的上层结构和下层结构之间增加了一个过渡性成分，然而，这种做法似乎并不经济。

对于汉语中的被动句，吴庚堂（1999，2000）、熊仲儒（2003）、邓思颖（2004）、赵玉荣（2004）、李红梅（2004）等的研究中都涉及汉语轻动词的作用。吴庚堂（1999）认为汉语中的“被”是个次动词，赵玉荣（2004）直接说成轻动词。李红梅（2004）等则认为，“被”是轻动词的说法值得怀疑，将“被”处理为一个具有强名词特征的功能语类则比较合适。熊仲儒（2003）在“被”假设为轻动词的基础上，探讨了被动句中主动词外部论元语言形式不同造成的所谓长被句和短被句的区别。

（二）体助词等

这方面主要是 Lin（2001）的研究。他认为汉语体助词“着、了、过”和范围标记“得”在简单句子中的生成过程可以用下面的结构式阐释：

图 2－1－5 实际表明他将汉语中的“着、了、过”处理为一种附加在轻动词之上的成分，可以和轻动词一起移到核心位置构成句子，他将“着、了、过”等体标记以及范围标记“得”称为附加轻动词（additional light verbs）。

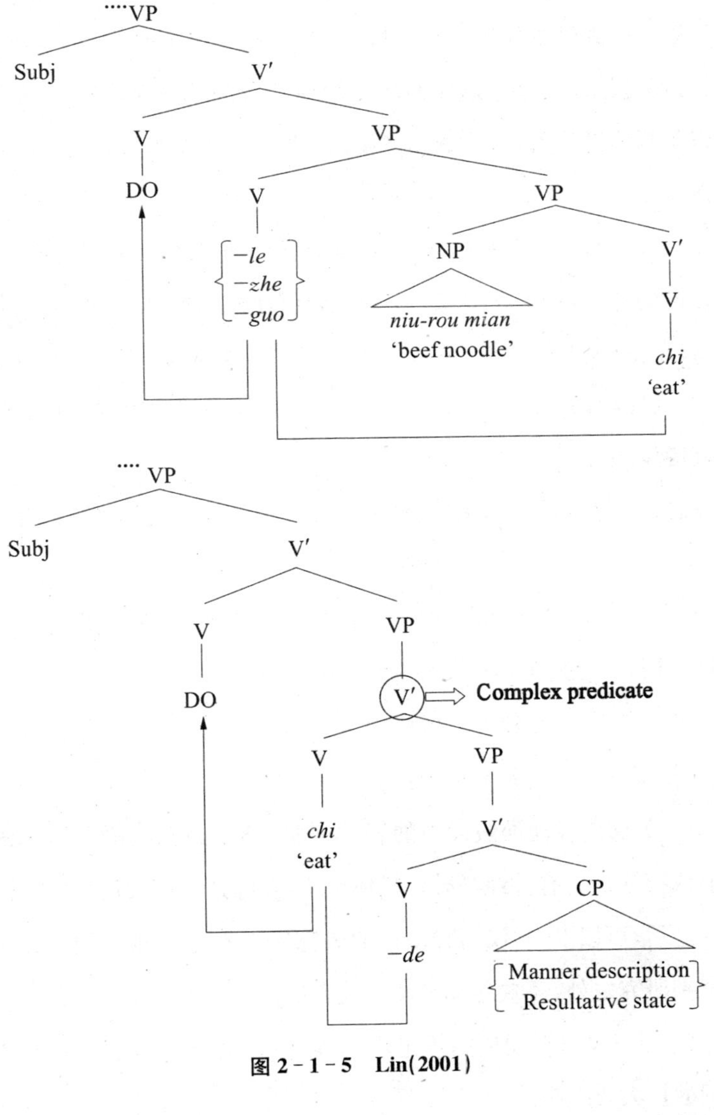

图 2－1－5　Lin(2001)

冯胜利(2000,2005)还将轻动词移位的概念引入汉语构词法研究的范畴。例如汉语中的双音节词:"养病"就是"因病养"、"救火"就是

“对火进行抢救”，四音节词：“发展经济”就是“使经济发展”、“加快速度”就是“使速度加快”。还有“忙考试”(为考试忙)、“笑死人”(让人笑死)等都是轻动词移位造成的词法结构。在古汉语中，轻动词移位还可以解释同源词的产生，例如，“使之学”产生的“教”，“教”与“学”就是同源词。

还有些涉及轻动词的研究，例如反转型使役结构、动补结构、“着、了、过”助词等，除了顾阳(2001)对反转型使役结构、Lin(2001)对体助词、黄正德(2005)对“得”字结构、李亚非(2000)对动补结构(动补复合词)中的轻动词进行了初步的研究外，其他句子类型中轻动词的研究还有待深入。

总结上述研究，我们认为研究轻动词假设还需要解决下面几个基本问题：

(一) 在汉语的一些结构中，例如使动结构中，“使”类词到底是不是轻动词，汉语是否存在显性和隐性轻动词之分。

(二) 轻动词在句子理解中怎么起作用，这一作用是如何实现为句法、语义或者语音形式的。

(三) 汉语轻动词假设中的轻动词所具有的句法、语义乃至语音功能或特征是否有神经基础。具体来说，在综述了相关汉语轻动词的研究之后，可以发现，汉语轻动词的研究还很不完善，除了 Lin(2001)等个别研究之外，还缺乏系统性。这表现在：

(一) 对汉语轻动词的界定不明确，由此会导致轻动词假设使用范围的扩大或缩小。

(二) 汉语轻动词的内部构成或者是内部分类不明确，因此在解释轻动词移位的时候没有统一的标准，导致相同的句法问题会被分析为不同的句法过程。

上述问题，仅靠从理论角度分析解决还存在诸多的困难，从与轻动词相关的汉语句法结构加工的神经机制角度出发，证明汉语轻动词假设具有特定的神经加工过程，显然非常有必要。通过对汉语词组变换、使动结构、反转型使役结构、汉语动补结构、汉语主/被动结构的理论分析研究，来寻求一个较为一致的汉语轻动词假设的理论模型，并以这些语言材料为内容，验证这一理论模型的可行性，可能解决诸多理论分析难以解决的难题。进一步，我们还可以通过汉语句法语义加工的实验证据，来验证汉语轻动词结构的加工机制与汉语基本句法结构加工机制的异同，从而为我们全面深入认识汉语轻动词假设，了解汉语句法和语义接口机制以及句法和语义之间的关系提供依据。

第二节　与汉语句法等相关的脑功能成像研究

一、早期应用脑成像对汉语加工神经机制研究的探索

最初对汉语的功能性磁共振成像研究只关注汉字的形音义加工。如 Kansaku 等(1998)在实验中呈现给被试两组汉字，一组是“抽象概念”(abstract concepts)字，如“无”；另一组是“具体事物”(concrete objects)字，如“猫”。结果显示，被试完成抽象概念字时，双侧枕叶、颞叶激活，并且没有发现左右枕叶和颞叶有明显不同；但是在具体事物字的实验中，发现主要激活区在左半球枕颞叶联合区、韦尼克区周围。因此作者作出推断认为，大脑左半球的枕颞区对具体事物汉字比抽象

事物汉字的加工起更重要的作用。然而，Tan 等(2000)通过的研究推翻了汉字的象形特征导致了右半球在单个字加工中占主导地位的论断。实验的具体做法是：给被试呈现三类刺激语料，包括语义不明确的单个汉字，如“济”；语义明确的汉字，如“雨”；由两个字组成的词，如“加速”，被试看到这些字或词时联想出与之意义相关的另外的词。实验结果显示，三种刺激在左右半球的激活强度没有显著差异，因此并不存在单个字和双字组成的词左右半球加工不对称的情况，左半球和右半球都参与了三种任务的加工。左脑前额叶、右脑枕叶和顶叶皮层都参与了这三种任务的加工。左脑额叶在语义不明确的单个汉字和双字组成的词中作用明显，这表明左前额叶在汉字的语义加工中起重要作用。

进一步的研究还表明汉语加工需要不同的视觉分析和语音加工，因此不同被试对其母语的加工可能需要不同的神经系统来完成。Tan 等(2001)的实验对所谓的“规则字”(如铜，即声旁的读音和整字的读音相同)和“不规则字”(如训，即声旁的读音和整字的读音不同)进行了研究，发现两种任务都有的激活区，包括双侧额下回、脑前部运动区、双侧额中回、左脑额上回、左脑扣带回前部、双侧颞上回、双侧顶叶下部皮层、左脑前楔叶皮层、中央后回、枕叶皮层中的左舌回以及小脑。规则字与不规则字比较表明，左脑额叶中部、右脑额叶中上部、双侧顶叶上部、双侧视皮层中的楔叶和丘脑的激活只在被试阅读不规则字时出现；阅读规则字时没有发现这些区域的激活。研究认为，左脑额下回，左脑运动区包括辅助运动区、左脑颞上回在形到音的转换中起重要作用，左脑额、颞下回和语音分析相关，运动区皮层和表达相关。左脑额叶中部(BA9)是朗读象形文字语音加工时的中介，参与形到音的转换过程；右脑，特别是右脑颞上回对音调和文字形状的加工起作用；前扣带回在认知控制和通过探测认知状态来进行实时监控和评估中起作用。不规则字出现更多的激活脑区表明，对这些字的语音解码过程有更复杂的脑加工机制。结论认为，大声朗读一个高频词，语音信息的加工必须需要依靠这个词的各组成部分的下位加工来完成，下位加工又分为四步：一般的语音加工、音调分析、生成表达、语音编码评估和产生肢体语言。

即使右脑的发现，证明汉字加工可能具有不同的神经机制，但是早期的研究证明了简单汉字的阅读还是表现出与其他语言加工一致的左半球为优势半球。Kuo 等(2001)第一次使用场强为 3 T 的磁共振设备对汉语进行专门研究。实验包含三种任务：双字组成的实义名词，被试看到语料时朗读；无意义的图形，被试发“dida”这个音；“+”符号作为基线任务，不作任何反应。

实义名词任务和“+”字符号对比，激活脑区包括双侧中央前回，左脑额叶中、下回，右脑额中回，双侧角回，顶叶激活包括左中央后回，双侧顶叶前小叶，右脑楔前叶，左脑颞上回，右脑颞中回。阅读实义名词同时还有双侧楔叶、舌叶、枕中下回即梭状回和左脑丘脑等的激活。实义名词和无意义图形对比，激活脑区包括左半球的中央前回，额中回、额下回，左脑顶叶前小叶，左脑颞上回，阅读实义名词还有左枕中回，左枕下回，左脑梭状回、左脑丘脑和岛叶等也有激活。这些结果显示了汉字的形、音、义协调加工中的左半球优势。作者认为，BA18、BA19、BA37、BA22 在汉字的字形加工中起主要作用；左脑额中下回(BA9)不但在语义加工中，在字形和发音加工中也起作用。研究结论认为，汉字加工主要依靠左半球神经网络包括额中回、颞上回、顶叶前部皮层、颞叶底部、纹外区皮层。唐一源等(2002)通过测试被试阅读真假汉字,研究了汉字加工的大脑半球偏侧化问题,发现激活脑区有左脑额叶下回、右脑颞叶、右脑枕叶。进一步分析表明,左半球与汉字加工密切相关,但右半球也参与了汉字的加工,而具体参与了哪些层面的加工,文章并未提及。

显然,学界并不满足于对汉字视觉加工的研究,对字形、字音和字义通路的神经机制研究逐渐成为汉语脑功能成像研究的热点。He等(2003)使用 fMRI 研究了汉语拼音和汉字的阅读通路。实验任务包括舌头的无意义运动、默读有意义的拼音(如 da4xiang4)、大声朗读有意义的拼音(如 xiao3niao3)、大声朗读无意义的拼音(如 xiji)、默读汉语的双音节词(如桌子)、大声朗读汉语的双音节词(如闹钟)。实验的目的是探讨布洛卡-韦尼克通道以及运动区与各实验任务的关系,在分析 fMRI 的 BOLD 信号时使用了内环境脑区间协方差分析(within-condition interregional convariance analysis, WICA)方法,构建相关的通路模型。阅读语言需要参与的脑区包括 SMA(前部运动区)、M1(运动 1 区)以及布洛卡和韦尼克等脑区,与上述实验语料相关的模型表明,在大声朗读有意义的汉语拼音时,布洛卡-韦尼克通道之间的联系最为紧密,而且与时间成正相关;舌头无意义运动时布洛卡-韦尼克通道最不紧密,而且与时间呈负相关。阅读双音节词时,大声朗读时运动区与布洛卡区联系紧密,默读时布洛卡区和韦尼克区联系紧密。因此在语音生成的加工过程中,提取意义所需要的是布洛卡-韦尼克之间的通道;而在说出语音的加工过程中,意义的提取所需要的是 SMA-布洛卡通道。这个实验对大脑加工汉字的形音义以及形音义之间的神经联系做出了合理的解释,是汉字形音义研究的总结性成果，对汉语阅读加工通道的研究很有意义，表明关于形音义通路的研究将继续深入下去。Yiping 等(2002)研究了阅读汉字和阅读拼音的神经机制，结果显示两者共有的激活脑区包括额下、中回，颞下回，顶叶上部和下部以及纹外区皮层，同时还认为汉字和拼音激活共同的阅读神经系统，并且优势半球对两者的加工也不存在差异，但是拼音和顶叶下部，汉字和梭状回的相关程度更高。Fu 等(2002)也研究了阅读汉字和阅读汉语拼音的神经机制，结果表明，这两者激活的脑区分不开，而且阅读汉字和阅读汉语拼音所激活的脑区也不完全是专门的阅读加工脑区，还包含了其他认知任务所需要的脑区。两者的研究结果都表明，汉字加工和汉语拼音加工的神经机制相似。

除此之外，对汉字频率加工机制的研究也是学界所关注的热点。Kuo 等(2003)用 fMRI 研究了阅读高频汉字(如脑)和低频汉字(如蝗)的神经机制。结果显示，参与阅读低频汉字的脑区包括双侧额叶内侧上部、左脑中央前回、双侧额中下回、双侧前岛叶、左脑顶叶上部、左脑颞枕下部皮层和双侧舌回前部，阅读高频汉字的脑区要明显少于阅读低频汉字的脑区，只有左脑颞枕部和楔前叶的激活。结合神经心理学研究成果表明，阅读汉字需要更多的知觉和注意机制，同时阅读低频汉字需要更多的亚词汇加工和其他心理因素。因此，阅读不常见汉字需要更多的提取、组织和整理语音的过程，而阅读高频汉字则更接近于词汇提取过程。

汉字虽然是汉语语言学研究的一个重要内容，但是对于这种记录汉语文字的实验毕竟不能代表对汉语言本身的研究，而汉语中真正与词、句构成层级关系的是语素，因此上述有些研究可以看成是对于汉语语素的研究，但是大多数研究没能真正区分汉语中字与词的关系，字与语的关系，同时也从未提及语素，这不能不说是这些研究最大的缺憾。然而这一现象逐渐得到改观，如 Liu 等(2003)使用词汇生成和词汇选择任务探讨汉语的相关脑区，发现词汇选择任务比词汇生成任务的激活要弱，而且词汇选择任务可以排除其他非语言因素的参与，因此词汇选择任务可以更好地用于临床检测汉语的偏侧化。

研究者逐渐意识到汉语与英语等语言在形音义方面都存在巨大的差异，其中一个重要的差异是，汉语有 4 个可以区别意义的声调，而英语没有。因此对于汉语声调的神经机制研究也是汉语脑成像研究的热点。Sick 等(2003)研究了汉语音节加工和音位加工的神经机制，结果显示音节加工和音位加工激活的脑区不同，音节加工与左半球额叶中回相关，而音素的加工和左前额叶下回相关。Gandour 等(2003)研究了汉语韵律问题，以汉语为母语的被试在加工声调的音高曲线时，通过左半球进行加工，而与语调相关的音高曲线加工以右半球为主。这个结果驳斥了所有话语韵律的加工都是右半球主导的观点，进一步表明了特定语言的韵律加工需要各脑区的互相配合。这方面的研究由于要使用听力设备，而功能性成像的最大的缺点是用于实验的机器噪声太大，这样势必会干扰被试做出正确的选择，同时在进行实验数据分析时，背景噪声和实验语料之间的关系如何处理等问题现在还没有得到很好的解决。

二、应用脑成像技术对汉语句法、语义的神经机制的探索

句法和语义到底有没有独立的神经机制，是脑功能成像研究的热点。汉语在句法上和英语有许多不同之处，如英语根据形态变化就可以区分词类，而汉语则不能；英语每一个词的句法功能基本上是稳固

的，而汉语各类词的句法功能都有很大争议。

利用 fMRI 研究汉语句法和语义关系成为目前学界的热点。Luke 等(2002)为了解汉语句法和语义加工的神经机制，同时也为了验证某些汉语研究者对汉语语义的研究结果和有关语义在语言结构中的作用，对汉语词组的加工机制进行了研究。实验使用的汉语实验材料是动词和副词所组成的词组，包括符合句法的和不符合句法两种词组，如“匆匆离开”和“离开匆匆”；不符合汉语的语义短语，如“伤了门”“唱了字”“念了汽车”。英语则使用了 Kang 等(1999)的语料，包括正常词组，如 grew plants；不符合句法的词组，如 forgot made；不符合语义的词组，如 heard shirts。实验中还加入了一个字形判断的任务，用作基线(baseline)任务，以消除字形的影响。实验中的被试母语为汉语，10 岁以后开始学习英语作为第二语言并至少接受了 10 年的英语教育。实验任务是判断所呈现的词组是否符合句法或语义。实验结果显示，在汉语句法加工中激活较大的区域包括左脑额中回(BA9、46)，左脑额中上回(BA10)，胼侧胝体下(BA34)，右脑额上回(BA10)，左舌回(BA17)，右枕下回(BA18)，小脑左前叶和右脑山顶部；语义激活区包括左脑额中回(BA9)，左脑额下回(BA45、46)，右脑额下回(BA46)，左脑颞中回(BA21)，右枕下回(BA180)，左脑丘脑和小脑扁桃体部。句法加工中，额叶中回比前额叶下回激活体积大；而语义加工中，额叶下部比额叶中回的激活体积大得多。这表明额叶中回和额叶下回分别在汉语的句法和语义加工中起主要作用。分析英语语料的激活区显示，句法加工的左脑额中回比前额叶下部激活强。语义加工的左脑前额叶下部比左脑额中回激活明显。而且左脑额叶中回中部靠近 BA6 区的地方在加工语义时比加工句法时激活强烈。

同时从激活体积来看,英语任务要大于汉语任务。通过对这一结果的分析,认为左脑额中回在汉语的句法和语义的加工中都起作用,而左前额叶和左脑颞上回只在语义任务中起作用。由此推断,在理解汉语时,语义加工是首要的,句法是次要的而且不是独立的。BA9 区和 BA46 区在汉语的句法和语义加工中起重要作用。实验结果还显示,被试在完成英语任务时的激活脑区和汉语大致相同,由此推论学习第二语言的神经机制依赖于第一语言,因此被试在理解英语的句法时也要和语义紧密联系在一起。左楔前叶和左顶叶下部(BA40)的激活只在英语的句法和语义加工中出现,左顶叶下部的激活在英语为母语的被试完成短语和句子的任务中也有出现,因此可以推论,无论英语是否为母语,其句法的加工都需要左顶叶下部的参与。另外,大脑的激活程度和对语言的熟练程度有关,加工不熟练的语言时,大脑的激活要强于熟练的语言。最后得出结论认为,汉语加工有语义化的倾向,虽然句法加工也很重要,但是它是包含在语义加工中的。实验还发现,即使英语水平相当熟练,在加工英语结构时,被试仍然在很大程度上将其句法归于语义的分析,即"汉语策略"。

对汉语词的语法分类和语义、句法加工过程的神经机制研究也逐步展开。杨亦鸣等(2002)在探讨汉语名动分类的研究中,首先使用了 fMRI 技术,通过对六例正常被试的研究发现,汉语名词、动词在重叠和相互组合的时候,除了左前额叶和纹外区以外,不同任务的激活脑区有着较大的差异,并且结合 ERP 实验证明,汉语中名词、动词的划分有着神经基础。Xiang 等(2003)的研究表明左脑额叶中回、下回在汉语的语义辨别加工任务中激活明显,部分验证了 Luke 等(2002)的结果。同时这项研究也证明了小脑在汉语的语义加工中起很重要的作用，也是小脑语言功能的最新证据。Wang 等（2008）利用事件相关的功能性磁共振成像（ER – fMRI），探究了汉语阅读理解任务中布洛卡区在句法加工中的作用。实验中让汉语阅读者独自阅读三种类型的句子：一致句、语义违反句和句法语义双违反句，要求被试进行语义一致性的判断。结果发现，三种条件下的大脑激活区域在信号变化百分比上具有不同层次的显著差异，包括左脑额下回（IFG）中的 BA44 和左脑额中回（MFG）中的 BA9 和 BA10、46。此外，在句法语义双违反条件下，左 BA44 的信号变化百分比显著强于语义违反句或一致句，而语义违反句和一致句水平相似，这意味着这一区域在汉语句法加工中扮演着重要角色。这些结果，结合那些针对拼音文字的研究发现，表明不同书写系统（例如英语和汉语）下的句法加工具有一些共同的神经基础。

Chou 等（2012）利用 fMRI 技术探查了汉语阅读理解中标类语素加工的脑区激活情况。实验让被试阅读一致句、内部标类语素（inside-classifier）违反句和外部标类语素（outside-classifier）违反句，并进行语义一致性判断。研究发现，内部违反条件比较一致条件在左脑额下回（IFG）的腹侧中部区域（BA45）产生更大的激活，外部违反在左脑额下回（BA45、44）产生更大的激活。这些结果表明，左脑额下回的不同区域负责汉语阅读理解中标类短语的句法语义加工。Umberto Ansaldo 等（2014）使用 fMRI 技术对汉语普通话中的小句和限定分句进行了研究。研究发现，小句在语义加工上显示出更大区域的激活。此外，小句和限定分句在句法和语义加工上都显示出广泛区域的激活，包括显著的右脑激活。

句法和语义关系实际上就是形式和意义的关系，虽然句法学和语义学是现代语言学的两个重要研究内容，但是很多两者之间的理论关系一直没有一个统一的解释。而上述几个实验都从句法、语义的自主性或者两者之间的关系入手，力图证明汉语的句法和语义加工有各自的或者互相关联的神经基础，但是除了个别脑区，例如前额叶被一致认为与语义加工相关之外，也还未能出现突破性的成果，因此学界从双语等多个角度推进研究的深入。

Chee 等(1999a)使用 fMRI 研究了形、音差异较大的汉语和英语在语义加工时的情况。给流利的汉英双语被试分别呈现语义相似的两种句子，结果显示两种语言任务的激活区都包含前额叶、颞叶、顶叶上部、辅助运动区前部。这表明不论这两种语言的一些表面特征如何，熟练的双语者通过视觉加工两种语言的意义或句法时都使用了相同的脑区。Chee 等(1999b，2000，2003)进一步验证上面的结论，第一次实验使用的被试一类是较早处于双语环境中；另一类较迟接受双语教育。实验比较汉语和英语单个词(single word)加工的脑机制，发现两种语言的激活区都包括前额叶、颞叶、顶叶和辅助运动区，对前额叶最大激活区进行分析没有发现明显差异和左右不对称的情况；两类被试比较也没有发现明显的差异，实验也证实了在词汇生成的过程中左半球起主要作用。第二次实验也使用了汉英双语被试，通过给被试呈现汉字、图画以及英语单词来分析激活脑区的差异。结果发现，左脑颞叶中部、后部，左前额叶在汉字加工中的激活强度要大于在图片加工中的强度；而枕叶后部在图片加工中的激活要比在汉字加工中的激活强。汉字和英文的比较发现，激活强度和部位都大体相同，只是汉字加工时 MR 信号的变化率比较大。因此被试对汉字的加工更接近于英文单词的加工而有别于图片的加工。第三次实验使用语义判断，结果表明双语者在加工英语和汉语时，使用了共同的神经系统，包括左前额叶后部和颞叶后部。作者认为，这些共有的参与加工的脑区也许就是语言加工所特有的脑区。Pu 等(2001)的实验也证明了双语者加工汉语和英语时的神经机制相似。这个实验使用了事件相关 fMRI 成像以了解已有的研究所发现的左脑额叶中部到下部皮层血液动力学上的改变情况，来验证双语者在加工汉、英两种语言时除了脑区相似外，其血液动力学上是否有不同。被试的母语为汉语，英语为第二语言，实验任务是汉语和英语的动词联想，结果显示相关脑区血液反应曲线没有显著差异，表明汉英双语者加工汉、英语时的神经机制相似。Klein 等(1999)的 PET 实验也对汉英双语者的语言加工进行了研究。所有被试都在 12 岁左右接受英语教育，实验包含两组任务：词复述；由一个名词联想一个动词。行为实验表明，被试复述汉、英语的正确率和反应时无明显差异，而英语的动词联想较汉语慢。PET 实验结果显示，每种语言的动词联想任务激活部位都包括左脑额叶腹外侧皮层和左脑额叶中部背外侧皮层直接邻近的脑区。减去词语复述的任务发现左脑颞叶中部、左顶叶和右脑小脑血流增加。通过对两种语言的动词联想任务减去词语复述任务的脑血流变化和额叶处最大激活脑区的对比，发现两种语言比较没有什么大的区别，因此认为双语者在进行英语或汉语的词汇搜索时可能有共同的脑区被激活，包括左脑的额叶、顶叶和颞叶。可以看出以上实验的结论大体都是一致的，即汉英双语者在加工两种语言时脑机制相似。

Tan 等(2003)通过对汉字和英语语音加工的 fMRI 研究提出了“语言经验通道”(language experience tunes)理论，这种理论认为第二语言的阅读加工要使用母语的阅读加工系统才能完成。在 Luke

(2002)研究汉语句法语义关系的 fMRI 实验中已经提出，第二语言加工可能使用了母语的加工系统，并认为这是一种“汉语策略”（the Chinese Strategy）。实际上通过上面的诸多实验证据表明，第二语言的加工必须依靠母语来完成。

还有人通过听觉研究了汉语和英语语音加工的区别。Klein 等(2001)利用 PET 实验证明了汉语使用者在感知音高变化时有更多的脑区参与。实验任务是分别选择汉语为母语和英语为母语的两组被试，通过听觉来辨别标准普通话中两个字声调的异同（仅仅是声调，其声母和韵母相同）。行为实验时，英语组的结果比汉语稍差，但两组的结果正确率总体都比较好。英语和汉语组直接比较的脑成像结果显示：只在汉语组中出现的血流增加脑区包括环绕前额叶腹正中的皮层，左脑额顶叶部，左脑中央前、后回，左顶叶前、下部皮层，左枕颞叶侧面，左枕中回；只在英语组出现的血流增加脑区包括右半球的额叶腹外侧、环绕前额叶区的皮层、边缘系统侧面皮层、扣带回、颞上回。结果显示汉语组被试的左半球血流增加区域要大大多于英语组被试。作者认为，现在还不清楚汉语被试表现出的左脑血流变化是只和音调有关，还是和整个语言系统相关，而且没有发现汉语被试右脑血流变化，说明有不同的脑区参与了音调判断任务，同时也表明了语言经验会影响大脑对听觉信号的加工。英语组右脑的血流变化则表明右脑对音调感知起作用。Hsieh(2001)利用 PET 成像技术就大脑额下回在语言经验作用下的多样性进行了研究。他选择了汉语和英语为母语的被试各 10 名，通过对汉语不同语音成分的辨识判断来观察大脑激活情况。汉语为母语的被试有左前运动区、鳃盖、角回区的激活；英语为母语的被试在元音判断中有左脑额下回的激活，在音高判断中有右脑额下回的激活。实验结果表明，语音感知的加工需要左脑额叶皮层不同区域的配合，可以认为语言的加工需要相关认知经验的参与。Chee 等(2001)也通过 BOLD 信号的变化来研究了英语和汉语的经验对双语者在语义加工时的影响。实验主要考察了左脑前额叶和顶叶的 BOLD 信号变化，发现熟练语言的 BOLD 信号变化较小，不熟练语言(相对于熟练语言而言)的激活在右脑和左脑的额下回，因此在研究双语的实验中要考虑语言的特性和熟练度。

Chee 等(2003)对双语词义判断做了研究，结果表明，在汉语和英语任务中，都有左前额叶后部以及颞叶后部的激活，不管是 Block 设计还是事件相关设计都可以证明，汉语和英语的语义加工既存在共有的脑区，但是也有不同的脑区。Ding 等(2003)的研究也表明汉语加工和英语加工的脑区分布相似，但是作为第二语言的英语的加工，右半球激活程度要大于作为母语的汉语的加工。

Tham 等(2005)使用同音异形异义字匹配任务，探究了英语和汉语语音加工的脑区激活情况。结果表明，相同脑区的激活只有左脑额下回(BA46)和左枕下回(BA17、18)。不同在于汉语激活左半球额中回、角回前部(BA32)、梭状回(BA37)和横向小脑，右半球额前回(BA8)、前扣带回皮层(BA32)、枕下回(BA19)和楔叶(BA17)；英语激活左半球主要运动区(BA4)和缘上回(BA40)，右半球主要运动区、额中回(BA9)、缘上回和内侧小脑。

Yang 等(2011)检测了晚期汉英双语者名词和动词的神经表征，结果表明，晚期双语者在汉语名词和动词的大脑激活上，没有表现出显著的差异。然而，他们在英语名词和动词激活上也显示出很小的差异，这表明双语刺激的加工使用了母语的机制。

从上面的实验可以看出，虽然汉语英语加工机制差异明显，但是在左脑半球尤其是左脑额叶都有激活，这实际上表明人类语言加工的神经机制有共同之处，从语言学理论上来说，汉语英语作为两种不同类型的语言，这些共有脑区的发现可以从神经基础上表明了普遍语法的存在的可能性。

三、对汉语特殊障碍人群语言加工机制的研究

以汉语为母语的特殊障碍人群的 fMRI 研究在这 10 年间取得了重大的进展。Siok 等(2004)对小学四五年级的正常儿童和有阅读障碍儿童进行的对比研究表明，在进行中文阅读时，阅读障碍儿童发生功能异常的脑区〔左前额中回(Left middle frontal gyrus)〕与此前的拼音文字阅读障碍者明显不同，这一变化是中文阅读障碍者所特有的。他认为造成差异的原因是，在西方拼音文字中，字母到声音的转换遵循一定规则，阅读障碍儿童正是存在字母到发音的转换障碍，其核心原因是语音辨别缺陷。而中文是图形表意文字，由笔画构成的方块文字发音基本无规律可循，中文阅读障碍除了从字到音的转换不畅，还有从字到义的“翻译”障碍。

上述研究首次揭示了中文阅读困难具有不同于英文的神经模式，但这一研究发现的差异是基于文献比较所得出的，只是把实验结果与之前英语阅读障碍的研究结果进行比较，并没有在同一实验中直接对比汉语阅读障碍的激活模式和英语阅读障碍的激活模式。因此，这一研究结果有待于进一步考证。Hu 等(2010)第一次直接基于统计探讨对汉语和英语的书写系统是如何影响到阅读障碍的脑区激活。在控制所有其他实验参数的基础上，对比了汉语阅读障碍者、英语阅读

障碍者、英语正常阅读者和汉语正常阅读者在书面语词汇语义判断任务下的脑区激活情况。结果发现,汉语和英语的正常人群阅读机制不同:汉语正常阅读者在左脑额下沟(LIFS)表现出更强的激活,而英语正常阅读者在左脑颞上沟后部(LpSTS)有着更强的激活。但两种语言的阅读障碍人群的脑区激活却出乎意料的相同:相对于正常阅读者,阅读障碍者在左脑角回、左脑额中回、颞叶后部及颞顶区的激活都出现减弱,表明语言文化不同而导致脑区激活存在差异的现象并没有在阅读障碍者身上表现出来,这与阅读效率不高情况下的脑区使用不依赖于语言文化策略的观点相一致。研究结果也说明,与正常阅读者相比,阅读障碍受语言文化差异的影响很小,阅读障碍可能存在跨语言的普遍性。这项研究的意义是:

(一)首先在于用实验数据证明汉语和英语阅读障碍具有一致的神经基础,提示阅读障碍在神经层面或具有跨语言的一致性,这意味着在预测及诊疗上,将来可以更多地借鉴英语及其他语言阅读障碍研究成果。

(二)本研究发现中英正常阅读表现出对应于本国文字不同的大脑激活策略,显示阅读发展过程中大脑表现出针对所阅读文字特征的可塑性,增强了我们对学习过程中大脑加工处理语言文字的神经机制的可塑性的理解。

(三)这一研究还提示我们思考语言深层机制的跨语言一致性,这与萨丕尔-沃尔夫假说观点是相异的。

在这之后,Yang 等(2013)使用功能性磁共振成像(fMRI),检测了九名汉语阅读障碍儿童和相匹配的 12 岁正常儿童在运动技能内隐学习中的大脑激活情况。与同龄正常儿童相比,阅读障碍儿童在左侧小脑、左脑颞叶中间/内侧和右丘脑显示出异常激活。这些发现提供了汉语阅读障碍人群小脑畸形的证据。此外，汉语阅读障碍的左小脑功能障碍与拼音文字阅读障碍报道的右小脑功能障碍是不一致的，这表明阅读障碍神经生物学异常可能具有语言的特定性。

从一系列研究可以看出，fMRI 技术和 PET 技术是研究语言神经机制尤其是脑区定位的有效手段，在上述实验中，我们发现了一些语言学问题，例如如何处理汉字与语素在实验研究中的关系，也证明了一些理论上的争论，例如有关名动分类的研究。根据这一系列的脑功能成像实验还可以发现，大脑的左前额叶（主要是中、下回）、颞上回、顶叶等脑区，无论在汉语字词加工，还是在句法语义加工中都出现了显著的激活。同时我们也发现汉语句法的脑功能成像研究还处于起步阶段，许多问题还没有涉及，例如本文要研究的汉语轻动词及其相关的汉语动词移位、合并等句法现象。同时，汉语脑功能成像的研究在许多时候并不是以语言学研究为目的，因此很多语法研究的实验没有语言学理论作为参考，甚至常犯一些概念性的错误，作为"为语言和就语言"而研究语言的一门科学，必须站在理论事实的基础上再去探究生理事实，才能得到更加科学的研究结果。根据轻动词的研究目的，我们打算从对汉语事实的分析出发，首先归纳并构拟出一个较为一致的汉语轻动词假设理论体系，然后在此基础上对相关的汉语事实进行实验研究，以验证我们构拟出的轻动词假设是否具有一定的神经基础，在分析过程中，求同存异，进一步完善汉语轻动词的理论假设，从而为进一步丰富汉语的句法研究提供神经机制上的证据。

第三章　汉语轻动词假设及相关理论研究

第一节　汉语轻动词的构成及理论假设

一、汉语轻动词的构成

汉语轻动词可以分成两种，一种是隐性的；另一种是显性的。隐性轻动词没有实际语音值，但是存在具体的句法空位和语义值，例如，在“市场繁荣经济”中，“繁荣”在语义上存在致使含义，而这个附加在上面的致使语义的句法空位存在于“繁荣”之前，而“经济”之后的句法空位是空范畴。对汉语显性轻动词较为一致的看法是“使、令、让”。这些轻动词的句法特征需要在具体的句子中加以分析，而这些具有致使义的词的词汇学特点可以通过语义分析来加以说明。

从历时层面看，一般动词，可以和“使”类词构成使动结构，这类词的历史原型在古汉语里一般都可以单独使用并表示使动，例如，

"小之,死之",现在一般都是"使之小,让之死"之义。从历史上看,汉语中显性轻动词的历史来源现在也比较清楚,即显性轻动词的主要成因是使动结构在现代汉语中的式微,所以从词汇学上来说,古代汉语中表示使动含义的动词,在现代汉语中可以充当轻动词结构中的中心语,这可以从对古汉语动补结构的研究中找到例证。黄正德(2005)认为,汉语中的轻动词与动词的关系好比量词与名词的关系,因此轻动词也可以称之为动词分类词,"不同的轻动词引介不同的动词,不同的分类量词引介不同的名词,两者都有分类的功能",从类型学上讲,量词语言大多存在轻动词,因此从历史角度来看,汉语轻动词结构与量词的使用应该是同时发生的,都是始于汉魏六朝而成熟于唐宋。他举例认为,"打"的出现应在唐宋之后,但"令、使、为、以"等则比较早。

一般非宾格动词,从词汇意义上看,这些动词基本上都具有形容词属性,例如"繁荣、美化、严肃、温暖"等。语法上因此具有了动词和形容词双重用法。作为功能词,它们都可以作为句子的中心语来进行句法处理。在汉语中,动词和形容词的句法属性的界限也存在许多争论,动形转类现象目前仍然大量存在。

一些动补结构复合词,例如"打开、踢开、推开、打破、哭湿、累坏"等具有使动用法。这类复合词的结构比较复杂,汤廷池(2002)认为,"打+开"等是及物加补语结构,这是典型的"动+动"结构,"打破、打哭、打累"则是不及物加补语结构,这种词中补语基本上都是形容词。吕叔湘在《形容词使用情况的一个考察》中认为,这类词可插入"得、不",并可以叫作短语词。

轻动词还涉及词汇语类和功能语类问题。黄正德(2006)在讨论词汇语类和功能语类时认为:“动词是[+lexical, -functional],轻动词、助动词是[+lexical, +functional],而依附词、词缀、[e](含不带语音成分的 DO、CAUSE 与其他空词缀)等则应是[-lexical, +functional]。一般说来,实义动词、轻动词、助动词在语音上独立成词,不会引起移位现象。”我们可以根据这段话认为,具有语音形式或称语音值的轻动词是词汇语类,不会导致移位发生。因此,如果我们将汉语中的“使”处理为轻动词的话,那么汉语使动结构中应该不会存在轻动词移位。反过来说,我们还可以推测,没有语音形式或称零语音值的汉语轻动词可能会导致移位的发生。有语音值和无语音值的词汇属性和功能属性也是我们实验研究的目的之一。他还根据词义分解理论〔McCawley(1969);Dowty(1979)〕与轻动词句法理论〔Larson(1988);Hale 和 Keyser(1993);Huang(1988,1997);Chomsky(1995)〕将及物不及物、通格作格动词这种语义分类与轻动词的词义分解联系起来:不及物通格动词=轻动词 DO+词根;及物通格动词=轻动词 DO+词根;不及物作格动词=轻动词 BECOME 或 BE+词根;及物作格动词(致使动词)=轻动词 CAUSE+词根(轻动词 BECOME 或 BE+词根)。①

二、汉语轻动词假设

根据对轻动词研究的回顾以及对轻动词的分析可以初步认为,轻动词的类型和构成主要包括以下内容:

---

① 黄正德(2006)认为下列几个句子分别可以表示及物动词、通格动词、作格动词、致使动词:中国队大胜韩国队、中国队大胜、中国队大败、中国队大败韩国队。

图 3-1-1 已经明确了轻动词语音形式和句法属性的关系，至于句法和语义的关系，语音和语义的关系也有很多人研究过。总体看来，语音、句法和语义的关系应该是一种交互关系。这种交互关系的存在我们将在实验研究结束后，通过我们对脑神经机制的观察来说明，同时为了进一步完善图 3-1-1，可以将相关结构加工的神经基础作为汉语轻动词体系研究的参照。

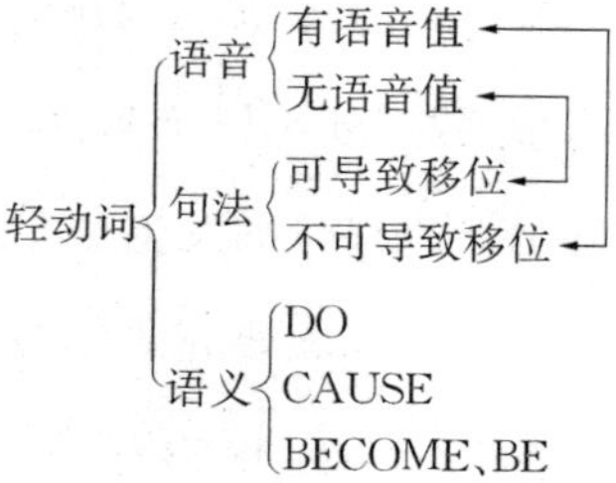

图 3-1-1

生成语法中与轻动词假设最为密切的概念是功能和移位，因此有必要简要梳理一下与轻动词相关的概念。

在最简方案阶段，语言系统包含认知系统（cognitive system）和表现系统（performance system），认知系统包含词库（lexicon）和演算系统（computational system），词库是词项存储和词项属性标注的地方，而演算系统则通过抽取词库中的词项，来完成从词到句子的推导。表现系统又包含概念意向系统（conceptual-intentional system）和感觉运动系统（sensori-motor system）。从认知系统中的演算系统到表现系统有两个接口（interface），一个是通往概念意向系统的逻辑接口（logical form）；另一个是通往感觉运动系统的语音接口（phonetic form）。在这个推导过程中，一些词汇范畴，例如动词、名词、代词等在具体的推导过程中会具备不同的句法功能，而以这些功能为中心形成了不同的词组结构，例如 VP、TP、CP、DP 等，这些结构中的功能中心语就是功能性范畴。在以最简方案为基础的各种理论中，句法推导过程与功能性范畴密切相关。本书要研究的轻动词，也是生成语法关注的功能性范畴之一，以轻动词为中心构成的词组结构被称为轻动词词组（vP 结构或者 v′P 结构，v 小写，有时还使用斜体 v）。这一结构的本质来源于 VP 壳理论。

中心语移位（Head-Movement）是生成语法中有关句法移位研究的重要内容。移位包括 A 移位、动词移位等，是作为句法合并相对立的范畴而存在。Chomsky（1995）认为，移位和合并是句法推导的两种基本手段，但是从经济原则出发，由于移位要耗费更多的步骤，因此合并是比移位更加经济的一种句法手段。中心语移位包含两种，一种是 I 移位；另一种是 C 移位。I 移位是基于疑问句进行的；C 移位是针对句子的主要动词进行。中心语移位必须从下往上进行，并且不能跨越中间的结构。Travis（1984）、Rardford（1997）认为，古英语存在大量的 C 移位，而在现代英语中这种移位非常少。中心语移位的机制，主要是由于动词的强特征所造成的，因为强特征在句子的生成过程中必须被核查后消解，于是具有强特征的功能性成分就会吸引中心语移位，从而占据这一功能性成分的位置，消解掉强特征。弱特征不引起中心语移位。这些理论假设句法将移位、轻动词及其功能联系在一起。

第二节　与汉语轻动词相关的句法问题研究

我们一般认为，生成语法意义上的轻动词是由 Larson（1988）在研究英语双宾语的时候提出来的，实际上在这之前，对于英语中的动词研究已经涉及动词提升，这些研究主要的关涉点都是在动词的语义结构或称事件结构之上。比如 Davidson(1967)、Higginbotham(1985)。Hale 和 Keyser(1991)提出的词汇关系结构(Lexical Relational Structure)将词汇句法结构按照动词的词汇意义关系来定义。正是这个按动词词汇概念来定义的词汇句法结构，上层的空动词如何处理就成了除了题元关系外需要讨论的问题，而英语中解决的方法就是使用致使轻动词，这个轻动词没有实际语音形式，只有致使意义和句法位置。但是轻动词似乎是一种看不到摸不着的句法成分，学界之前提出的一些抽象句法概念如空范畴，空范畴还可以通过语迹、空位来解释，而轻动词移位造成的句法成分的空缺不像空范畴一样是动词移位留下的痕迹或者本来应该有的空位，而是处于动词之前。仅靠英语的理论研究，似乎已很难通过具体实例来证明轻动词的除了句法功能之外还能以其他形式存在，轻动词语义较“轻”似乎使这种阐释变得越来越困难。寻求其他语言中的证据就非常有必要，有些研究者发现，日语和汉语中可能存在具有实在语音形式的轻动词，从而为轻动词的存在提供了有力的例证。如果这一研究被证实，那么汉语中的轻动词与英语中的轻动词在实际语言中就会有很大的差异。英语中轻动词一般没有具体的语音值成分，而在汉语中，“使”类词的大量出现，具备了轻动词的一些特质(例如致使性)，表明如果轻动词作为语言普遍的功能性成分在汉语中存在的话，那么汉语就非常有可能存在有语音值的轻动词。本书的研究从汉语“给予”类双宾语句出发，提出汉语句法结构分析中与轻动词假设相关的语言材料，而对这些语言材料句法结构的分析是否能证明轻动词假设，则要留给我们的实验研究来解决。

一、汉语"给予类"双宾结构

汉语"给予类"双宾结构是典型的事件结构。如在"我给他一本书"中,处于核心位置的动词是事件的出发点,而赋予"书"宾格的"给"则是事件完成动作,因此构成了一个典型的双VP结构。这个结构中的下位动词必然受到第一和谓语动词的吸引造成移位,因此,"我给他一本书"中的"给"实际上是动词上移占据了"给他"中"给"的核心位置,因为两个"给"可以合并,因此只保留一个"给"。这样分析可以通过汉语中的一些与"给"相关的复合词说明。如对"我带给了他一本书"的语义分析可能基本等同于"我给他带了一本书",后句中的"带了"上移与"给"合并,构成"带给了"这样的复合词。

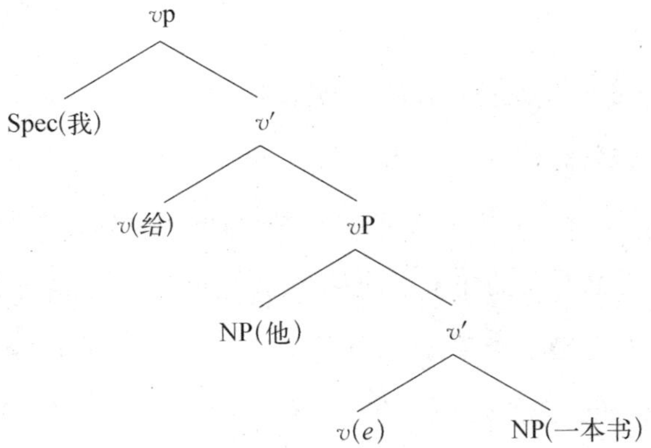

图3-2-1

再看下面的句子:②

② 本书在理论论证和实验过程中使用的例证和语料,除了一部分来自语料库和经过语感调查的自编语料外,其余大多数实验材料和例证来自已经出版的文章或者书籍。在此不一一注明,谨向所引用例证的原作者一并表示感谢!

(1) 我使他丢了一本书

(2) 我丢了他一本书

(3) * 我使丢了一本书

无论如何变换,例(1)显然不能说成例(2)或者例(3)。例(2)句是双宾句,例(3)句是错误的句子。其实,例(1)句中的动词移位发生在下一级中,将“丢”从“一本书”之后移到之前。实际上除了“使”轻动词外,还存在另外一个致使含义的谓语,那就是他后面的“弄、搞”等之类的词,这些词是隐性存在的,因此可以造成动词移位,而上一层的“使”是实际存在的,因此不能再向上继续移动了。然而事实并非如此,我们可以通过汉语致使结构来进一步说明。

二、致使结构[③]

(一) 一般致使结构:“致使”导致移位

学界对致使结构的研究中,一般在句法分析过程时采用核心词移位理论,在语义分析时采用词义分解理论和事件的层级结构来进行解释。“使”在导致移位的句子中,不指派题元角色,名词题元角色要由可以移位的核心动词指派,这恰好是题元指派一致性〔UTAH,Baker(1988)〕的反证。其他一些具有使动作用的词,例如“把、被”也是如此。例如,“我把饭吃了”,可以说成“我吃饭了,我饭吃了,我吃了饭”,这些句子中,“饭”宾格角色的获得完全依赖于“吃”或者“吃了”复合结构(“吃了”复合结构下文有论述)。因为如果不是“吃”具有这样的功

---

③ 为了突出研究的针对性,下文在进行实验研究的时候一般称为使动结构,表明本书对致使结构的研究不但在语义层面上进行还要拓展到句法上。

能,“把”省略后的句子就不能成立了。下面以“市场繁荣经济”为例的分析可以更好地说明这一点。

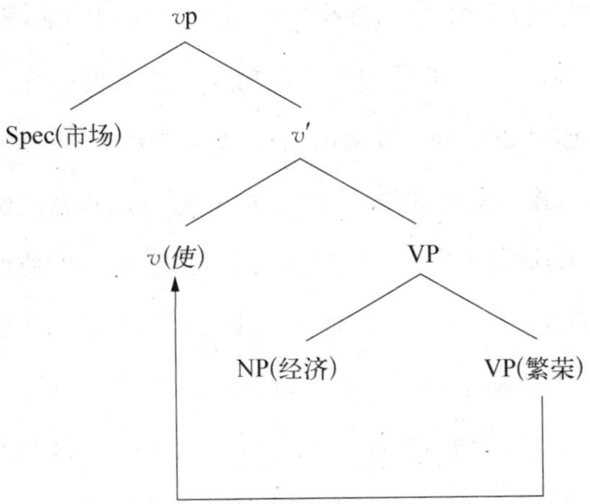

图 3-2-2

石定栩(2003)认为,这个结构中存在一个轻动词,例如,“市场繁荣经济”实际上是“市场使经济繁荣”,具体的操作规则是,“使”是一个轻动词,轻动词“使”的省略导致了核心词的空位,这个空位就要求后面成分中的谓词性成分通过移位来占据这个位置,因此“繁荣”通过移位占据“使”留下的空位。

(二) 特殊致使结构:“使”不导致移位

沈阳等(2001)认为,使动句是因为使役动词指派了两个题元:述题和致事,“使”先向“他生气”指派述题题元,然后“使他生气”(v′)向“张三”指派致事题元。据此分析,这里存在的问题是,如果这个推断成立的话,这个句子要经过两个步骤才能完成推导。但是根据经济原则,一般 SVO 型语言句子的生成,都是通过核心词同时赋格给主语和宾语来完成的。同时,从逻辑上来讲,既然是致事论元,那么就应该首先获得“使”指派的题元角色才能完成致事的结果，即先完成结果论元述题角色的题元指派，从逻辑角度来讲，不可能结果在先而原因在后。

进一步分析下列例句，如果“使”是一般动词的话，那么“生气”这个词组该如何处理？处理为双宾结构？显然这也不符合一般双宾结构的概念，如果处理为一般动词结构，那么“生气”的宾语是什么？如果是“张三”，我们知道，“张三”作为主语，可以从宾格的位置通过升格来完成，如果这样的话，那么这个句子的原型应该是“使他生张三气”，也就是“他生张三气”而不是“他生气张三”，“生气”这个复合词显然不能通过主语的降格来获得宾语。如果宾语是“他”的话，“他生气”已经做了“使”的宾语，根据 Chomsky(1981：36)的观点“每个论元都必须获得一个题元角色，而且只能获得一个题元角色”，因此不可能通过“他”降格来获得宾语。因此，“使”处理为一般动词显然行不通。我们依据轻动词假设，将“使”看作一个显性轻动词，占据核心动词位置，同时指派致事题元给“张三”以及述题题元给“他生气”。这样处理的话，不能导致移位的轻动词“使”在句子生成过程中就具有了一般动词的作用。

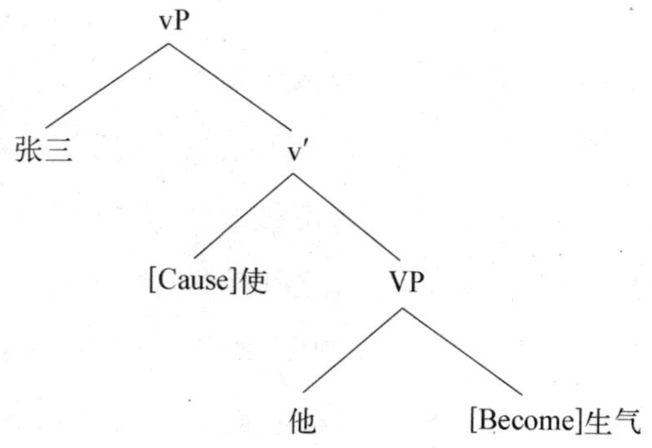

图 3-2-3

综合分析，我们认为，虽然在有些"使"字句中，"使"可能会导致移位，但是这种移位何时应该发生无法明确。因为在这样的句子中，有"使"字和没有"使"字可以表达同样的意思：有"使"的时候，"使"字可以表达致使的意思，因此不再需要通过动词移位来填充致使含义；但是当这个"使"不存在的时候，既然已经存在致使的句法空位，因此就需要通过动词移位来填充这个句法位置。由此，"使"类词成为轻动词的必要条件包含两个方面：位于"使"后并具有致使含义的词导致句法移位发生；"使"不导致句法移位。

三、得＋补语构成的动补结构

依据熊仲儒(2005)的分类，汉语"得"字句可分为两类，一类是"得"后面的补语指向名词，如他哭得肩膀抖动；另一类"得"后面的补语指向动词，如：我找得你们好苦哇。但是，如果按照语义指向分类，还有一种结构可以产生歧义，那就是"张三追得李四累了"。④ 这里的"累"根据一般语感，应该指向"李四"或者"张三"，但是，似乎也可以指向动词"追"。沈家煊(2004)认为，"追累"是动补结构，那么"追得"是什么结构呢？似乎将这种结构也应被考虑为动补结构才能解释上述问题。典型的"追累"例句如下：

(4) 张三追累了李四

至于"累"怎么和"追得"合并变成"追累"还需要进一步研究，因为在"累"的上层有一个"追得"留下的语迹，"累"不可能跨越这个节点而

④ 这个句子来源于汉语生成语法研究的论文，有学者从语感角度对其合法性存疑，本书暂不讨论。

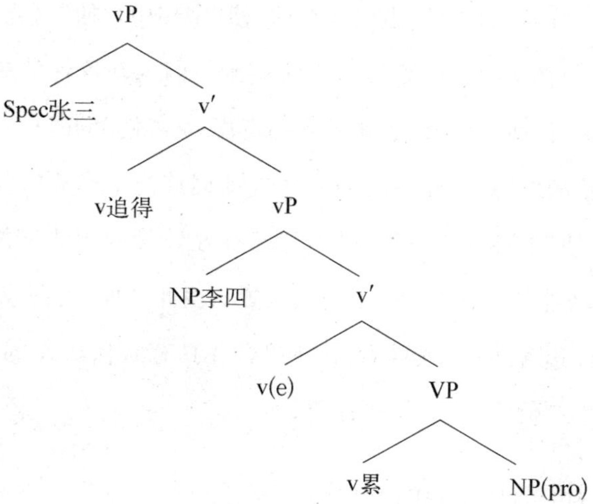

图 3-2-4

继续向上移动，因此可以假设这个句子中实际存在一个隐藏的轻动词"把"，整个句子可以说成："张三把李四追得累了。""把"吸引"追得累"提升到核心位置，如果把"追得"看成和"追累"相同的动补结构的话，语音形式相同就可以合并，类似于上面对动词和汉语体貌词分析时提到的"去了$_1$ + 了$_2$"结构。但是，这时两者的语音形式是不一致的，那只能从语义上寻求解决方法，从意义上来看，"追得累"实际上就是"追累"。分析"得"字句式是因为这种句式和动结结构密切相关，而利用生成语法理论，似乎可以将这两种结构联系起来，但是实际看来，"追得累"及相关结构的分析还要牵涉其他内容。⑤

从上述分析来看，对汉语中的一些特殊结构的句法生成与分析建立在轻动词假说之上，用理论假说解决理论问题虽然可行，但是从科

⑤ 可参看沈家煊(2004)的研究。

学角度看，还需要进一步验证。因此，轻动词研究的首要问题是证明轻动词生成机制的存在，当理论无法完成这一任务的时候，就必须寻求新手段。可以看出，一些复杂的汉语句法问题，利用轻动词假设也不能完全得到解决。实际上，最简单的汉语词组，例如，"繁荣经济"和"经济繁荣"等内部词汇位置存在变换的词组中是否存在轻动词移位？汉语中的体概念与英语中的体概念是否不同？体范畴词组不能解决的问题，轻动词是否可以解决，如"打了、吃了"等是体词组(AspP)，通过对动补结构和轻动词结构的分析推导表明，汉语 AspP 结构实际上是轻动词结构，是否符合汉语事实？反转型使动结构中的轻动词是否和正常语序句子中的轻动词功能一致？汉语句在句中的方位词为什么可以置于句首等，这些问题显然还存在极大争议，而进一步研究这些与轻动词假设相关的理论问题，必须要首先证实轻动词假设的合理性，其句法处理过程具有相应的神经基础。

本研究旨在通过神经语言学方法，在理论研究和假设的基础上，利用理论研究语料，借助于先进的脑功能成像技术(包括功能性磁共振成像和事件相关电位)，设计不同的神经科学实验来进行验证，根据结果得到了不同汉语句法结构加工的神经基础来证明轻动词假说理论的可靠性，丰富汉语词库和句法演算研究，为汉语的句法研究提供脑科学的佐证。

第三节　汉语轻动词理论框架的假设

在开始实验研究之前，我们首先界定本实验研究的理论范围和要解决的问题。根据对汉语中相关结构的分析表明，汉语中不同形式的轻动词在导致句法移位、题元角色指派以及句法和语义相互关联等特征上具有相同的特点，因此，我们可以将汉语轻动词的句法语义特点归纳如下：

（一）显性/隐性

“使”类轻动词大多数可以省略，但也可以出现，因此汉语轻动词和英语轻动词最大的区别就是汉语是否存在有语音形式的轻动词，通过上面分析，汉语“使”类词，“着、了、过、得”都有可能是语音形式的轻动词。同时汉语中还存在非致使类轻动词，比如被动结构中的显性轻动词“被”。

（二）移位/非移位

轻动词可以导致核心词移位，但如果不需要移位或者通过其他更经济的手段进行句法演算，可能就不需要移位核心词；致使/非致使，轻动词的致使性，大多数轻动词都含有致使义，但汉语也有例外。

（三）可删略/不可删略

核心移位后，显性轻动词可以分成两种情况，一种直接删除句法特征；另一种情况是通过语义、语音手段才能进行删略。通过语义或语音删略后的轻动词有时候还保留其符号特征而作为构词语素存在，并与核心词构成汉语动补复合结构。

（四）直接指派题元角色

轻动词不导致移位的，可以指派题元角色；非指派题元角色，轻动词导致核心词移位的，轻动词不指派题元角色，名词题元角色由核心动词指派。

轻动词加工可能不仅只关涉句法加工，还涉及词组、句子的语义加工过程。但是轻动词加工的语义过程是在句法加工过程中产生的，因此与轻动词的句法加工乃至语音加工过程可能关系密切。

虽然这些指标没有一个统一标准，但是都和句法结构生成的某个过程相关，因此从理论上来说，这些特征应该是构建轻动词假设理论的核心部分，也是我们要对轻动词进行进一步理论研究和神经语言学研究的出发点和参照指标。

句法移位是理论语言学和神经语言学所共同感兴趣的话题。虽然最简方案倡导合并，但是汉语中的许多句法现象是通过合并所不能完全解决的。有些研究者通过功能假设来解决合并不能解决的问题，如邓思颖（2003）的 FP 假设和熊仲儒（2004）的功能性范畴假说。然而，在合并和各种假说纷纷出现的同时，我们可以进一步反思句法移位，句法移位是否真的不需要。根据句法的理论分析以及神经语言学对句法移位研究的相关成果，特别是 Lin（2001）对汉语的研究，可以假定轻动词如果存在移位，其规则应包含如下几点：

（一）左向移位

促发核心词的向上移位，从而从容占据轻动词的位置或者与之合并后消除轻动词的语音形式。

（二）特征删除

移位过程是轻动词特征删除过程，包括句法特征和语音特征，如某些左向移位还保留语音形式，那么这时也不会是独立的音素，必然和其他音节构成新的音素形式。

（三）核心移位

核心移位可发生可不发生，一般来说，包含语音形式的轻动词不会促发移位，而没有语音形式的轻动词可能会导致移位。

（四）语义性移位

句法移位过程中产生结构语义变化，这种语义性的变化可能是句子从生成到理解生成过程的必要阶段。

特别需要指出的是，我们对于轻动词特征及其句法移位规则的研究不可能面面俱到。例如，限于实验研究对变量控制的要求等，本实验研究只关注轻动词和主要动词的关系，对于动词论元以及轻动词结构中致事和受事的选择等相关问题均未曾涉及，这也是本研究的局限性所在。

第四节　研究概况和实验方法介绍

一、研究概况

根据上文对轻动词理论及相关实验研究的概述，选取与汉语轻动词假设有关的几种结构作为研究语料，对这些语料的句法、语义加工过程的神经机制进行研究，整个研究包含6组fMRI实验，分别为：

（一）可变换位置词组加工的实验研究。

（二）使动结构中显性、隐性使动句句法语义加工比较的实验研究。

（三）反转型使役结构中含“花”类词与不含“花”类词对比加工的实验研究。

（四）汉语动补结构中的显性轻动词“了”加工的实验研究。

（五）汉语主动、被动句对比加工的实验研究。

（六）基于汉语词类的汉语句法语义加工与前述实验中句法语义

加工的一致性实验研究。

这6组独立的实验，第1组和第6组是基于词组层面的，第2～5组是基于句子层面的。第1～5组实验主要是为了研究汉语有关结构中与轻动词句法语义加工的关联性以及验证轻动词加工具体涉及的大脑结构。第6组实验是以汉语中简单的句法语义区分为例，来区分两者加工具体涉及的不同脑区，并与我们之前得到的轻动词句法、语义加工脑区进行直接的对比，以进一步验证汉语轻动词假设的合理性以及不同类型的汉语句法、语义加工涉及脑区的一致性，同时验证乔姆斯基最简方案理论语言经济原则和神经加工经济原则的一致性。6组实验使用的被试都是以汉语为母语的被试，右利手，文化程度都在大学以上。在第1～4组实验使用的是GE Exite 3.0 T磁共振，第5组使用的是SIEMENS symphony 1.5 T磁共振，第6组使用的是SIEMENS Trio 3.0 T磁共振。第1～4组实验使用AFNI软件分析激活结果，第5～6组实验使用SPM8分析激活结果。由于完成一组fMRI实验的工作量较大，耗时长、消耗高，所以这几项实验时间跨度大，整个实验是本研究作者所在团队工作的结晶。

二、实验方法介绍

本研究主要采用功能性磁共振成像技术(fMRI)开展研究。语言认知的神经机制研究是语言科学研究的重要内容，它主要研究语言与大脑的关系，简单地说就是研究语言在人脑中的理解与产生的过程。但是人脑被一层厚厚的颅骨所包围，因此仅凭肉眼无法判断大脑如何处理语言。普通语言学研究通过语言理论的假设来构建语言生成和理解模型，心理语言学则通过行为学方法，通过测试量表来研究人对具体语言结构的反应时间和正确率。但是，这两种研究方向都不能直接观察大脑实时处理语言的情况。随着科学技术的发展，新的语言科学研究技术已经被广泛用于语言研究中，其中 PET 和 fMRI 尤其是 fMRI 技术是神经认知科学研究中被最广泛应用的脑功能成像技术。

PET(Positron Emission Tomography, PET)即正电子发射断层扫描技术，其基本原理是，刺激作用于大脑会产生血流变化，利用血液中注射的放射性示踪物质来和脑活动的某些脑区进行对比，从而确定刺激任务与特定脑区之间的关系。fMRI 是 functional Magnetic Resonance Imaging 的简称，中文名称为功能性磁共振成像。其实质就是在磁共振成像的基础上获取大脑活动的功能图像，以获取被试对所给语言、图形、声音等刺激语料进行加工时产生的 fMRI 信号并加以分析，以确定这些刺激语料与对应脑区的关系，从而分析其脑机制。赵喜平(2000)认为，所谓的 fMRI 就是利用 MRI 对组织磁化高度敏感的特点来研究人脑功能，特别是大脑各功能区划分或定位的无创伤性检测技术。由于 PET 在技术要求以及资金需求方面的原因，用于认知任务的研究越来越少，现在主流脑功能成像技术也是本研究使用的脑成像技术——功能性磁共振成像(fMRI)。

fMRI 是在 MRI 技术基础上发展起来的。MRI(Magnetic Resonance Imaging，磁共振成像)产生于 20 世纪 70 年代。1970 年，美国纽约州立大学的 Raymond Damadian 发现正常组织的 NMR (Nuclear Magnetic Resonance)信号与病变组织的信号明显不同。这之后，Paul Lauterbur、Peter Mansfield 等人发展了各种成像方法，并因此还获得了 2003 年诺贝尔生理学或医学奖。1976 年，Mansfield 得到了第一幅人体磁共振断层像；1977 年，世界上第一台名为

Indomitable 的全身磁共振成像装置诞生；1978 年的图像质量已经接近 CT；1980 年，磁共振成像设备用于商业用途，这之后，磁共振成像技术开始进入一个飞速发展的时期。美国 GE 公司、德国 Siemens 公司、荷兰 Philips 公司等先后成为最负盛名的磁共振设备制造商，临床上也开始应用磁共振成像进行疾病的早期诊断，到 1985 年，全世界就装备了 511 台磁共振成像设备。MRI 装置的磁场强度也逐步增大，由最初的 0.1 T(T 即 Tesal，磁场强度单位)以下到目前临床上运用最广的为 1.5 T、3.0 T 的 MRI 设备，国外的某些研究机构已运用场强高达 7 T，甚至 9.4 T 的 MRI 装置进行人体结构和脑认知科学的研究。

MRI 扫描设备包括磁体、线圈(包括射频线圈和梯度线圈)、主控计算机和工作平台。整个磁共振室还要包括其他的外设如电源、屏蔽设备、空调等。磁体可分为永磁型、常导型、混合型和超导型 4 种。线圈用于发射和接收脉冲信号以及对磁共振信号进行空间定位。主控计算机和工作平台用于采集数据。近来还有公司生产了专门用于科研 fMRI 实验的装置，大大方便了实验操作。现在运用最广的是超导型 MRI 设备，它的信噪比高、稳定性好，可用于高场强的 MRI 装置，对于 fMRI 的研究非常有效，用于 fMRI 研究的 MRI 装置一般最低的要求是 1.0 T 以上的超导型 MRI 扫描系统，这些机器通常比较昂贵，单台价值都在 1 000 万元甚至数千万元，因此 fMRI 实验成本较大。

MRI 是对基于核物理学和量子物理学的 NMR(Nuclear Magnetic Resonance，核磁共振)现象的应用。NMR 现象是美国科学家 Bloch 和 Purcell 于 1946 年同时发现的。我们知道原子是由原子核和围着核旋转的电子所组成，原子核又是由带正电荷的质子和不带电荷的中子所组成。在人体内广泛存在的氢原子核，其质子有自旋运动，带正电，产生磁矩，如同一个磁体，这个磁体的自旋是杂乱无章的，但在均匀的强磁场中，磁体的自旋将按磁场磁力线的方向重新排列，这时用特定的射频脉冲去照射这些含有原子核的物体，物体就会将这些能量吸收，从而产生核磁共振现象，也就是现在广义上的磁共振成像。

fMRI产生于20世纪90年代左右，是在磁共振成像基础上发展起来的，功能性磁共振成像技术一般有三种，脑血流测定、脑代谢测定、神经纤维示踪技术。在实验研究中应用最广的脑功能成像方法为脑血流测定，它又包含有注射造影剂、弥散加权、灌注和血氧水平依赖成像等方法。现在最为流行的fMRI成像方法是血氧水平依赖成像即BOLD(Blood Oxygenation Level Dependent)成像技术，BOLD技术由美国的S. Ogawa等人在1990年左右提出，1991年明尼苏达大学、贝尔实验室、麻省总院、威斯康星大学也取得了初步的研究成果。1990年代中后期，fMRI开始在运动、记忆、学习、语言等人脑高级功能的神经机制研究当中得到了广泛的运用。

血氧水平依赖(BOLD)的主要原理是，人的血液中包含两种物质：氧合血红蛋白和去氧血红蛋白。氧合血红蛋白是逆磁物质，而去氧血红蛋白是顺磁物质，当给予刺激时，需要消耗体内的氧和葡萄糖，因此，当刺激刚开始的一段时间内血氧水平是下降的，但是随着神经元的兴奋，会带来更多的血氧，因此去氧血红蛋白就相对减少，这样两种不同磁化物质的增减状态不同，表现出不同的MR信号。张武田(2001)认为，“将这种磁性物质的相对增减记录下来，就反映了相关脑区的激活状态”。

目前使用fMRI来进行语言加工神经机制的实验，其实验设计一般有三种：组块设计、事件相关设计以及组块、事件相关综合在一起的混合设计。组块设计(Block Design)(图3-4-1)就是将实验任务分为几个组，每组包含有同一类型的实验语料若干，每组重复连续给予被试刺激，由被试做出反应完成任务。贾富仓等(2001)将事件相关脑功能成像(ER-fMRI)(图3-4-2)定义为：“一次只给一个刺激，经过一段时间间隔再进行下一次相同或不同的刺激。它的核心是基于单次刺激或行为事件所引发的血氧反应。”他们认为，事件相关较组块设计有如下优点：它具有随机化的优点；可以对被试和实验任务作选择性处理；可提供脑局部活动的反应特点。

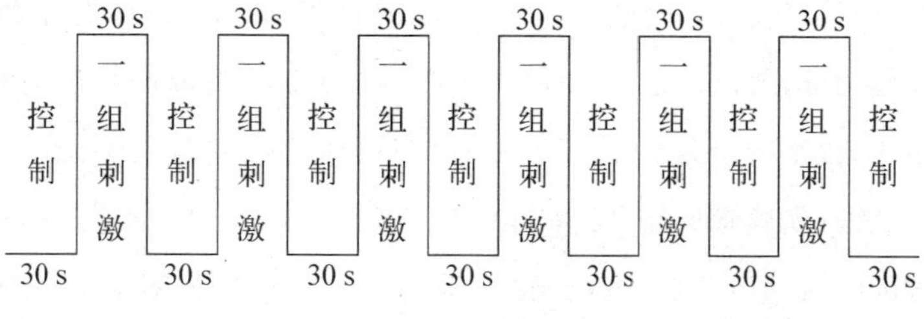

图3-4-1　组块设计图示

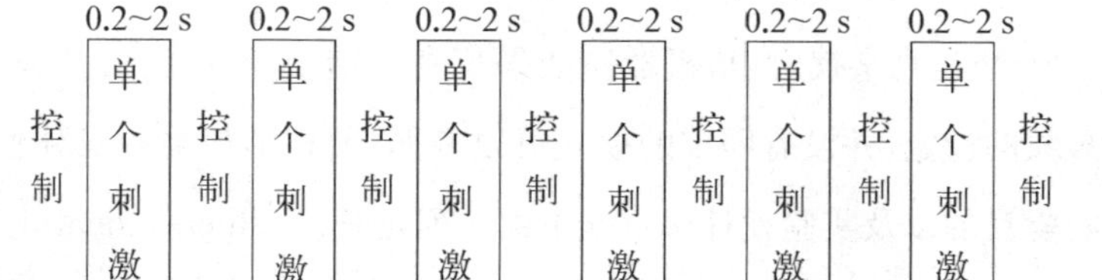

图3-4-2　事件相关设计图示

应该说事件相关设计的应用前景相当看好。在 Block 设计中，一般要求一组刺激的时间要等同于控制所呈现的时间，而且每个实验序列内，Block 的数量不宜太多，否则会影响实验的效果。在事件相关设计中，刺激之间的间隔时间一般要求随机化，但是间隔一般不能太短，否则前一刺激结束的短时间内大脑恢复不到“初始状态”。每个刺激语料的呈现时间也要尽可能的短，以让被试的大脑在尽快完成任务后恢复至初始状态。在 Block 设计中，相同的实验任务或者实验语料，要放入一个 Block 中；在事件相关设计中，不同的实验任务或者实验语料，可以随机放置在任意的时间序列中。

目前较为流行的实验刺激呈现软件是 E－prime。在使用 E－Prime 软件编制刺激程序的时候，可以根据需要设定刺激的间隔时间，还可以设定随机程序，让刺激语料随机出现。同时该软件还支持声音、图片以及视频刺激程序的编制。在使用 E－prime 件进行 fMRI 实验的时候，通过设定记录程序，可以将被试的反应时间和正确率记录下来，以供行为数据分析和 fMRI 实验数据的处理使用。

fMRI 实验常见的参数有 T1、T2* 像、TE(time of echo)、TR(time of repetition)、FOV(field of view)等，T1、T2* 像是 MRI 机器采集图像的不同格式，功能像一般是 T2* 像。TE 是回波时间，TR 是重复时间，其中 TR 表示单次激发扫描全脑所需要的时间，一般机器在 2～3 秒。FOV 是观察视野，指机器所能采集到大脑图像的范围。实验扫描参数的设定，并没有固定的模式可以遵循，要根据机器的具体性能和实验目的以及实验设计确定。下面所列是一组 Simens Sonata1.5 T 磁共振设备 fMRI 成像的参数，可以参考。如三维结构像采用扰相梯度回波(Spoiled Grass)成像序列进行扫描，获取 128 层的矢状位图像，具体扫描参数是 TE = 1.17 ms、TR = 30 ms、层厚 = 1.30 mm、间隔 = 0.26 mm、FOV = 325 mm、Matrix = 128 × 128；水平结构像采用快速自旋回波（Fast Spin Echo）序列进行扫描，获取 20 层的水平位图像，具体扫描参数是 TE = 442 ms、TR = 15 ms、层厚 = 5 mm、间隔 = 1.5 mm、FOV = 220 mm、Matrix = 256 × 256；功能像采用基于 BOLD 的 EPI 成像序列进行扫描，获取 20 层的水平位功能图像，具体扫描参数是 TE = 1 s、TR = 2 000 ms、层厚 = 5 mm、间隔 = 1.5 mm、FOV = 220 mm、Matrix = 64 × 64。

fMRI 实验所采集的大脑图像包括解剖像和功能像两种，要分别对这两种图像进行处理，同时由于一般实验都是有一定的被试参加的，大多数实验中如果研究样本为正常被试的话，一般都要求有效数据在多人以上，所以在分析 fMRI 实验数据时又可以分成个体分析和组分析两个组成部分。常用的 fMRI 实验数据处理软件有 SPM（Statistical Parametric Mapping）、AFNI（Analysis of Functional NeuroImages）以及 Brain Voyager 等，其中前两者是由相关研究者开发并免费提供给学术界使用的软件。具体的处理步骤一般分为预处理和统计分析两个部分。预处理包括三维重建、空间标准化、时间与空间校正等。统计分析是通过相关分析运算来获取局部脑功能活动的统计参数图。

AFNI 软件由于使用了开放性代码，因此不同的研究者可以根据需要来自己设计处理命令。AFNI 软件的网站地址为 http://afni.nimh.nih.gov/，一般的 AFNI 命令的帮助文件我们可以从 http://afni.nimh.nih.gov/pub/dist/doc/program_help/处获得，网站还设立了专门的讨论区，汇聚了世界各地研究者在使用 AFNI 软件中发现的问题及其解决的方法。

SPM(statistical parametric mapping)是脑功能成像实验常用数据处理软件之一。由 Karl Friston 在 1991 提出设计思想并于 1994 年设计出 SPM94，后来又出现 SPM95、SPM96、SPM99 以及 SPM2、SPM5、SPM8 和 SPM12。SPM 基于 matlab 平台运行，使得使用者可以基于 matlab 平台开发新的应用程序配合 SPM 使用。SPM 处理的基本步骤和 AFNI 基本相同，但是每个步骤的具体实现和 AFNI 有很大的不同，如 SPM 中使用的标准坐标系统是 MNI 坐标，而 AFNI 是 Talairach 坐标。选择什么软件对于实验结果影响不大，主要依据偏好及数据处理能力而定。

第四章　可变换位置词组的功能性磁共振成像研究

第一节　理论回顾及研究目的

本研究中的词组是指由名词和动词组成的可变换位置词组①，由两个双音节词组成，这两个词可以调换位置且保持词组的基本含义不变。这样的词组举例如下：

保护动物——动物保护　考核业绩——业绩考核　选拔干部——干部选拔

移动目标——目标移动　出口物资——物资出口　建设校园——校园建设

① 这里将下面所列的词语序列统一称为词组结构，但在汉语研究中也有人认为这样的四音节词序列是复合结构或称复合词，如冯胜利(2005)等。词/语或者词/词组界限的问题暂时不作讨论。

学习英语——英语学习　增加利润——利润增加　管理市场——市场管理

伪造证件——证件伪造　培养人才——人才培养　发放补助——补助发放

发展经济——经济发展　制造机器——机器制造　改革体制——体制改革

调整结构——结构调整　完成任务——任务完成　练习开始——开始练习

提高水平——水平提高　降低成本——成本降低　改变观点——观点改变

控制人口——人口控制　撤销处分——处分撤销　传染疾病——疾病传染

积累经验——经验积累　整理文件——文件整理　延长时间——时间延长

修改文章——文章修改　缺乏营养——营养缺乏　取消会议——会议取消

马庆株(1999)在《词组的研究》一文中就指出,以上词组由于词序的不同,其词组类型也不相同。陈昌来(2001)认为,上述词组中的动词是汉语动词中的一个特殊小类——致使动词。他将这种动词构成的句子结构类型描写成：X+使+Y+Vp。上述研究都指出汉语中存在可变换位置词组,列出了这些词组的不同类型和这种类型词组所能构成的句子的类型。但是相关研究均没有涉及词组内部单个词以及这种现象的形成原因,仅论及了部分致使动词在不同致使结构中与不同施事成分之间的语义关系，认为这种结构应该看成是致使结构。

根据题元指派一致性〔Baker(1988,1997)〕原则，有研究认为："丰富生活——生活丰富"一类词组中"生活"与动词的题元关系是一样的，但是"丰富"这个动词在前者中是役格谓语，在后者中是作格谓语(沈阳等 2001)。这一研究是在生成语法的框架下进行的，他将这些词组放在具体的句子中进行了验证。例如：

(1) 军训使纪律严肃——军训严肃纪律

(2) 贸易使市场繁荣——贸易繁荣市场

(3) 锻炼使生命健康——锻炼健康生命

在上例的后句中，内部论元的后面是前句中的动词所在的位置，在后句中提到前面去了，相关研究认为这是词的使动用法。在分析中，"使"是被当成一个独立的实实在在的轻动词来看待的。而存在"使"的句子中，如"军训使纪律严肃"，动词不需要移位；不存在"使"的句子，如"军训严肃纪律"则需要移位，解决方法是通过提升谓语动词的主语来实现。尹世超(2002)研究了动词直接做定语的词组的情况。他认为，在"动词+名词"组成的词组中，如果中心语由"表示定语动词动作行为发出者或主体的名词充当"，成为施事中心语，那么这类中心语一般与人或者与人相关的单位有关，定语和中心语可以颠倒位置，变成主语为施事或主体的主谓短语，如"炼钢工人——工人炼钢、值班医生——医生值班"等；而如果这个词组的中心语是受事中心语，那么定语动词是不及物动词，定语和中心语的位置可以颠倒，变成主语是遭受义受事主语的主谓短语，如"受灾群众——群众受灾"等。他将这种现象的语义成因归结为以下两点：当这类词组的名词是表人的或者与人相关的，或者名词是受事且动词是不及物动词时，名词与动词的位置可以互相调换，语义关系基本不变。

冯胜利(2005)认为，汉语中有些词必须使用"×化"来表达使动的意思，例如"绿化环境、神化领袖"等，他要说明的是这里存在一个"带音轻动词"使动语素"化"，说明轻动词可以用来构词。他的这种说法是基于单音节动词之上的，其实正如上面陈文所提到的，汉语中可以使用"不带音轻动词"或者"空动词"来实现使动的含义。例如"丰富生活"就是"使生活丰富"的意思，这里并不需要使用"×化"来构成"使生活丰富化"，因此，双音节词实际上可能包含一个空的轻动词语素。

以上是汉语学界对这类词组成因的一些理论探讨，然而，这种汉语词组现象形成的神经机制研究几乎没有，其他语言如英语中又几乎不存在这种现象。例如，plant trees 不能说成 trees plant，但是对应的汉语词组既可以说"种植树木"也可以说"树木种植"。[②] 因此，英语关于词组语义关系加工的神经机制研究较多，而较少涉及词组内部位置关系的改变。例如，Newman 等(2001)通过事件相关 fMRI 研究了英语词组加工，发现词组加工的脑机制主要表现在额叶、颞叶和颞顶叶。Kang 等(2001)通过 fMRI 研究认为，英语词组加工的脑激活区包括左脑额下回和额中回、后顶叶、前扣带回等。虽然上述实验将研究视角放在了词组的语法和语义的关系上，但根据其实验语料和结果，大体上可以认为，词与词互相组合的加工应该包括大脑的额叶、颞叶等脑区。由于上述研究都不是指向不同组合之间神经机制研究的，而是

② 对应的汉语还可以说成"种树"，但是不能说"树种"，这可能和动词的单双音节的用法有关，本研究不涉及这方面的内容，相关的研究可以参看冯胜利韵律句法学的相关研究。

指向句法语义关系的研究，某些实验语料中可能既包含“名词＋动词”组合，也可能包含“动词＋名词”组合，因此，实验结果显示出的这些脑区并不一定是由某一类组合，如“名词＋动词”加工造成的。Mondini等(2002)研究了意大利语中“名＋形”和“形＋名”组合的情况。意大利语中“名＋形”和“形＋名”组合既有可能构成复合词，又有可能构成词组，在研究两者构成的词组时，发现“名＋形”组合和“形＋名”组合的加工机制不同。在分析失语患者的结果时发现，失语患者提取词组比提取复合词要困难，同时提取这两类词组的时候也表现出不同的正确率，因此意大利语中“名＋形”和“形＋名”组合的加工有不同的神经机制。

上述有关词组的神经语言学研究，还没有涉及词组内部经过位置变换后不同成分之间关系的研究，因此，“丰富生活——生活丰富”类词组经过词的位置变换之后，词组内部的关系如何，以及形成这种关系的神经机制如何，值得进一步探讨。

本研究的目的就是要探讨词组内部成分位置互换的理论动因和神经机制上的原因。我们假设符合汉语SVO句法结构的“V＋N”词组即“丰富生活”类词组是这种词组的基本结构，造成词组成分位置互换后语义关系基本不变的原因除了论旨指派一致性原则之外，还有其他句法上的原因。论旨指派一致性，实际上是从两者语义关系上来解释的，只要成分的施受性质不变，他们各自接受施受关系的能力也不会改变，因此不论它们的位置如何变换，两者语义关系不变。③ 但是

---

③ 我们认为，用论旨指派一致性来解释这类词组实际上有循环论证的嫌疑，因为论旨指派一致性原则本身就是建立在语义关系的基础之上的。

从句法位置上来看，尤其是从整个词组的句法性质来看，两者位置互换，导致了整个词组句法性质的改变。例如，“丰富生活”是动宾结构，而“生活丰富”则是主谓结构。因此，这种变换可能包含了某种句法处理过程。

移位理论即汉语轻动词假设可以从理论上解释上述词组内部位置变换的句法动因。也就是说，在这个移位过程中，轻动词的缺失造成了句法空位，而这个空位吸引了谓词性成分的向上移动，简而言之就是轻动词移位。也就是说，可能是轻动词造成了这种移位，这种词组句法属性改变的本质动因是轻动词移位。因此，如果我们验证了这种词组成分位置互换的句法动因符合句法加工的脑机制，可能就能证实轻动词假设的合理性。从现有的研究来看(可参看本书对轻动词的理论回顾部分)，将汉语中的“使”表示使动用法时的句法属性看成是轻动词，这已经被许多研究者用来解决理论问题，因此，验证轻动词的存在可以从具有代表性的“使”开始，前文已经指出，这种变换位置词组内部的变换可能是由于致使造成的。[4] 因此，比较变换前和变换后的词组加工的脑机制，如果两者没有差异，这就表明这类词组成分之间的语义关系主导了词组的性质，即使利用轻动词可以说明理论上的问题，但是也不能验证轻动词在成分位置互换中的作用；如果两者存在差异，这就表明在语义关系不变的情况下，句法位置的改变是造成这种差异的主导原因。如果句法位置改变是造成这类词组差异的主要原因的话，不但可以表明词的位置关系改变可以导致词组句法性质的改变，同时也可以

④ 参看陈昌来(2001)以及沈阳等(2001)的研究。

表明轻动词假设的可靠性。

本研究的目的就是在上述理论假设的基础之上，设计探讨这类词组加工的神经心理实验和 fMRI 实验，从行为学和神经科学两个方面来探讨这类词组加工的神经心理机制，从而对上述理论问题进一步探讨，确立词组成分位置改变与句法之间的联系，确认此类词组加工的句法过程是否有对应的神经机制，从而探讨句法移位是否是汉语中具有致使性质词组成分互换的理论动因，以便确立研究汉语轻动词的可行性和必要性，证明汉语轻动词假设的可靠性。

第二节　行为实验研究

一、实验语料及设计

实验语料分为两种类型的四字词组，即构成词组的成分可变换位置和不可变换位置，每个词组都由一个名词和一个动词构成。这两种类型词组内部又各自包含两种类型，因此可变换位置的词组的第一种类型是“培养人才”类，动词占据这个词组前半部分的可移位的词组（可以变换为“人才培养”）；第二种是“校园建设”类，动词占据这个词组后半部的可移位的词组（可以变换为“建设校园”）。不可变换位置的词组的第一种是动词占据这个词组的前半部分，例如“行动方针”；第二种是动词占据这个词组的后半部分，例如“年度考核”。[⑤] 实验语

⑤　我们这里不讨论名动兼类，在语感上含有动作意义的、可以充当谓语的词都可以视为动词。

料的选择过程是，通过问卷调查，向在校本科学生发出问卷100份，收回87份，以上四种词组经过问卷调查结果是，认为这些词组都是一般常用的占95%以上，四种短语对于一般人来说在熟悉度上并无差异。

本实验是2×2被试内设计，自变量为动词可移位与否（可移、不可移），动词位置（动词在前、动词在后）。因变量是被试对动词位置的判断。实验语料通过E-Prime软件随机呈现给被试，每个实验语料呈现的时间是300毫秒，实验语料呈现间隔时间不固定，平均时间为6秒。在这些正确词组中间穿插了12个由名词和动词构成的错误词组，随机出现。

二、被试及任务

行为实验选取江苏师范大学理工科学生34名，其中男女各半，所有被试视力正常或经矫正为正常，母语为汉语。

实验通过E-Prime1.0软件，呈现在计算机上，主频1.8 G，内存256 M，屏幕刷新率85 Hz。被试端坐于屏幕前方约50厘米处，眼睛平视屏幕。

实验开始前，分别对被试进行按键和实际操作训练，保证被试熟练使用按键盒和适应屏幕。在被试训练当中，告诉被试一定要看完并在心里默念完整个词组之后再做出正确或错误反应。本实验的任务是让被试在看完呈现在屏幕中央的词组后，准确而迅速地判断这个词组中包含动作意义的词是组成这个词组前面的词还是后面的词。例如，被试在看到屏幕上呈现"校园建设"时心里默念，然后作出对含有动作词的位置判断，同时按下右键。为了不让被试造成一定的序列效应，随机插入了一些不正确的词组，例如"登记足球"等。

实验开始前会有提示语。提示语结束之后，是“+”字，然后开始呈现语料，整个实验语料包括 112 条短语。

三、实验结果

本实验记录了被试的反应时和正确率，根据实验后问卷，共保留了 27 名被试(13 女 14 男)的实验结果。实验结果的平均反应时和正确率如下表：

表 4-2-1

语　料	可变换位置		不可变换位置	
	动词在前	动词在后	动词在前	动词在后
正确率	95.10%	93.06%	89.26%	94.63%
反应时	884.97±110	908.03±90	994.65±135	970.75±122

首先分析 4 种词组之间的反应时，结果表明四类词组中动词位置判断主效应十分显著〔$F(3,104)=5.342, p=0.002$〕，其中，可移位词组的反应时间要比两种不可移位词组的反应时间要快。

对于可变换位置的词组之间，动词在前的词组反应时快于动词在后的词组，但方差分析结果不显著〔$F(1,53)=0.825, p=0.368$〕；对于不可变换位置的词组之间，动词在前的词组反应时要慢于动词在后的词组，但方差分析结果不显著〔$F(1,53)=0.602, p=0.441$〕。

对于动词在前的可变换位置的词组与动词在前的不可变换位置的词组而言，可变换位置的词组反应时要显著快于不可变换位置的词组，而且方差分析的结果极其显著〔$F(1,53)=11.679, p=0.001$〕；对于动词在后的可变换位置的词组与动词在后的不可变换位置的词组而言，可变换位置的词组反应时要显著快于不可变换位置的词组，而且方差分析的结果也显著〔$F(1,53)=4.444$，$p=0.040$〕。[6]

四、实验结果分析与讨论

（一）可变换位置的词组

动词在前的词组反应时快于动词在后的词组，从心理表征上可以表明被试处理这类词组的时候，动词的位置具有一定的影响，但是两者之间效应并不显著，这说明，虽然在这类可变换位置的词组中，动词位置的加工存在一定差异，但是并不影响整个词组加工的心理过程。从词组结构的类型来看，如果动词在前，则一般构成动宾结构，如果动词在后，一般构成中补结构或主谓结构，两者词组结构并不相同。但是如果仅靠动词位置的变换来理解这类词组结构的变换，显然不符合我们的实验结果。因此，这类词组并不是靠单纯的动词位置变换来变换词组结构的。依据理论研究，这类词组如果放在一个简单句中，那么它们的位置变换过程就要复杂得多，但是如果没有这个过程，就不能很好地说明这个问题。前面我们提到非宾格假说，这个假说似乎可以解释动词带宾语和不带宾语的问题，但是这个假说本身存在很大争论，首要问题就是动词如何赋格的问题，如果处于不带宾语位置的动词可以赋格的话，那它就必须向前赋格，这样似乎又和题元指派一致性〔UTAH，Baker(1988)〕假说相似了。因此，我们将轻动词的概念引入分析之中，实际上在动词占据核心位置的时候就是占据了动词不带

---

⑥ 这里存在的问题是，因为如果从单个词出现的次数来说，可变换位置的词组比不可变换位置的词组高一倍，所以这种差异是不是词出现的频率造成的还需要进一步验证。但是由于我们在预实验前已经和被试指明，要看完整个词组再做出反应，因此就整个词组来说每个词组都只出现一遍。总之，在词组中词频效应有多大，需要进一步研究。

宾语词组前面轻动词的位置，之所以被试对这两类词组中动词位置判断的时间差异不显著。我们认为是轻动词在动词居后的词组中占据了中心词位置，虽然这里没有显性地出现轻动词，但是隐性轻动词的存在足以将这个中心词空位填补，以致被试在做位置判断时虽然慢于动词在前的短语，但是还不足于影响整个词组的加工。

（二）不可变换位置的词组

动词在前的词组反应时要慢于动词在后的词组，但两者之间效应不显著，这表明，这类词组和可变换位置的词组一样，被试判断动词在前词组中动词位置的时候要快于动词在后词组的反应时。同时这一结果还表明，动词与名词所组成的词组，无论动词在前还是动词在后，被试在加工这两种类型词组的时候，动词位置对被试没有显著的影响。这与杨亦鸣等（2002）、封世文（2003）、沈兴安（2005）通过 fMRI 和 ERP 实验观察到的结果是一致的。

结合上面的讨论，被试对动词在前词组中动词位置的判断要比动词在后词组中的位置判断所用时间少，这可能和汉语句子是 SVO 的结构类型相关，因为这些词组如果成为句子的话，加上主语就可以构成 SVO 类型的句子，如"工厂降低成本、我们抢救伤员"。但是一般汉语中很少有 SOV 结构，第一个句子说成"工厂成本降低"可以勉强接受，但是与原来的意义有出入，第二种类型如果说成"我们伤员抢救"，那么"伤员"和"我们"就成为一个词组了，原有词组结构被破坏。当然本实验只是揭示了这样一种现象，如果想证明语序和大脑加工进程相关，必须进一步设计实验来验证。

（三）可变换位置词组和不可变换位置词组的比较

实验结果表明，动词在前的可变换位置的词组与动词在前的不可变换位置的词组相比，可变换位置的词组反应时要显著快于不可变换位置的词组，而且方差分析的结果极其显著；对于动词在后的可变换位置的词组与动词在后的不可变换位置的词组而言，可变换位置的词组反应时要显著快于不可变换位置的词组，而且方差分析的结果也很显著。这表明，被试在判断可变换位置的词组中动词位置的时候，所需要的平均反应时间要少于不可变换位置词组中动词位置判断时间，这表明可变换位置词组和不可变换词组中的动词位置对整个词组加工的过程会造成影响，首先从神经心理的过程来说，可变换位置词组反应时间少，说明这种词组在被试加工的时候心理过程比不可变换位置词组加工的心理过程少。如果从实验语料的角度来说，在熟悉度几乎相同的情况下，语料本身不会造成这种影响。

结合上面的理论分析，我们可以认为，可变换位置的词组在变换位置的时候，可能是动词前移占据了前面的轻动词位置。但是按照一般的推理，如果可变换词组有这样的一个心理过程的话，那么它需要的反应时间应该长才对，为什么反而会短呢。我们认为原因有两个方面：首先，轻动词假设是建立在所有汉语句子的基础之上的，并不是说不可变换位置词组中间就没有轻动词，只是说这种类型词组中的轻动词已经被占据或者没有隐性轻动词不能造成移位。其次，按照轻动词理论，从词组内部的移位过程来看，如果是动词在前的词组，可变换位置的词组快于不可变换位置的词组，这表明不可变换位置的词组在进行轻动词移位的过程的时候，发现轻动词位置已经被中心语所占据，而可变换位置词组在动词移位变换中，动词在前的词组是一种基本结构，是已经完成移位的结构，不需要移位，所以反应时间反而快于不可变换位置的词组；如果是动词在后的词组，可变换位置的也要快于不可变换位置的词组，可以通过特征核查理论来解释，可变换位置的词组在完成移位之后，特征很容易得到核查，而不可变换位置的词组，如果将词组后面的动词移到前面去，那么构成的不合语法词组的中心语和宾语后面的动词语迹的特征就会产生核查错误，可能造成了反应时间的延长。

虽然行为实验结果有一定的显著差异，但大脑在实际处理这些词组的时候是不是有相应的神经基础，还不得而知；在解释这种现象时，轻动词只是假设，在刺激语料中是不存在的，这就需要更加明确的证据。因此利用更加直观可靠的研究手段来进一步研究非常有必要。

第三节　fMRI 实验研究

一、实验语料及设计

实验语料分为两种类型的四字词组，即构成词组的成分是可变换位置的和不可变换位置的，每个词组都由一个名词和一个动词构成。这两种类型词组内部又各自包含两种类型，因此可变换位置的词组的第一种类型是“培养人才”类，动词占据这个词组前半部分（可以变换为“人才培养”）；第二种是“校园建设”类，动词占据这个词组后半部分（可以变换为“建设校园”）。不可变换位置的词组的第一种是动词占据这个词组的前半部分，例如“行动方针”；第二种是动词占据这个词组的后半部分，例如“年度考核”。

共分成两个序列来完成实验，可变换位置词组和不可变换位置词组分别归入一个序列，每个序列包含50个词组，包括动词在前和动词在后的正确词组各20个，动词在前和动词在后的不正确词组10个作为干扰词组。实验采用事件相关设计，每个词组之间的间隔时间通过随机决定，间隔时间在10～14秒，平均为12秒，[⑦]呈现时间都是300毫秒。

实验语料采用视觉呈现，所用的软件为Psychology Software Tools公司提供的E－Prime（Version 1.0）。

二、被试及任务

本实验共有以汉语为母语的正常被试19人，年龄在20～26岁，文化程度都在大学以上，被试通过利手检测，均为右利手。均无任何精神和神经疾病史，均自愿参与本实验。

实验开始前，分别对被试进行按键和实际操作训练，保证被试熟练使用按键盒和适应屏幕。在被试训练当中，告诉被试一定要看完并在心里默念完整这个词组之后再做出正确反应。本实验的任务是让被试在看完呈现在屏幕中央的词组后，准确而迅速地判断这个词组中包含动作意义的词是组成这个词组前面的词还是后面的词。例如，被试在看到屏幕上呈现“校园建设”时心里默念，然后做出含有动作的词的位置的判断，同时按下右键。

---

⑦　关于事件相关功能性磁共振成像的间隔时间有很多讨论，如Bandettini和Cox（2000）认为，如果实验材料的刺激时间少于2秒，那么间隔时间最好在12～14秒。而Soon等（2003）则认为，间隔平均时间4.5～6秒和平均间隔时间为9秒，在实验持续时间相等的情况下敏感度相同，但是如果要区别微小差异，平均间隔为9秒则更好。

三、实验过程及数据处理

成像机器为美国 GE 公司生产的 EXITE3.0 T 核磁共振机，装备有 8 通道标准头部线圈和 EPI 扫描序列。实验语料采用视觉呈现软件为 Psychology Software ToolS 公司提供的 E－Prime(Version 1.0)。实验的具体扫描过程是：先扫描三维的 T1 加权结构像，再扫描与功能像一致的大脑水平横切面的 T1 结构像，最后扫描 $T2^*$ 加权功能像。水平结构像采用快速自旋回波(Fast Spin Echo)序列进行扫描，获取 22 层的水平位图像，具体扫描参数是 TE＝442 ms、TR＝15 ms、层厚＝5 mm、间隔＝0 mm、FOV＝240 mm、Matrix＝512×512；功能像采用基于 BOLD 的 EPI 成像序列进行扫描，获取 20 层的水平位功能图像，具体扫描参数是 TE＝1 s、TR＝2 000 ms、层厚＝5 mm、间隔＝0 mm、FOV＝240 mm、Matrix＝64×64；三维结构像采用扰相梯度回波(Spoiled Grass)成像序列进行扫描，获取矢状位图像，具体的扫描参数是 TE＝1.17 ms、TR＝30 ms、层厚＝1 mm、间隔＝0 mm、FOV＝280 mm、Matrix＝256×256。

实验数据处理软件采用基于 LINUX 操作平台的 AFNI(Analysis of Functional NeuroImage)软件包。为了减少由于个体差异以及机器本身等原因造成的误差和进行进一步的统计分析，我们首先要对实验数据进行预处理，具体过程是：

(一) 头动校正和图像的配准

由于在实验中微小的头动就能造成伪影，这会影响图像的质量和将要进行的统计分析，所以必须由 AFNI 软件进行伪影的去除。实验结果的脑区激活情况会用伪彩标示在三维图像上，所以首先要将三维像与结构像配准，由于结构像与功能像扫描参数相同，因此实际上三维像也就和功能像配准了。

（二）空间标准化

由于每个被试的脑的大小不一样，为了进行不同被试之间的对比和数据平均，采用国际上通用的 Talairach－Tournoux 坐标将每个被试大脑的大小进行重新换算，变成“标准脑”。具体做法是，在大脑上选取五个点，用于重新定位大脑的大小。这五个点是：大脑前联合上缘（AC superior edge）、前联合下缘（AC posterior margin）、后联合下缘（PC inferior edge）、重新定位 Z 坐标的两个中矢点（mid-sag point）。

（三）空间平滑和时间平滑

为了提高信噪比，我们要对数据的功能图像进行高斯平滑，全高半宽（FWHM）的大小选择 5。

（四）去线性漂移

在实际的扫描中会出现基线漂移，为了提高图像质量，需要对基线漂移进行去除。以上这些预处理过程结束之后进行统计分析，生成统计参数激活图，在本实验中，我们使用了反卷积运算的方法，得到每个任务的冲击响应函数，然后对处理后的冲击响应函数（IRF）进行平均，得到所有被试的平均时间点信号，再对得到的平均功能数据进行标准化处理，最后使用方差（ANOVA）分析的方法，对不同任务的平均冲击响应函数进行检验，最后将结果功能像与标准化 3D 像叠加得到用伪彩标示在三维脑结构像上的激活体素（Voxel）位置。

四、实验结果

首先是两种实验条件对比基线任务的结果，见图 4－3－1（A 为可变换位置词组任务比较基线任务激活脑区，B为不可变换位置词组任务比较基线任务激活脑区）。通过图 4－3－1 可以看出，两种条件下脑激活的模式非常相似，左脑的额叶下回、顶叶和枕叶都有激活，只是不可变换位置词组在额叶上回的激活未出现在可变换位置的词组加工中。我们知道，顶叶激活与按键任务相关度较大，枕叶激活与视觉刺激关系密切，因此额叶下回的激活应该与本实验中词组加工有着密切的关系。

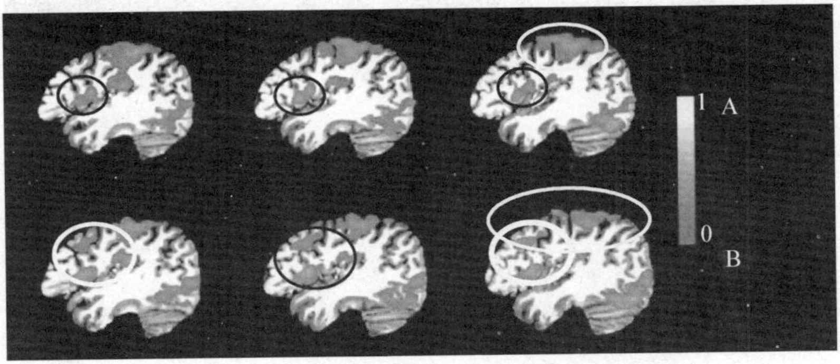

图 4－3－1　两种实验条件在相同阈值下在大脑左半球引起的脑区激活图。$p < 0.001$，未经校正。

（一）可变换位置词组和不可变换位置词组的比较

其中，可变换位置词组比不可变换位置词组激活的脑区有左脑额叶下回、左脑额叶中回、左脑额叶上回、左脑颞叶上回、左脑顶下叶、前扣带回、右脑额叶下回、右脑额叶中回、右脑额叶上回、右脑额内侧。不可变换位置词组比可变换位置词组激活的脑区有右脑楔前叶、右脑后扣带回、左脑后扣带回（参见图 4－3－2、表 4－3－1）。图 4－3－3 是可变换位置词组和不可变换位置词组在左脑额叶下回激活信号变化率。

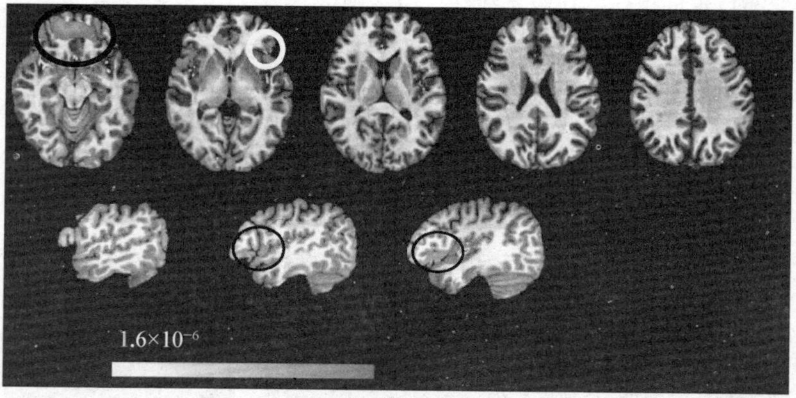

图 4-3-2　不可变换位置词组比可变换位置词组的脑区激活图。$p<0.001$，未经校正。

表 4-3-1　不可变换位置词组比可变换位置词组激活脑区坐标

激活脑区	最大激活点的 T-T 坐标(x,y,z)	t 值
左脑额下回(BA47、45、46)	-41,18,1	12.09
左脑额中回(BA9)	-41,28,27	8.01
左脑额上回(BA10)	-23,55,13	9.86
左脑颞上回(BA41)	-50,-19,6	9.79
左脑下顶叶(BA40)	-55,-31,23	10.93
前扣带回(BA10)	-1,48,-7	19.73
右脑额下回(BA47)	44,17,-6	12.62
右脑额中回(BA10、11、47)	37,43,-7	12.26
右脑额上回(BA9)	8,53,28	11.16
右脑额内侧(BA8)	8,28,43	11.30

动词在前的可变换位置词组比动词在前不可变换位置词组激活的脑区有左脑额叶下回、左前扣带回、右后扣带回、右脑额叶下回(图4-3-4、表4-3-2)。动词在前不可变换位置的词组比动词在前可变换位置的词组激活的脑区有左脑额叶下回、左脑颞叶上回和脑岛周

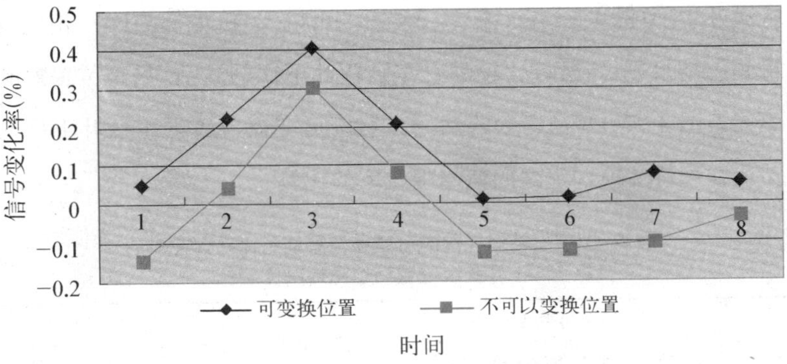

图 4-3-3　可变换位置词组和不可变换位置词组在左脑额叶下回激活信号变化率

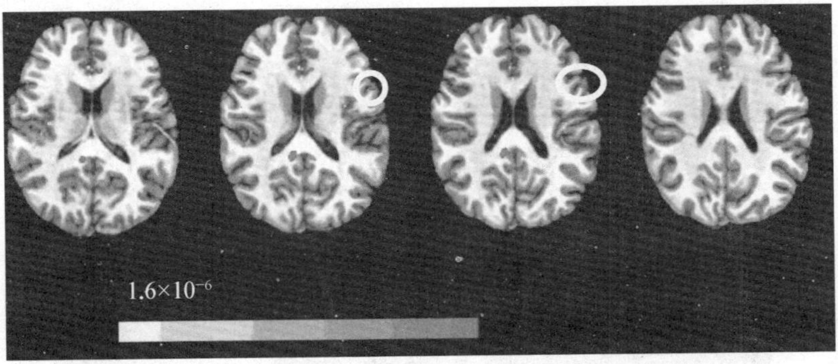

图 4-3-4　动词在前的可变换位置词组比动词在前的不可变换位置词组脑区激活图。$p<0.001$，未经校正。

围以及右脑额叶下回和右脑颞叶上回周围（图 4-3-5、表 4-3-3）。动词在后可变换位置词组比动词在后不可变换位置词组激活的脑区有左脑额叶下回、前扣带回、后扣带回、右脑额叶上回（图 4-3-6、表 4-3-3）。动词在后不可变换位置词组比动词在后可变换位置词组激活的脑区有左脑额叶下回、左脑额叶内侧、左脑额叶上回、左脑中央后回、左脑下顶叶、右脑额叶内侧、右脑额叶下回和右脑颞上回附近、右脑额叶中回(图4-3-7、表4-3-4)。可以发现,他们之间互相比较得到的结果显示,所有比较都有左脑额叶下回的激活,只是位置略有不同。图4-3-8是选取的动词在后不可变换位置词组额叶下回与动词在后可变换词组之间信号变化率的比较。

表4-3-2　动词在前的可变换位置词组比动词在前的不可变换位置词组激活脑区坐标

激活脑区	动前可变 VS 动前不可变		激活脑区	动后可变 VS 动后不可变	
	最大激活坐标	t 值		最大激活坐标	t 值
左脑额下回(BA10)	-54,13,20	6.55	左脑额下回(BA9、45)	-49,18,25	5.49
左脑前扣带回(BA24)	-6,25,16	5.77	左脑前扣带回(BA24)	-1,17,27	5.08
右脑后扣带回(BA23)	7,-37,18	6.21	右脑后扣带回(BA23)	0,-34,24	5.96
右脑额下回(BA44)	59,6,18	5.54	右脑额上回(BA10、9)	19,62,24	4.78

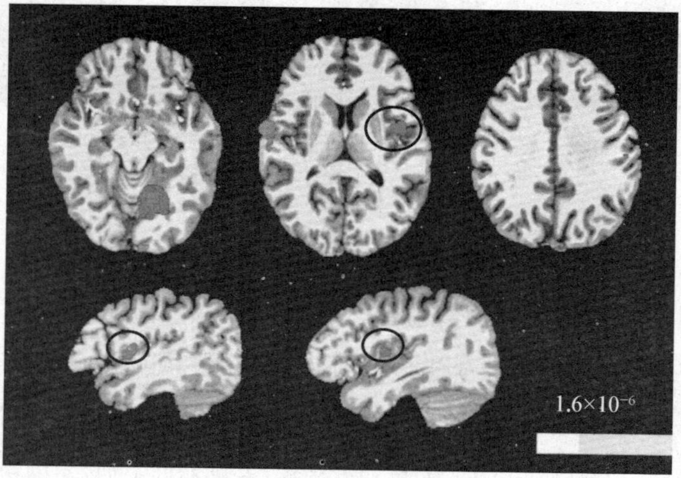

图4-3-5　动词在前的不可变换位置词组比动词在前的可变换位置词组脑区激活图。$p<0.001$,未经校正。

表 4-3-3　动词在前的不可变换位置词组比动词在前的可变换位置词组激活脑区坐标

激活脑区	动前不可变 VS 动前可变		激活脑区	动后不可变 VS 动后可变	
	最大激活坐标	t 值		最大激活坐标	t 值
左脑额下回(BA44)	-44,0,11	7.95	左脑额下回(BA47)	-39,30,-3	6.20
右脑额下回(BA6、44)	60,0,13	9.77	左脑额内侧(BA10)	0,52,-6	14.09
			左脑额上回(BA10)	-22,56,12	6.028
			左脑中央后回(BA43)	-55,-9,18	7.44
			左脑下顶叶(BA40)	-55,-31,24	6.778
			右脑额中回(BA11)	38,44,-8	7.12
			右脑额下回(BA38、22、47)	-50,13,-7	7.89
			右脑额叶内侧(BA10)	17,50,-7	9.81

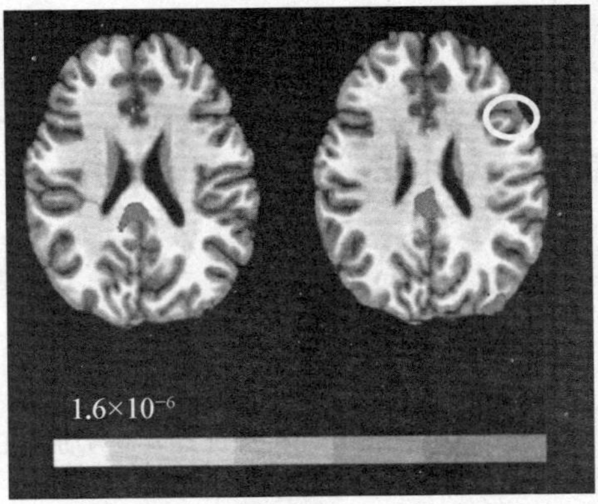

图 4-3-6　动词在后的可变换位置词组比动词在后的不可变换位置词组脑区激活图。$p<0.001$，未经校正。

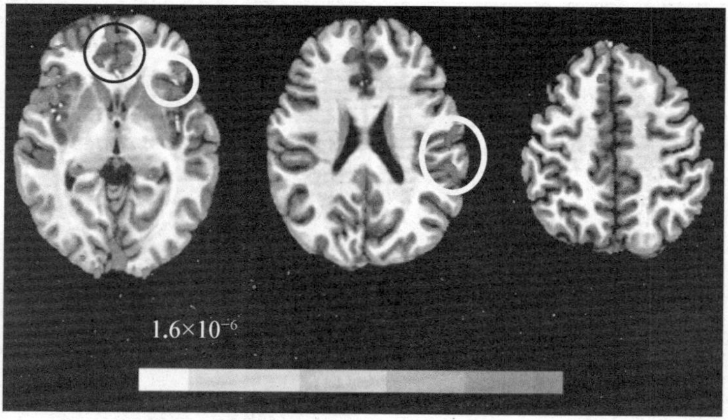

图 4 - 3 - 7　动词在后的不可变换位置词组比动词在后的可变换位置词组脑区激活图。$p<0.001$，未经校正。

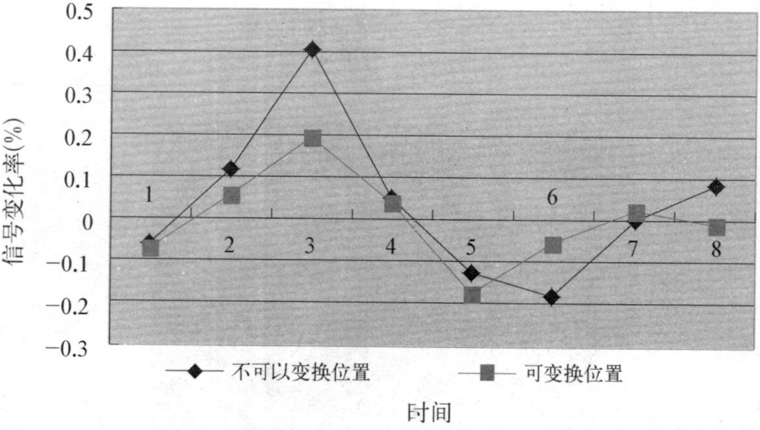

图 4 - 3 - 8　动词在后不可变换位置词组与动词在后可变换词组之间信号变化率

（二）可变换位置词组内部的比较

其中，动词在前比动词在后激活的脑区有左脑额叶中回、右脑颞横回、右脑额内侧、右脑缘上回、右脑楔前叶。动词在后比动词在前激活的脑区有左脑额叶下回、左脑额叶中回、前扣带回（图 4-3-9、表 4-3-4）。图 4-3-10 是两种词组在左脑额叶激活信号变化率的比较。

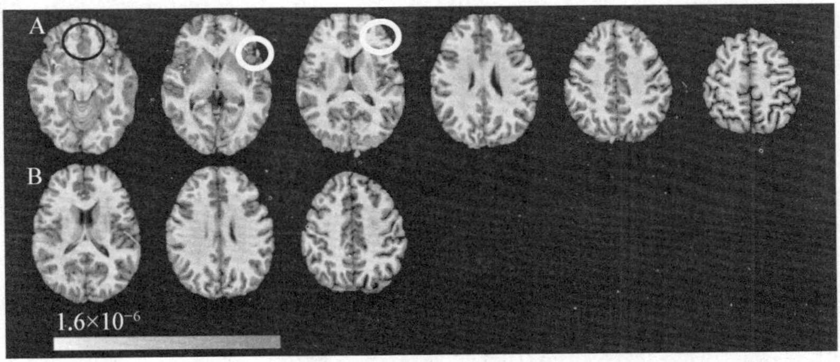

图 4-3-9　动词在后比动词在前脑区激活图。$p<0.001$，未经校正。

A 可变换位置词组动词在前对比动词在后激活脑区
B 可变换位置词组动词在后对比动词在前激活脑区

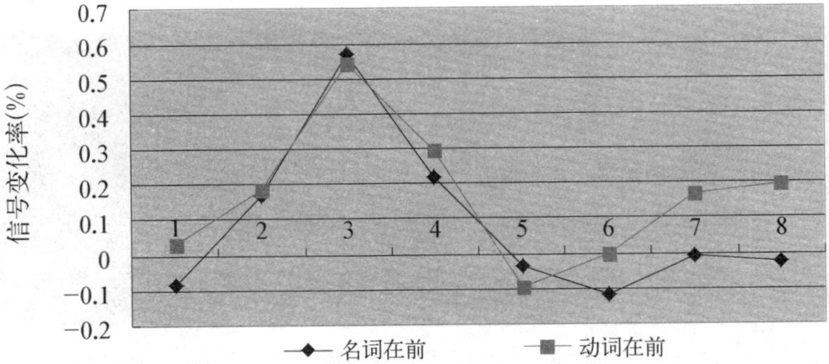

图 4-3-10　两种词组在左脑额叶激活信号变化率

表 4-3-4　动词在后比动词在前激活脑区坐标

激活脑区	动前可变 VS 动后可变		激活脑区	动后可变 VS 动前可变	
	最大激活坐标	t 值		最大激活坐标	t 值
左脑额中回（BA10）	-25,37,36	3.88	左脑额下回（BA47）	-50,21,2	2.85
右脑额叶内侧（BA10）	-6,25,16	5.77	左脑额中回（BA10）	-38,46,15	2.56
右脑颞横回（BA41）	57,-19,12	4.991	前扣带回（BA32）	8,43,-3	4.73
右脑缘上回（BA40）	53,-55,33	3.98			
右脑楔前叶（BA7）	10,-56,60	6.67			

（三）不可变换位置词组内部的比较

其中，动词在前比动词在后激活的脑区有左脑额叶下回、左脑额叶中回、左脑额叶上回、左脑后顶叶、左脑楔前叶、前扣带回、右脑后顶叶、右脑额叶下回。动词在后比动词在前激活的脑区有左脑中央前回、前扣带回和右脑额叶内侧（参见图 4-3-11、表 4-3-5）。图 4-3-12是两种词组在左脑额叶激活信号变化率比较。

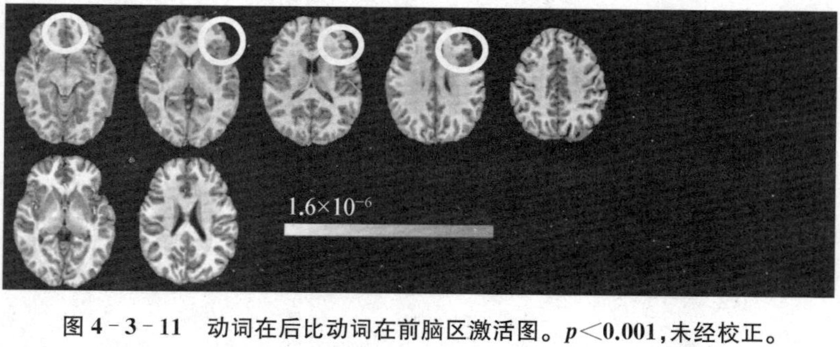

图 4-3-11　动词在后比动词在前脑区激活图。$p<0.001$，未经校正。

A 不可变换位置词组动词在前对比动词在后激活脑区

B 不可变换位置词组动词在后对比动词在前激活脑区

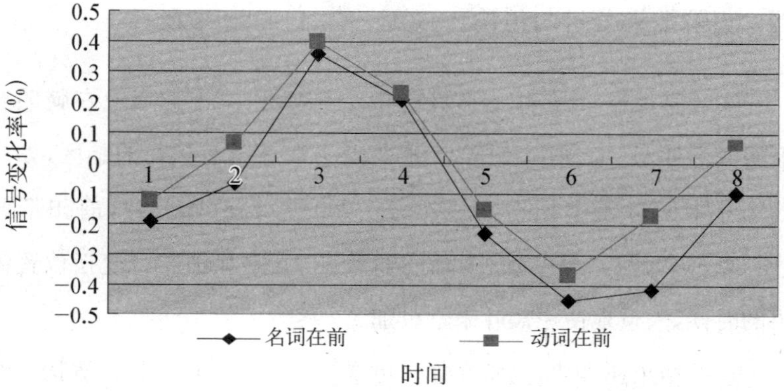

图 4－3－12　两种词组在左脑额叶激活信号变化率

表 4－3－5　动词在前比动词在后激活脑区坐标

激活脑区	动前不可变 VS 动后不可变		激活脑区	动后不可变 VS 动前不可变	
	最大激活坐标	*t* 值		最大激活坐标	*t* 值
左脑额下回(BA45、47)	－45,20,5	4.41	左脑中央前回(BA4)	－28,－22,66	3.88
左脑额中回(BA46、9)	－44,17,24	4.57	前扣带回/右脑额内侧(BA32)	5,50,0	4.73
左脑额上回(BA8)	－2,8,66	4.83			
左脑后顶叶(BA40)	－43,－52,54	4.75			
左脑楔前叶(BA7)	－11,－79,50	4.24			
前扣带回(BA24)	－1,21,26	4.21			
右脑额下回(BA44)	59,10,14	4.21			
右脑后顶叶(BA40)	61,－35,31	3.79			

五、实验结果分析与讨论

实验结果显示，传统语言区包括左脑额叶中、下回以及左脑颞叶上回激活明显，而利用 fMRI 发现与汉语加工密切相关的脑区，如左脑额叶中回以及上回〔Luke et. al.(2002)；Tan(2005)〕，前扣带回〔Li et. al.(2004)〕等也激活明显。这表明，大脑在加工可变换位置词组的时候，大量地使用额叶来进行加工。

这一结果还表明，大脑在加工可变换位置和不可变换位置词组时的神经机制是有显著区别的，特别是左脑额叶参与加工可变换位置词组的可能性要大于不可变换位置词组。而理论假设又认为，在“市场繁荣”和“繁荣市场”等可变换位置词组中存在一个核心动词移位的过程，而“年度考核”和“行动方针”之类不可变换词组可以直接通过动词投射形成一个词组。将这一实验结果和这个理论假设联系起来，似乎表明在可变换位置词组内部，某种加工过程需要左脑额叶中、下回参与。

但是这个结果也给我们提出了疑问：如何证明左脑额叶中、下回参与的这个移位的过程就是轻动词造成的呢？要解决这个关键问题就需要再进行两点讨论：这类词组中移位造成的神经活动是否是一种句法活动；这类词组中是否存在轻动词。

结合上述两点才能将轻动词和具体句法特征神经机制联系起来。

（一）词组中的轻动词

要探讨词组单位在具体加工过程中的句法特点，必须补充相应的句法成分。结合上述已有理论研究成果并通过简单分析可知，这类词组都含有“使动”义。例如，发展经济——经济发展、制造机器——机器制造、改革体制——体制改革，分别可以理解为“使经济得以发展、使机器得以制造、使体制得以改革”等。而在相关轻动词的分析中，“使、令、让”是一种具有语音形式的轻动词〔Huang(1997)；石定栩(2002)；熊仲儒(2004)；冯胜利(2005a)等〕，邓思颖(2008)也认为，汉语中存在CAUSE类的轻动词。“使”类轻动词在句法上表现为两个方面：隐性“使”动词后存在致使含义的词从而导致移位；显性“使”不导致移位。因此，这类词组中存在“使”类轻动词。无疑，但是，“使”类轻动词就一定导致了移位吗？如果可以证明“使”类轻动词导致移位，那么左脑额叶脑区的激活可能就是由于移位造成的，因为句法机制映射到神经机制之上，必然会激活左脑额叶周围。但是如果“使”类轻动词不导致移位，那么上述结果自然就不能成立。前文(参看第三章第二节)对“市场使经济繁荣”和“张三使他生气”的分析更是说明了这一点，不能导致移位的轻动词“使”在句子生成过程中具有一般动词的作用(图4-3-13、4-3-14)。

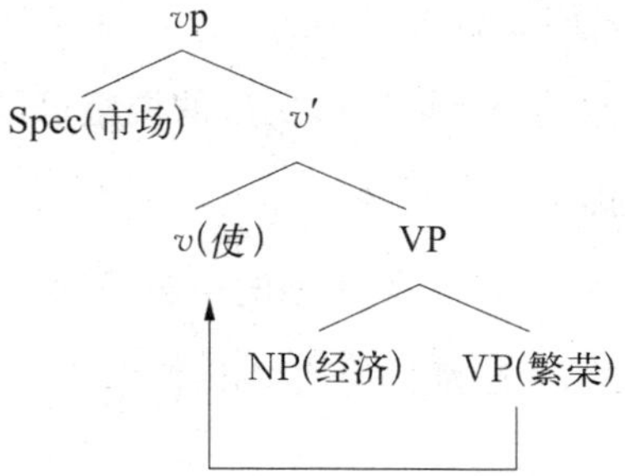

图4-3-13

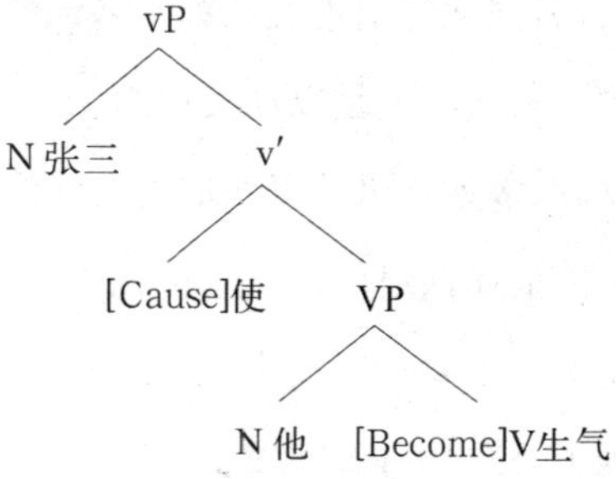

图4-3-14

我们认为，词组中可能存在一个隐性的轻动词“使”，而隐性的轻动词“使”可以导致句法移位，也就是说可以导致大脑在句法加工时产生神经活动，而对应的左脑额叶中、下回正是句法活动的中枢脑区，这实际上表明词组中隐性轻动词假设具有合理性，实验结果可以表明，轻动词加工可能有其相应神经机制作为依据。

（二）词组成句后的轻动词

单纯分析这类词组只能将词组归为名词和动词之间关系的表达，但是如果将这类词组放入句子中进行分析，就不但可以对词组本身属性进行分析，还可以了解能够容纳这些词组的句子类型，从而帮助解决词组内部移位等难题。其中动词名词构成的词组基本都是动宾词组，而名词动词构成的词组通过扩充可以分成几种语义类型：

（4）A：N上的V

B：对N进行V

C：N被V

D：兼有A、B或A、C的

张国宪（1989）认为，"动＋名"结构可以构成非名词性的动宾关系、名词性的偏正关系和非名词性/名词性的动宾/偏正关系。上文中的语料实际上是以动宾词组为主。但是分析词序颠倒后的词组可以发现，多数短语可以变成名词性的词组。

上述词组可以简单扩充成"市场使经济繁荣"类型的不多，其他的句子如果要扩充成为一个致使性句子，一般都要说成"NP_1使NP_2（得到了/被）V（了）"的格式。例如：

（5）计划生育使人口得到了控制。

（6）紧急事件使会议被取消了。

（7）培训使水平得到了提高。

名词性越强的名动词组，扩充出的句子的可接受度越低。例如，“英语学习”“干部考核”“证件伪造”等一般用来做名词性成分的词组，如果使用致使结构扩充成“学校使英语得到了学习”“组织部的措施使干部得到了考核”“新技术使证件被伪造了”等句子，一般说汉语的人不常这样说。而这些名词性较强的词组，如果说成“学生对英语进行学习”“组织部对干部进行考核”“犯罪分子对证件进行伪造”，基本上就能接受了。

邓思颖(2008)认为，汉语中“把、给”类轻动词句可以按照词汇分解和轻动词的相关理论进行解释：

(8) ……[vP_1 使役者[把(CAUSE)[vP_2 客体[给(BECOME) VP]]]]

实际上，我们借鉴邓思颖和前人的一些观点，将上述可以容纳变换位置词组的几种句子类型统一解释为：

(9) ……[vP_1 使役者[对(CAUSE)[vP_2 客体[进行(BECOME) VP]]]]

(10) ……[vP_1 使役者[使(CAUSE)[vP_2 客体[被(BECOME) VP]]]]

而“市场使经济繁荣”则是这个结构中的特例，不需要 BECOME 类轻动词，直接就可以导致事件的结果，因此可以分析为：

(11) ……[vP_1 使役者[使(CAUSE)[vP_2 客体[VP]]]]

观察上述三个类型的结构，其中 CAUSE 轻动词“使”是这三个句子类型的共同结构，这些词组成句之后，都存在 CAUSE 轻动词结构，也就是说在句法分析上存在一致性，从这个角度来说，这类词组在构成句子表层之后，句法特征具有了相似性。因此，对这些句子的分析进一步证明了上述词组中存在轻动词的观点。

（三）词组中轻动词移位的神经基础

在可变换位置词组和不可变换位置词组之间，可变换位置的词组加工时布洛卡区被激活，表明可变换位置词组引起了句法加工区的激活。在词组成句过程中，动词在后的词组实际上要受到上层VP结构内轻动词的吸引向上移位从而和轻动词合并，而动词在前的可变换位置的词组中的动词已经和轻动词合并，核心成分已经是“动词+轻动词”结构。因此，无论是动词在后还是动词在前，都牵涉轻动词加工，动词在后可能涉及轻动词移位，但也可能包含轻动词本身的加工；而动词在前则可能会包含轻动词本身的加工，但也可能包含已经发生的移位加工。因此，如果两者区分的是轻动词加工，也无法表明是轻动词的何种加工过程。从我们的结论也可以看出，两者脑区区别不是特别明显。但是如果比较可变换位置词组和不可变换位置词组，我们可以发现，不可变换位置词组在左脑额下回的加工的信号变化率反而大于可变换位置词组加工的信号变化率。这实际上表明仅仅从词组移位这个实验无法得到轻动词与左脑额叶下回加工相关的确切证据。

我们的实验结果不支持句法移位没有特殊脑区的观点。Luke等（2002）利用脑功能成像研究表明，汉语句法加工必须依赖语义加工，句法加工是语义加工的一种下位加工过程。该实验不是直接以研究句法为目的的，而是要比较句法和语义关系，因此，他们将正确的句子和句法、语义错误的句子进行比较，所以这个结果有可能是任务的对错效应对句法加工影响的结果，而不是句法或语义本身加工机制的体现。印欧语实验的大量结果表明，句法加工过程依赖于左脑额叶及布洛卡区周围神经系统〔Caramazza 和 Zurif(1976)；Just et. al.(1996)；Inui et. al.(1998)；Caplan et. al.(1999)；Kang et. al.(1999)；Keller et. al.(2001)；Newman et. al.(2001)；Friederici et. al.(2003)；Grodzinsky 和 Friederici(2006)；Rogalsky 和 Hickok(2009)〕。在可变换位置词组和不可变换位置词组的对比中，最明显的区别就是左脑，而左脑是人脑的语言优势半球，在这个优势半球中，左脑额叶中、下回又是激活最为明显的脑区。因此，句法加工的过程有赖于左脑额叶中、下回，这在实验中被证实。这一结果与 Ben－Shachar 等(2004)对英语的研究结果是一致的。

生成语法在分析可变换位置的词组时认为，动词在后的词组进行投射成句时，一般认为在这个词组结构的上层存在一个轻动词，而这个没有任何语音值的轻动词是一个零形式的轻动词，没有语音形式但是具有一定的句法语义内容，句法作用就是吸引后面的动词向上移位，语义内涵就是表明这个词组的致使性事件过程。大多数研究者称这个轻动词为"CAUSE"轻动词。正是这个轻动词所附带的句法语义特征在大脑中的句法语义加工区即左脑额叶中、下回都有体现，这实际上表明零语音值轻动词移位可能有相应的神经基础，零语音值轻动词造成移位可以得到初步的证明。

基于上述分析，可以认为零语音值轻动词移位加工有着特异性的区域，可变换位置词组比较不可变换位置词组加工得到的脑区与这类零语音值轻动词导致的移位等句法语义加工过程关系密切，这些脑区左脑额叶中、下回及周围脑区，即 BA44、B45、B47 以及 BA9 等脑区。

当然，本实验研究是基于词组层面的，如果要进一步证明轻动词的特异性，尤其是“看不见”的轻动词的句法特性，还有待于进一步的实验，特别是句子层面的实验证明。同时在本实验结果中，我们还发现了一些非传统语言中枢脑区的激活，特别是前扣带回、右脑额叶下回等的激活，这是否与实验任务等因素相关，还需要进一步研究。

第五章　使动结构的功能性磁共振成像研究

从生成语法角度看，汉语中可变换位置词组中位置变换的句法动因是致使性语义造成的句法移位，造成这种前后位置变换的致使性动词在这个词组中是一个隐性的“使”类词，虽然这一隐性动词在语音形式上是隐藏的，但是上述研究表明，人们在理解这类词组的时候，这类隐性的句法成分加工可能有一定的神经基础，体现在大脑中与句法语义加工密切相关的左脑额叶区，也就是说汉语中的隐性句法成分加工有神经机制，而这一隐性句法成分，生成语法理论称作“轻动词”，这就证明了“轻动词假设”有神经科学的依据。但是，上述研究是基于词组层面的，具体句子中的隐性致使动词与显性致使动词的加工机制如何，我们选择了汉语使动句、反转型使役句、动补结构等进行进一步的实验研究。

第一节　理论回顾及研究目的

使动结构，也称为使令结构、使役结构、致使结构等，这些结构的主要标志就是包含一个有使动义的动词。吕叔湘认为："这些动词都有使止词有所动作或变化的意思，所以后面不但跟一个止词，还要在止词后面加一个动词。"[①]关于致使结构或者使动结构的研究很多。郭姝慧(2004)认为，致使句式应该包括四种类型：结果谓语致使句、"使"字致使句、"得"字致使句和倒置致使句。本书主要探讨汉语使动结构与汉语轻动词之间的关系，即使动结构在句法生成和语义表达的时候，轻动词在其中起了什么作用等问题。但是如果从各个方面都把致使结构研究清楚的话，仅局限于轻动词是远远不够的。使动结构是汉语研究的热点问题，在一段时间内连续出版了好几部博士论文或专著。例如熊仲儒的《现代汉语中的致使句式》(2003)、周红的《现代汉语中的致使范畴研究》(2004)、郭姝慧的《现代汉语致使句式研究》(2004)、宛新政的《现代汉语致使句研究》(2004)、赵杨的《汉语使动及其中介语表征》(2006)等，这足以证明汉语致使结构的重要性。

对使动结构的研究首先关注的是具有使动义的词。刘永耕(2000)认为，动词使令义可以细分为三种：致使词的使令义；使动动词、使成式动词、使成式动补短语所包含的使令义；表现为句法语义特征的使令义。使令类动词按照其使令义的强弱可以分为显性和隐性两个次类，这是从传统句法意义上对使令动词进行分类。"使"字出现

---

① 参见《中国文法要略》第七章相关"致使句"的内容。

在句子中可以构成使动结构，但是有些词如“把、被、为”等甚至还有些包含使动用法的双音节词都可以构成使动结构，例如可变换位置词组中的动词“丰富、提高”等。陈昌来（2001）则认为，“活跃、缓和、端正”等词是汉语动词中的一个特殊小类——致使动词。他将这种动词构成的句子结构类型描写成：X + 使 + Y + Vp，并认为这种结构应该看成是致使结构，此外还讨论了部分致使动词在不同致使结构中与不同施事成分之间的语义关系。周红（2005：101—102）将致使结构分成词汇致使和句法致使两种类型，其中词汇致使又包含“使”字递系句、具体递系句、致使宾语句；句法致使包含动结句、“得”字动结句、重动句、“把”字句、“被”字句等。

以上研究是基于传统语法研究基础之上，何元建等（2002）则基于生成语法角度研究了汉语中的使役句。他们认为，使动句中的使役动词是一个实实在在的词，而役格句中的使役动词是零形式。所谓使动句就是包含使役动词，如“使、令、让”等词的句子，而役格句是不包含使役动词，但其谓语具有使动用法的句子。这实际上和陈昌来（2001）的致使动词吻合。他们还认为，使动句有对应的役格句，但是役格句不一定有对应的使动句。在研究中，他们将具有使动用法的词称为作格动词，而只有作格动词才具有使动用法。[②] 何文认为：“汉语的使役标记是使役动词，如果使役动词是一个实实在在的词，它标记的就是使动句，而如果使役动词是一个零形式，就是役格句。”“含零使役动词的使动句中，作格动词移到零使役动词的位置与之结合，就生成了所谓的役格句。”例如：

---

② 这一观点在何元建（2004）中得到改变，宾格动词也可以有使动用法。

(1) 那本书　　　使 (我　感动了)。

(2) 那本书感动了　　(我　　　　)。

何文所说的“零形式使役动词”实际上就是轻动词。他认为,使役动词是零形式,作格动词便要移位与之结合,就生成了役格句,这与我们对轻动词移位所做的假设是一致的:即有语音形式的轻动词可能不导致移位,而没有语音值的轻动词则会导致移位,所以上述两个例子都是合法的句子。

上述关于使动或者致使结构的研究,都是将“使”看作为动词来处理的。实际上,在汉语研究中,许多学者倾向于将“使”看成是介词,与“把、被”等具有相同的用法,主要以范晓和张静为代表。本书先对这种词性的纷争不做评价,如果从功能性范畴的角度出发,不论是介词还是动词,在使动结构中存在“使”的唯一目的都是要具有一定的语法功能,承担一定的句法任务,表达一定的语义内容。

“使”字句有两种情况,“使”后面的动词如果是不及物的,那么就不能前移,如下例(3);如果是及物的,则可以,如下例(4)。

(3) 骄傲使人落后,谦虚使人进步。

(4) 市场使经济繁荣。

实际上,对于上例(4)的这种现象,如果抛开前面的“使”,生成语法一般将这种动词认为是作格动词或者非宾格动词③,如“哭湿了手帕”可以说成“手帕哭湿了”“打碎了玻璃”可以说成“玻璃打碎了”。但是如果前面有“使”存在的话,就会和非宾格动词的处理不一样。例如:

③ 非宾格动词假说一般认为由 Perlmutter 于 1978 年提出来的。

（5）石头使玻璃打碎了

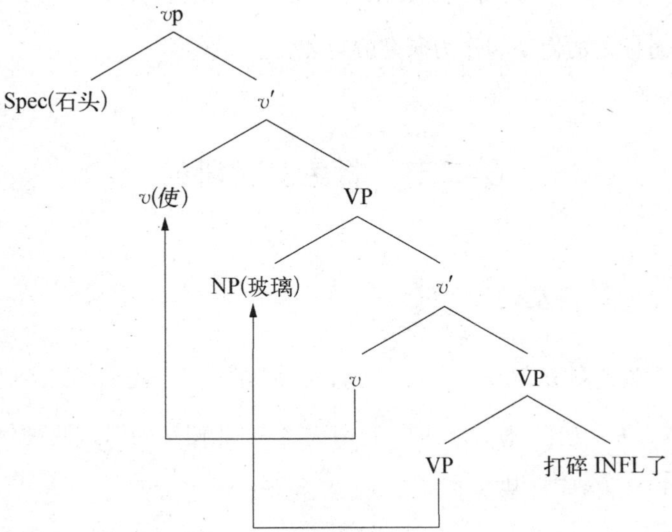

图 5－1－1

通过图 5－1－1 我们可以看出来，如果仅是“打碎”移位，句子可以变成“石头打碎玻璃了”，这个句子虽然也可以说，但是好像句义有点改变，但是如果将这个句子变成“石头打碎了玻璃”，实际上移位的不是“打碎”这个词了，而是“打碎了”这个带有形态标记的词组了。[④] 如果这个句子没有形态标记，“石头使玻璃打碎”似乎也可以说得通，就字面来说可以理解这个句子的含义，但是一般人可能会对这种表达方式不太适应，必须加上一个“了”。这实际上表明，这些作格动词的致使含义，一般是事情已经发生或者正在发生，因此带有形态标记理所当然，但是就汉语的语言类型来说，“了”作为形态标记可能

④ 关于词组移位下面还要在动补结构的实验研究中专门讨论。

并不是纯粹的形态表达。因此，为了方便实验研究，我们暂时搁置争议，不考虑带有形态标记的使动句，而是选择比较合乎汉语口语的、不带形态标记的使动句作为研究的对象。

第二节　行为实验研究

一、实验语料及设计

实验语料分为两种，（一）包含“使”的句子，我们称之为“使字句”；（二）不包含“使”的句子，我们称之为“非使字句”，这两种句子可以互相变换，而且基本上不改变原来句子的意思。例如：

A. 市场使经济繁荣——市场繁荣了经济

B. 施二使信号中断——施工中断了信号

C. 手机使交流方便——手机方便了交流

实验语料的选择过程是，通过问卷调查，向在校本科学生发出问卷 100 份，收回 87 份，以上 4 种词组经过问卷调查的结果是，认为这些句子都是一般常用的占 75％以上，[5]两种类型的句子对于一般人来说在熟悉度上并无太大差异。

本实验是 2×2 被试内设计，自变量为“使”的有无、动词位置（动词居后、动词居前）。因变量是被试对核心动词位置的判断。实验语料通过 E－Prime 软件随机呈现给被试，每个实验语料呈现的时间是

⑤　前一类句子比后一类稍低，差异较大的句子在实验时被剔除。

300 ms,实验语料间隔呈现给被试的平均时间是6s。每种类型包含正确的句子各16句,同时在这些正确句子中间穿插6句含有"使"字和不含"使"字的错误句子,随机出现。

二、被试及任务

江苏师范大学理工科学生34名,其中男女各半,所有被试视力正常或经矫正为正常,母语为汉语。实验通过 E-Prime1.0 软件,呈现在计算机上,主频1.8 G,内存256 M,屏幕刷新率85 Hz。被试端坐于屏幕前方约50厘米处,眼睛平视屏幕。

实验开始前,分别对被试进行按键和实际操作训练,保证被试熟练使用按键盒和适应屏幕。在被试训练当中,告诉被试一定要看完并在心里默念完整个句子之后再做出正确反应。例如,被试在看到屏幕上呈现"市场使经济繁荣"时心里默念,然后对主要动词的位置进行判断,同时按下右键。实验开始前会有提示语。提示语结束之后,呈现"+"字,然后开始呈现语料,整个实验语料包括38个句子。

三、实验结果

本实验记录了被试的反应时和正确率。根据实验结果以及被试实验后的口头问卷等,共保留26名被试(13女13男)的实验结果。

实验结果的平均反应时和正确率如下表所列:

表5-2-1

语　料	使字句	非使字句
正确率	96.42%	97.99%
反应时	871.15±218.41	945.07±227.46

分析两种句子的反应时的结果表明，两类句子中动词位置判断主效应不显著〔$F(1,50)=1.429, p=0.238$〕，但是，通过标准差可以发现，两种类型句子组内被试之间的反应时差异比较大，且“使”字句的平均反应时要略快于非“使”字句。

四、实验结果分析与讨论

神经心理实验的结果表明，被试在判断“使”字句和非“使”字句中动词位置的时候，动词的位置对判断的反应时没有显著影响。这一结果似乎表明，这两类句子中动词位置对整个句子的加工影响不大。这恰好可以证明两点：

（一）从语义角度分析，在非“使”字句中，主要动词如果没有包含使动的含义，那么怎么会表现出与“使”字句在反应时上没有差异呢？因此，陈昌来(2001)认为，“活跃、缓和、端正”等词是汉语动词中的一个特殊小类——致使动词，并且这种小类的语义结构类型 X + 使 + Y + Vp 的提法是符合心理实际的。

（二）从句法角度分析，我们前面提到“使”在汉语中是一种显性动词，实际上在“使”字句中，“使”已经具备了主要动词的功能。虽然在非“使”字句中，主要动词位于前面，但是在实际被试的判断中，由于“使”的存在，许多被试在判断时受到“使”作为主要动词的影响，因此被试内部的差异可能比较大。

但是有一点值得注意，如果被试判断受到“使”作为主要动词影响的话，应该两者之间的反应时差距不会太大，本研究中虽然两者之间的反应时差异不显著，仅存有的几十毫秒的差异，可能和“使”的标志性和任务重复性相关，与具体语言功能无关。但是既然我们认为在非“使”字句中存在一个隐性轻动词，而且这个隐性轻动词在句法加工中实际上是不容易捕捉到的，而功能磁共振则对血流瞬间变化很敏感，因此通过磁共振实验来捕捉句法加工瞬间脑区发生的变化，可以进一步了解使动结构的内部加工机制。

还有一点必须要在本研究中探讨的是，如果我们使用轻动词假设来研究“使”字句和非“使”字句的话，根据生成语法的分析，“使”作为一个能够吸引动词移位的显性轻动词，为什么这个移位的心理过程没有在词组实验的时候表现出来呢。这就要牵涉词组和句子的问题，词组是一个不能单独运用的语言单位，必须加上一定的句法成分、语气，[⑥]才具备完整的语义、语法和语用特征，因此在对词组进行理解的时候，对这些词组的句法分析过程必须同时进行才能与人脑对实际语言的感觉匹配；而句子已经是一个完备的语言单位了，只有在分析句子时才会将成句之前的一些句法过程表现出来，因此，轻动词移位在这个时候可能已经完成，所以在本实验中对两种句子动词位置做判断的反应时没有差异。虽然行为实验不能捕捉这个句法移位过程的存在，但是根据理论研究，“使”确实可能吸引动词进行移位，而这一过程可能会有一定的神经活动，因此我们将通过 fMRI 实验来验证这里的假设，如果 fMRI 实验结果指向一定的句法活动脑区，这些脑区很可能就是轻动词吸引动词移位加工而激活的大脑区域。

---

⑥ 朱德熙(1985)认为，词组加上一定的语气和标点符号就能成为句子。

第三节　fMRI 实验研究

一、实验语料及设计

为了便于讨论，我们将实验语料（条件）分为两种，语料 1 是包含“使”的句子，称之为“显性使动句”，按照理论假设，“使”可能吸引后面的主要动词移位；语料 2 是不包含“使”的句子，称之为“隐性使动句”，按照理论假设，这里不存在主要动词向前移位的条件。但是生成语法研究还认为，语料 2 中的句子可以由语料 1 的句子移位形成，即役格句由作格动词移到零使役动词位置与之结合而生成。选择汉语使动句作为研究语料的好处是，可以很好地控制语义因素对句法推导的影响，这两种句子的语义可以互相变换，而且基本上不会改变原来句子的意思。例如：

条件 1	条件 2
市场使经济繁荣	市场繁荣了经济
施工使信号中断	施工中断了信号
手机使交流方便	手机方便了交流

实验语料的选择过程是，通过问卷调查，向在校本科学生发出问卷 100 份，收回 87 份，以上语料经过问卷调查统计后，如果 75%被试认为这些句子是一般常用的我们就认为是常用句，对于 75%以上被试认为常用的，但是差异稍大的两个句子也予以排除。

实验序列包含显性使动句和隐性使动句各 16 句，同时为了尽可能减少错误句子的语义干扰，中间只随机插入 6 个错误的句子作为填充句，这样共有38个句子作为刺激语料。实验采用事件相关设计，将每个句子的主语和后面的部分连续呈现，例如，先呈现“市场”500毫秒，紧接着呈现“繁荣了经济”或者“使经济繁荣”500毫秒，出现“+”后让被试迅速做出反应。每个句子之间的间隔时间通过随机决定，平均间隔时间为12秒，实验语料呈现的时间是每个部分500毫秒。实验语料采用视觉呈现，所用的软件为Psychology Software Tools公司提供的E-Prime(Version 1.0)。

二、被试及任务

本实验共有以汉语为母语的正常被试19人(没有参加过行为实验)，年龄在20～26岁，文化程度都在大学以上，被试通过利手检测，均为右利手。所有被试无任何精神和神经疾病史，自愿参与本实验并签订实验知情同意书。

实验开始前，分别对被试进行按键和实际操作训练，保证被试熟练使用按键盒和适应屏幕。在被试训练当中，告诉被试一定要看完并在心里默念完整个句子之后再做出正确反应。本实验的任务是让被试在看完呈现在屏幕中央的句子后，准确而迅速地判断这个句子的后半部分中主要动词的前后位置。例如，被试在看到屏幕上呈现结束“繁荣了经济”时心里默念，然后做出主要动词位置的判断，同时按下左键；而如果被试看到屏幕上呈现结束“使经济繁荣”正确反应就应该是按下右键。

三、实验过程及数据处理

成像机器为GE公司生产的EXITE3.0 T核磁共振机，装备有8

通道标准头部线圈和 EPI 扫描序列。实验语料采用投影投射进入被试头部线圈上的反光镜，并调试到被试舒适且清晰的阅读位置。实验的具体扫描过程是：先扫描与功能像一致的大脑水平横切面的 T1 结构像，再扫描 EPI 功能像，最后扫描三维的 T1 结构像。水平结构像采用快速自旋回波(Fast Spin Echo)序列进行扫描，获取 22 层的水平位图像，具体扫描参数是 TE = 24 ms、TR = 1 900 ms、层厚 = 5 mm、间隔 = 0 mm、FOV = 240 mm、Matrix = 320 × 192；功能像采用基于 BOLD 的 EPI 成像序列进行扫描，获取 22 层的水平位功能图像，具体扫描参数是 TE = 30 ms、TR = 2 000 ms、层厚 = 5 mm、间隔 = 0 mm、FOV = 240 mm、Matrix = 64 × 64；三维结构像采用扰相梯度回波(Spoiled Grass)成像序列进行扫描，获取矢状位图像，具体的扫描参数是 TE = 最小、TR = 30 ms、层厚 = 1 mm、间隔 = 0 mm、FOV = 260 mm、Matrix = 256 × 256。

实验数据处理软件采用基于 Linux 操作平台的 AFNI(Analysis of Functional NeuroImage)〔Cox 和 Hyde(1997)〕软件包。为了减少由于个体差异以及机器本身等原因造成的误差和进一步的统计分析，我们首先要对实验数据进行预处理，具体过程是：

（一）头动校正和图像的配准：由 AFNI 软件进行伪影的去除，然后将三维像与结构像配准。

（二）空间标准化：采用 Talairach - Tournoux 坐标〔Talairach 和 Tournoux(1988)〕将每个被试大脑的大小进行重新换算。具体做法是，在大脑上选取 5 个点，用于重新定位大脑的大小。这 5 个点是：大脑前联合上缘(AC superior edge)、前联合下缘(AC posterior margin)、后联合下缘(PC inferior edge)、重新定位 Z 坐标的两个中矢点（mid-sag point）。

（三）空间平滑和时间平滑：对数据的功能图像进行高斯平滑，全高半宽（FWHM）的大小选择5。

（四）去线性漂移：对扫描基线的漂移进行去除。在预处理过程完成后进行统计分析，以生成统计参数激活图。由于使用的是事件相关设计，因此错误的填充句子可以被挑选出来进行排除，因此在使用反卷积运算的方法，得到每个任务的冲击响应函数时，使用的数据常模都是实验所要考察的句子，得出的实验结果也仅是条件1和2中句子任务的结果，不包含填充句。在反卷积运算之后，对得出的冲击响应函数（IRF）进行平均，得到所有被试一个平均时间点的信号，再对得到的平均功能数据进行标准化处理，使用方差分析（ANOVA）的方法，对不同任务的平均冲击响应函数进行检验，将结果功能像与标准化3D像叠加并用伪彩标示在三维脑结构像上的激活体素（Voxel）位置，最后以 $p<0.05$（p 值经过FDR校正），大于6个体素为激活脑区。

四、实验结果

实验结果显示，显性使动句对比隐性使动句的激活脑区有右中央前回、右脑颞下回、前扣带回（图5-3-1-B），除了前扣带回可能与语义加工相关之外〔Bottini et al.（1994）；Vandenberghe、Nobre和Price（2002）；Li、Jin和Tan（2004）；Humphries et al.（2005）〕，其他脑区与语言加工特别是句法和语义加工之间的关系很少有报道。而隐性使动句对比显性使动句激活的脑区有左脑额叶下回、左脑额叶中回、左脑额叶上回、左脑下顶叶、前扣带回、左楔前叶、左后顶叶、右脑额叶中回、右脑额叶下回以及右后顶叶(参见图 5-3-1-A)。其中在左脑半球额叶,隐性使动句比显性使动句激活明显,特别是额叶下回的激活范围,隐性使动句显著大于显性使动句(参见图 5-3-1、图 5-3-2、图 5-3-3、表 5-3-1),额叶与语言加工之间的密切关系在前人的研究中已有非常详细的论证,上文已有介绍。图 5-3-2、图 5-3-3 是两种任务在大脑左脑额叶激活的信号变化率,可以看出大脑左半球额叶的中回、下回等脑区在隐性使动句加工中的信号变化率明显强于显性使动句,这更加证实了额叶中下回在隐性使动句加工中比在显性使动句加工中起更大的作用。

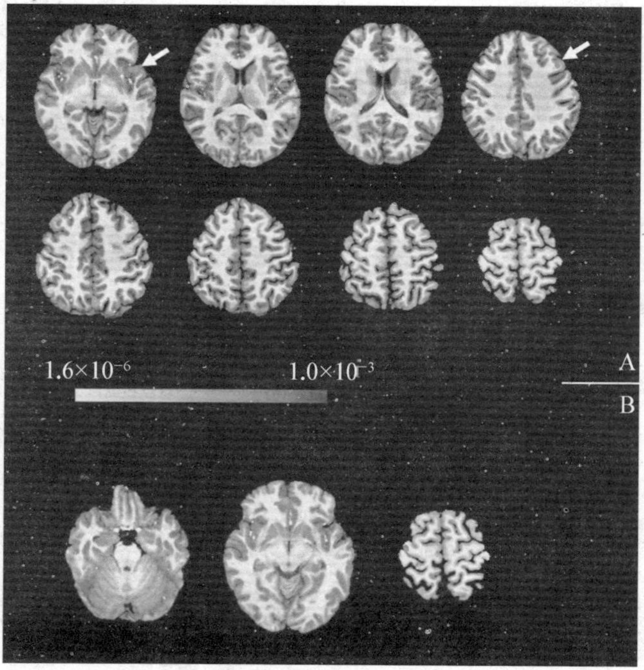

图 5-3-1　实验结果激活脑区。FDR 校正后 $p<0.05$。

图中显示为大脑水平位置图像，A 为隐性使动句＞显性使动句的结果，箭头所指为大脑左半球额叶中回和左半球额叶下回等激活位置；B 为显性使动句＞隐性使动句的结果；中图色彩所示为激活阈值的取值范围。

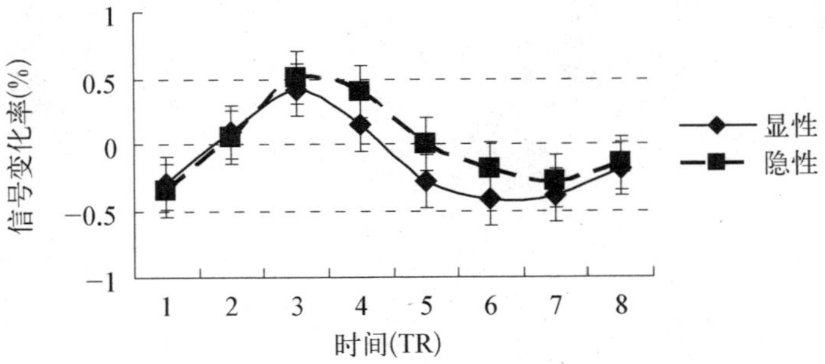

图 5－3－2　两种实验条件在大脑左半球额叶中回一个血氧信号变化周期内的变化率强度比较

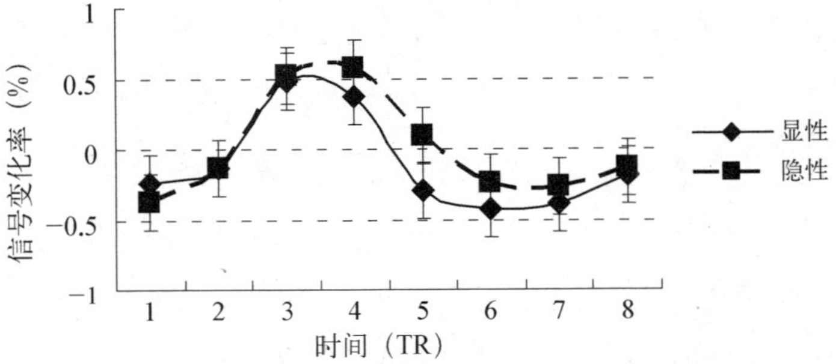

图 5－3－3　两种实验条件在大脑左半球额叶下回一个血氧信号变化周期内的变化率强度比较

表 5-3-1　显性使动句对比隐性使动句、隐性使动句对比显性使动句激活的 BA(Brodmann Area)脑区、每个激活脑区最大激活点的 T-T(Talairach-Tournoux)坐标位置以及对应的 *t* 值

语　料	激活脑区	最大激活点 T-T 坐标	*t* 值
隐性使动句 VS 显性使动句	左脑额下回(BA47)	-46,14,2	5.689
	左脑额中回(BA9、44)	-41,19,35	4.736
	左脑额上回(BA10)	-31,56,17	5.116
	左脑后顶叶(BA7)	-30,-59,57	5.080
	左脑前楔叶(BA7)	-4,-72,38	6.850
	左脑下顶叶(BA2)	-50,-30,39	3.907
	右脑前楔叶(BA7)	5,-77,49	5.101
	右脑额中回(BA19)	32,-58,12	5.677
	右脑岛叶(BA13)	37,19,9	3.660
	右脑后顶叶(BA7)	11,-67,44	4.799
显性使动句 VS 隐性使动句	前扣带(BA32、10)	6,41,-3	4.764
	右脑颞下回(BA38)	40,20,-22	4.158
	右脑中央前回(BA6)	40,-14,60	4.804

第四节　实验结果分析与讨论

利用印欧语语言为语料的脑功能成像研究对句法加工脑区的揭示存在非常不一致的结果，甚至在额叶还是颞叶主导了句法加工上也产生了分歧〔Humphries et al.(2006)；Rogalsk et al.(2008)〕，这些结果从根本上动摇了心理语言学研究者对句法加工独立性神经机制研究的基础。造成这些争论的原因虽然很复杂，但是缺乏对更多语言，尤其是缺乏对印欧语形态体系之外语言句法的研究是其中最重要的原因之一。本研究的目的就是利用汉语这种无确定形态标记语言中句法推导过程的特殊性，研究汉语使动句加工的神经机制，具体包括三个方面：

（一）确定同语义值不同句法表征句子之间的脑区有无差别；

（二）不同语料之间的差异是否反映了使动句句法加工的过程；

（三）汉语使动句中的句法加工与大脑哪些脑区相关。

结合之前的行为实验结果，"使"字句与非"使"字句加工最大的区别脑区是左脑额叶，从前面的综述中可知，额叶是与人类语言机制密切相关的一个脑区，无论是失语症调查还是ERP、fMRI实验都支持这个发现。尤其是左脑额叶下回，一般认为与语言的句法加工相关，而额叶中回与语义理解相关，[⑦]通过脑区分析比较本研究的结果，发现非"使"字句不但在左脑额叶的中、下回有比"使"字句更强的激活，在对侧脑区也有这样的发现。因此，我们这个实验进一步支持了额叶参与了语言加工，左脑额叶下回参与了句法加工的假设。

非"使"字句在前面的轻动词假设分析中被认为存在一个零语音值的轻动词，这个轻动词的存在导致了后面动词的向前移位，而这个过程我们称之为轻动词移位；在"使"字句中，由于存在"使"这个有语音值的轻动词，根据理论研究，如果存在有语音值的轻动词，移位的过程就不会发生。本实验结果很好地验证了这个观点。非"使"字句的轻动词移位过程导致的额叶尤其是额叶下回血氧的增加，说明轻动词加工可以被捕捉到，而且轻动词移位的过程也可以被探测到。如果我们的实验仪器在时间精度上再精细一点的话，我们则可以将不同时间段脑区的激活显示出来，这样就可以更清晰地证实受大脑驱动的轻动词移位之谜。

通过fMRI研究，我们可以推测，左脑额叶下回与汉语轻动词移

---

⑦ 对于语义和额叶中回的研究可以参看Tan等（2002，2005）的研究。

位密切相关，轻动词移位过程有神经基础，零语音值轻动词移位与有语音值轻动词的脑机制有较大差异，表明轻动词有无语音值的划分完全符合人脑在处理这两类轻动词时的实际状况。

fMRI实验结果还表明了等值语义关系的显性使动句和隐性使动句两者脑加工机制的不同。关于句法加工，研究者们一直认为左脑额叶占据着关键的作用，左脑额中回（BA44）〔Dapretto et al.(1999)；Luke et al.(2002)〕和左脑额下回（BA47）〔Just et al.(1996)；Caplan et al.(1998)；Inui et al.(1998)；Keller et al.(2001)；Grodzinsky et al.(2006)〕是句法加工的关键脑区。在本研究中，我们使用了显性和隐性使动句作为研究语料，从语言学分析角度出发，隐性使动句中缺乏汉语中“使”这一显性的轻动词，然而这种具有使动含义“役格句”在生成过程中包含的隐性轻动词与句尾“作格”动词移位合并从而占据核心动词位置这一句法加工过程，较显性使动句来说，隐性使动句多出了移位合并等句法过程，因此可以假设隐性使动句在句法加工中需要更多的脑活动过程参与。而实验结果表明，左脑额叶的下回、中回以及上回都对隐性使动句对比显性使动句的句法推导过程起重要作用，因此，大脑中的这种轻动词移位合并作格动词从而占据核心动词位置的句法加工过程可以从语义加工中分离出来，而且相似的句法移位在一些研究工作中已被证实主要有左脑额叶下回的参与〔Ben-Shachar et al.(2004)〕，这种句法移位合并过程的成功被分离进一步了支持句法具有独立加工机制的假说。然而此前汉语词组正误判断实验的结果则表明，句法加工必须依赖语义加工〔Luke et al.(2002)〕。但是本研究结果显示，在语义之外，句法加工需要额叶下回、中回等脑区的参与。这说明，虽然我们在表面上看不到具体句法运转机制，甚至有时候通过行为实验也不能发现句法加工的过程，但是句法过程是可以被单独观测到的，特别是本实验结果中大脑左脑额下回的激活表明，句法可以从句子等语义加工中被分离出来，这也表明句法加工可以作为一种独立的脑加工机制存在，而可能不受或者较少受到语义因素的影响。

近年来，对汉语句法的研究结果表明，汉语虽然没有与印欧语对应的形态变化，但是存在起句法作用的功能性范畴，其中轻动词就是其中比较重要的功能性范畴之一等，英语中的轻动词基本上没有外在语音形式，在语义上也比较单一，基本上只表示“致使”义〔Hale et al.(1993)〕。汉语中具有“致使”义但原有句法功能和语音形式不一致的词可以互相比较，并以此推导出不同的句法关系〔Huang(1997)〕。这种比较的好处是，可以将不同的词之间的语义差异控制在最小范围内，因此轻动词在不同的句子中导致的外在差异可能就是句法之间的差异，在语言学上可称为两个句子具有句法推导关系，本研究结果也有力支持了这一理论。

实验结果还表明，句法加工不可能由额叶中回〔Dapretto et al.(1999)；Luke et al.(2002)〕独立完成，额叶下回也参与了句法加工。额叶下回参与句法加工的过程在已有的研究中被实验任务中较强的语义判断任务所掩盖，因此可能会造成额叶下回在语义任务中比在句法任务中激活强烈的现象。研究表明，句法加工和语义加工可以互相分离，利用事件相关电位对汉语的研究也证明了这一观点〔Yang、Liang、Gu、Weng 和 Feng(2002)；Ye et al.(2006)；Ye、Zhan 和 Zhou(2007)；Ye 和 Zhou(2008)〕。从现有的研究来看，大多数实验，无论是听觉还是视觉都采用真假句判断来作为实验任务，而真假句判断本身的语义因素干扰对被试来说无法得到有效地排除，已有的研究

〔Just et al.(1996);Luke et al.(2002);Ye et al.(2006)〕结果都不能排除语义对句法的影响。本实验在语义控制上将语料对比的语义因素减少到了最小程度,在这样的条件下,可以发现左脑额叶下回在两种句式对比中有着比左脑额叶中回更强烈的激活,因此可以认为额叶下回主要参与句法加工的可能性要大于额叶中回参与句法加工的可能性,在本研究中这种句法加工主要表现为句法移位,这与已有的研究成果相一致〔Ben-Shachar et al.(2004);Grodzinsky et al.(2006)〕。但是,这一结果也不能完全排除额叶中回不参与句法加工的过程,有可能额叶的下回、上回以及中回都参与了句法加工,只是各有分工,而这种分工则需要更进一步的研究。颞叶区(包括传统的韦尼克区)参与句法加工是近来句法加工机制研究的一个热点〔Friederici et al.(2003);Humphries et al.(2006);Rogalsk et al.(2008)〕。但是本实验结果表明,颞叶在句法移位过程中所起的作用有限,在本研究中左脑颞叶就没有被发现有更多的激活,这表明上述实验虽然发现了颞叶参与了句法加工,但是在语义判断等实验任务的干扰中,并不能排除是任务本身造成的左脑颞叶脑区的激活,因此大脑颞叶参与了句法加工的加工模式值得怀疑。

可以看出,使动句的句法加工过程可以被实验证明与大脑左半球额叶下回关系密切。虽然 Luke 等(2002)的词组判断实验表明,句法加工必须依赖语义加工,且"使"字句与非"使"字句的神经心理研究的结果显示,"使"字句虽然比非"使"字句加工得快,但是统计学上并无差异。"使"的标志性可能会导致含"使"的句子加工速度加快,但是神经心理实验和 fMRI 实验在实验练习时就要求被试看完整个句子再反应,实验结束后又将反应过快的被试数据删去,因此,无论是神经心理的数据还是 fMRI 数据，我们认为都是比较接近人的正常理解过程。这些表面上看来没有语义区分的句子，在 fMRI 实验结果中显示了两者加工过程脑机制的不同。这表明，虽然我们在表面上看不到具体句法运转机制，甚至有时候通过行为实验也不能发现句法加工的过程，因为句法加工是语言加工中最为精细的过程，而这个过程又是极为迅速而不易觉察，但是自从乔姆斯基提出语言能力以来，我们就知道人的语法能力是天生的一种能力，所以语法能力应该根植于大脑，可以通过对大脑的研究来发现语法能力的神经基础。本实验就是建立在这样的假设之上，通过具体的语言事实来验证语法研究者对句法的假设以及对语言能力的假设。

汉语语义和句法的差别性加工过程可以通过其对应的神经机制进行分离。本实验中，虽然前后比照的两个句子在语义上差别很小，但是在实际的操作中，非“使”字句中包含零语音值轻动词，根据 Hale 和 Keyser(1990)以及后来一些人的研究，英语中的轻动词基本上都是没有语音值的。因此，在语义上比较单一，基本上表示致使含义，汉语轻动词研究虽然从 Huang(1997)开始，也从语义上将轻动词界定为具有致使含义的词，只是汉语轻动词有两种不同的语音表现形式。根据语音表现与黄正德(2006)的研究以及我们的理论框架，不同语音形式与不同的句法过程对应，因此可以将这些具有一致语义内涵的、但是句法过程和语音形式不一样的词放在一起比较，这样就反映了句子句法加工中起不同作用的词在句法方面的差异。众所周知，汉语研究者一般认为，形式和意义互相统一，[8]但是我们认为，在研究具体问题

⑧ 请参看朱德熙(1985)、范晓(1999)、吕叔湘等(2003)的研究。

的时候，语法和语义可以分别进行研究。尤其是实验性研究，如果形式和意义杂糅在一起，那么实验结果也没有任何意义。本研究正是对这种观点的证明，研究结果表明，轻动词的句法加工过程可以和自身的语义加工过程分别由不同的脑区来承担。

在使动结构实验中，使用移位前的轻动词结构和移位后的轻动词结构作为实验刺激语料来继续探讨轻动词存在的证据和具体的移位过程。实验结果表明，在已经移位之后的结构中，左脑额叶包括下回、中上回都比包含“使”字的使动结构信号变化率强。实际上，表明轻动词移位加工过程有神经基础。但是，在已经移位的轻动词句中，还是包含了句法和语义加工两种加工过程在内，因此，实验结果显示与语义加工相关的脑区如左脑额叶中回激活明显。因此，从这个角度出发，这还不能确凿证明左脑额叶下回与轻动词加工相关，必须借助于进一步的实验来说明。

第六章　反转型使役结构的功能性磁共振成像研究

第一节　理论回顾及研究目的

汉语中还常见一种宾语位于句首的使动结构，例如：

(1) 文章写了他三个小时。——写文章花了他三小时。

(2) 实验做了他一晚上。——做实验花了他一晚上。

不改变句子的意思，将表示致使意义的“使”显现出来，上面的句子实际上就是：

(3) 文章(使)他写了三个小时。——写文章(使)他花了三小时。

(4) 实验(使)他做了一晚上。——做实验(使)他花了一晚上。

这种类型使动句中的使动结构可以称之为反转型使动结构，这种特殊使动结构的形式为“NP + VP + NP + NP”。主要特点是，在成句时，受事位于句首，同时整个句子包含使动含义，可以将句子结构转换成“NP+使+NP+VP+NP”。顾阳(1992,1997)、Li(1999)、沈阳(2001)等都研究过这种类型的使动结构,他们将这种结构称之为反转型使役句,郭姝慧(2004,2006)将这种句子又称之为倒置致使句。顾阳(1997)主要研究了这种句式中结果成分的组成,她认为,时量短语、动量短语、周遍义数量短语、普通数量短语中的时间数量短语都可以充当倒置致使句的结果成分。其中,普通数量短语中的时间短语含有一个隐含的轻动词“花”,但是只有在“花+时间”作为结果成分的时候才能成为反转型使役结构。而郭姝慧(2006)认为,“花+金钱”也可以成为倒置致使结构。例如:

(5) 吃这顿饭花了她整整三百块。

(6) 这顿饭吃了她整整三百块。

但是我们认为,这里的“花”和顾阳(1997)的隐性轻动词“花”存在区别。检验的方法是将隐含的“使”显现出来:

(7) ? 吃这顿饭(使)她花了整整三百块。

(8) * 这顿饭(使)她吃了整整三百块。

上面的句子,例(7)、(8)的意义可以理解但会有歧义产生。因此,这种句式虽然值得关注,但是与本研究对轻动词“花”的研究似乎没有关系,因此“这顿饭使她吃了整整三百块”这样的句子存在争议,“花+金钱”造成的倒置致使句式生成中是否涉及轻动词也就存在争议,为了避免争议,我们不打算将“花+金钱”构成的倒置式作为研究对象,而将“花+时间”构成的反转型使役结构作为实验研究的对象。

沈阳等(2001)认为,“花时间”有结构交替形式,例如:

(9) 做那个实验花了他整整一个晚上。——那个实验做了他一个晚上。

(10) 改那篇文章花了他一下午。——那篇文章改了他一下午。

而“花钱、花力气/精神”则没类似的交替结构,例如:

(11) 买那辆车花了他好几年的积蓄。——*那辆车买了他好几年的积蓄。

(12) 写那篇文章花了他好大的力气。——*那篇文章写了他好大的力气。

因此,表示“花时间”的句式生成可以用轻动词假设来解释,其焦点是解决“花时间”类的交替结构中是否含有隐性轻动词“花”。

虽然郭姝慧(2004,2006)的研究将这类句子的句法、语义以及语用方面的特征做了比较全面的概括,但是汉语这类特殊句子结构生成的过程和原因是什么,依然不清楚。就目前的研究来看,已有研究基本上都承认反转型使役结构受到句子句法结构式的制约,那么我们就将实验的关注点放在句子句法结构及其制约因素上来,即通过简单的句法结构的变换和相关因素的分析,试图从句法上给这种现象一个统一的解释。

我们的假设建立在下面两个例句之上:

(13) 文章写了他三小时。

(14) 实验做了他一晚上。

不改变句子的意思,上例(13)、例(14)可以变换为:

A. 写文章花了他三小时。——做实验花了他一晚上。[①]

B. 文章让他写了三小时。——实验让他做了一晚上。

C. 他写了三小时文章。——他做了一晚上实验。

D. 他写文章写了三小时。——他做实验做了一晚上。

这几种类型的句子中的主语"他"的位置是判断反转型使役结构的关键，我们可以看出：A、B类句子还是反转型使役结构，而C、D类句子则已经变成了一般句式，除了D类结构的重动特征以外，似乎与原句以及A、B类句子的差别比较大。我们要研究的是，原句与含有"花"类词和"让"类词句子结构的区别，在已有研究对这些结构的分析中，轻动词假设似乎可以解决这类结构生成的句法动因。因此，只要证明这种反转结构及其变形结构之间的句法变换加工有特殊的神经机制并且与句法加工的神经机制可以互相佐证，就可以为轻动词假设理论的进一步证明提供佐证材料。

第二节　行为实验研究

一、实验语料及设计

实验研究对于语言材料的选择有很多限制，首先是语料的物理属性问题，本研究要牵涉比较长的句子，而且句子间要能互相变换，由此，必须选择最简单又能说明问题的语料来进行实验研究，因此，刺激

① 这里还需要考虑的是如何处理"写文章让他花了三小时"和"做实验让他花了一晚上"这两种结构的区别。

语料包括以下 4 种类型的句子：

A. 写文章花了他三小时。

B. 他写文章花了三小时。

C. 写文章花了他三支笔。

D. 他写文章花了三支笔。

将上面 4 种句子分别称为反转"花"+时间句、"花"+时间句、反转"花"+工具句、"花"+工具句。根据 Gu(1997)的研究，这些句式中的主要动词不可以是成就动词和完成动词。因此为了实验语料的纯粹性，我们只选择"写"作为实验语料中的主要动词。另外在每个句子当中都包含一个动词"花"，句中的宾语"文章"在实验中变换为"材料、对联、散文、日记"等与"写"具有紧密关系并经常搭配使用的名词，并且句子的其他成分保持不变，这样可以保证 A 与 B、C 与 D 相互之间对比的时候较少受到不断变换的语义的影响。至于 A、B 与 C、D 之间的对比，由于本身就包含复杂的句法语义内涵，因此"花＋时间"和"花＋工具"之间的对比正是我们要考察的内容，因此其不等值的语义也包含了我们需要考察的动词语义加工的内容。

实验语料的选择过程是，通过问卷调查，向在校本科学生发出问卷 100 份，收回 87 份，以上 4 种句子经过问卷调查结果是，认为这些句子都是一般常用的占 90％以上，4 种句子对于一般人来说在熟悉度上并无差异。

实验语料通过 E－prime 软件随机呈现给被试，每个句子分为两部分呈现，每个部分呈现的时间是 500 毫秒，实验语料间隔呈现给被试的平均实验是 6 秒。在这些正确句子中间穿插了 12 句同样包含

"花"与"他"的错误句子,随机出现。

二、被试及任务

江苏师范大学理工科学生 34 名,其中男女各半,所有被试视力正常或经矫正为正常,母语为汉语。

实验通过 E-Prime1.0,呈现在计算机上,主频 1.8 G,内存 256 M,屏幕刷新率 85 Hz。被试端坐于屏幕前方约 50 厘米处,眼睛平视屏幕。

实验开始前,分别对被试进行按键和实际操作训练,保证被试熟练使用按键盒和适应屏幕。在被试训练当中,告诉被试一定要看完并在心里默念完整个句子之后再做出正确反应。实验开始前会有提示语,提示语结束之后,是"+"字,然后开始呈现语料,整个实验语料包括 84 个正确句子和 12 个干扰句子。

三、实验结果

本实验记录了被试的反应时和正确率。根据被试实验后的口头问卷,实验中出现没有看清或者其他异常情况的也将被舍弃,而且实验语料是句子,在实验中先让被试练习看完整个句子,但是仍然有些被试没有按照要求去完成实验,因此这些不合格的被试也被删去。共保留 21 名被试(11 女 10 男)的实验结果。

实验结果的平均反应时和正确率如表 6-2-1 所列:

表 6-2-1

语　料	A	B	C	D
正确率	99%	98%	99%	98%
反应时	719.67 ± 114.42	643.90 ± 99.09	740.781 ± 136.02	661.33 ± 89.38

由于我们研究的是反转型使役结构，因此主要比较 A 类句子与其他三类句子的反应时差异。分析 4 种句子的反应时，结果如下：

A 类句子与 B 类句子比较，两类句子动词位置判断主效应显著〔$F(1,40)=5.263$，$p=0.027$〕，从具体的实验数据看，A 类句子的反应时间要快于 B 类句子的反应时间。

A 类句子与 C 类句子比较，两类句子动词位置判断主效应不显著〔$F(1,40)=0.296$，$p=0.589$〕，从具体的实验数据看，A 类句子的反应时间要慢于 C 类句子的反应时间。

A 类句子与 D 类句子比较，两类句子动词位置判断主效应不显著〔$F(1,40)=3.390$，$p=0.073$〕，从具体的实验数据看，A 类句子的反应时间要快于 D 类句子的反应时间。虽然两者之间的反应时间不显著，但是距离显著的临界值很接近。

第三节　fMRI 实验研究

一、实验语料及设计

实验语料使用神经心理测试的语料，沿用上面神经心理测试时使用的 A、B、C、D 的名称。共分成两个序列来完成实验，A、B 归入一个序列，C、D 归入一个序列，每个序列包含 36 个句子，其中每种类型正确的句子 15 句、错误的句子 3 句，因此每个序列共 36 个句子。实验设计采用事件相关设计，将句子分成两部分连续呈现，每部分呈现 500 毫秒，每个句子之间的间隔时间通过随机决定，平均间隔时间是 12 秒，实验前 30 秒呈现“＋”，以使被试和机器达到最佳状态。实验语料采用视觉呈现，所用的软件为 Psychology Software Tools 公司提供的 E-Prime(Version 1.0)。

二、被试及任务

本实验共有以汉语为母语的正常被试 16 人，年龄在 20～26 岁，文化程度都在大学以上，被试通过利手检测，均为右利手。被试均无任何精神和神经疾病史，自愿参与本实验。这 16 名被试都没有参加过上述行为实验。

实验开始前，分别对被试进行按键和实际操作训练，保证被试熟练使用按键盒和适应屏幕。在被试训练当中，告诉被试一定要看完整个句子并在心里默念，待"+"出现之后再做出按键反应。本实验的任务是让被试在看完呈现在屏幕中央的句子后，准确而迅速地判断这个句子中"花"这个动词与句子的主语之间的位置关系，如果"花"位于主语前按左键，否则按右键。例如，被试在看完屏幕上呈现的"他写文章花了三小时"这个句子时心里默念，待屏幕中央出现"+"时，做出位置判断的同时按下右键。

三、实验过程及数据处理

成像机器为美国 GE 公司生产的 EXITE3.0 THD 型核磁共振机，装备有 8 通道标准头颈联合线圈和 EPI 扫描序列。实验语料采用视觉呈现软件为 Psychology Software ToolS 公司提供的 E-Prime (Version 1.0)。实验的具体扫描过程是，先扫描与功能像一致的大脑水平横切面的 T1 结构像，再扫描 EPI 功能像，最后扫描三维的 T1 结构像。水平结构像采用快速自旋回波(Fast Spin Echo)序列进行扫描，获取 22 层的水平位图像，具体扫描参数是 TE = 24 ms、TR = 2 000 ms、层厚 = 5 mm、间隔 = 0 mm、FOV = 240 mm、Matrix = 320 × 192；功能像采用基于 BOLD 的 EPI 成像序列进行扫描，获取 22 层的水平位功能图像，具体扫描参数是 TE = 30 ms、TR = 2 000 ms、层厚 = 5 mm、间隔 = 0 mm、FOV = 240 mm、Matrix = 64 × 64；三维结构像采用扰相梯度回波（Spoiled Grass）成像序列进行扫描，获取矢状位图像，具体的扫描参数是 TE = 最小、TR = 7.2 ms、层厚 = 1.2 mm、间隔 = 0 mm、FOV = 260 mm、Matrix = 320 × 256。

实验数据处理软件采用基于 LINUX 操作平台的 AFNI（Analysis of Functional NeuroImage）软件包。为了减少由于个体差异以及机器本身等原因造成的误差和进行进一步的统计分析，我们首先要对实验数据进行预处理，具体过程是：

（一）头动校正和图像的配准：由于在实验中微小的头动就能造成伪影，这会影响图像的质量和将要进行的统计分析，所以必须由 AFNI 软件进行伪影的去除。实验结果的脑区激活情况会用伪彩标示在三维图像上，所以首先要将三维像与结构像配准，由于结构像与功能像扫描参数相同，因此实际上三维像也就和功能像配准了。

（二）空间标准化：由于每个被试的脑的大小不一样，为了进行不同被试之间的对比和数据平均，采用国际上通用的 Talairach - Tournoux 坐标将每个被试大脑的大小进行重新换算，变成“标准脑”。具体做法是，在大脑上选取 5 个点，用于重新定位大脑的大小。这 5 个点是大脑前联合上缘（AC superior edge）、前联合下缘（AC posterior margin）、后联合下缘（PC inferior edge）、重新定位 Z 坐标的两个中矢点(mid-sag point)。

(三)空间平滑和时间平滑：为了提高信噪比，我们要对数据的功能图像进行高斯平滑，全高半宽(FWHM)的大小选择5。

(四)去线性漂移：在实际的扫描中会出现基线漂移，为了提高图像质量，需要对基线漂移进行去除。

以上这些预处理过程结束之后进行统计分析，生成统计参数激活图，在本实验中，我们使用了反卷积运算的方法，得到每个任务的冲击响应函数，然后对处理后的冲击响应函数(IRF)进行平均，得到所有被试的平均时间点信号，再对得到的平均功能数据进行标准化处理，最后使用方差(ANOVA)分析的方法，对不同任务的平均冲击响应函数进行检验，最后将结果功能像与标准化3D像叠加得到用伪彩标示在三维脑结构像上的激活体素(Voxel)位置。

四、实验结果

fMRI的结果(未校正)显示，所有含有“花”的反转使役句的加工都比其他句子的加工在左脑额叶下回有更强烈的激活。具体如下，含“花”反转使役句对比“花”+时间的句子激活的脑区有左脑额下回、额中回和颞上回，右脑额下回(如图6-3-1、图6-3-2，表6-3-1)。“花+时间”的句子对比含“花”反转使役句激活的脑区有左脑中央前回、额内侧、颞上回、下顶叶、颞上回后部和右脑前额内侧(参见图6-3-3、图6-3-4、表6-3-1)。

反转使役句对比“花+时间”句加工激活的脑区有左脑额下回、尾状核、岛叶、额内侧、右脑额下回、额中回、额内侧、左脑颞上回后部(参见图6-3-5、图6-3-6、表6-3-2)。含“花”反转使役句对比“花+

工具”句加工激活的脑区有左脑额下回、额内侧、右脑额中下回等(参见图 6-3-7、图 6-3-8、表 6-3-2)。

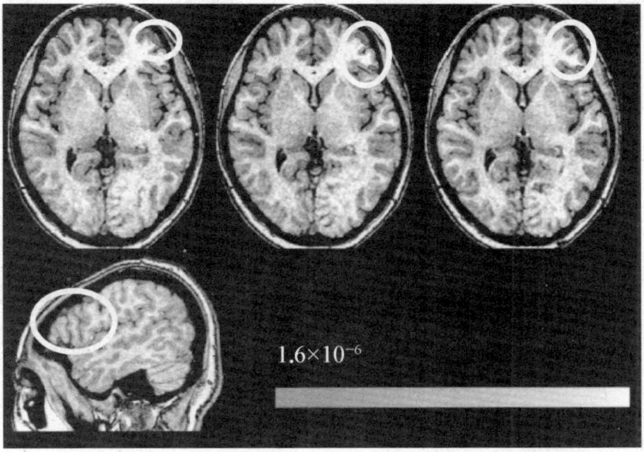

图 6-3-1 “花”反转使役句对比“花+时间”句脑区激活图

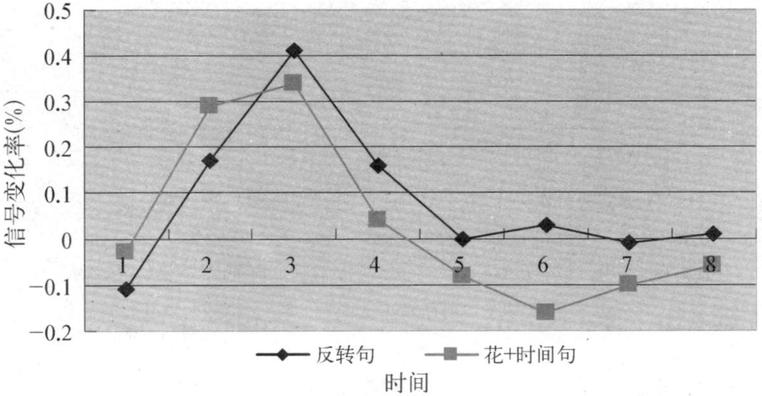

图 6-3-2 “花”反转使役句与“花+时间”句激活信号变化率

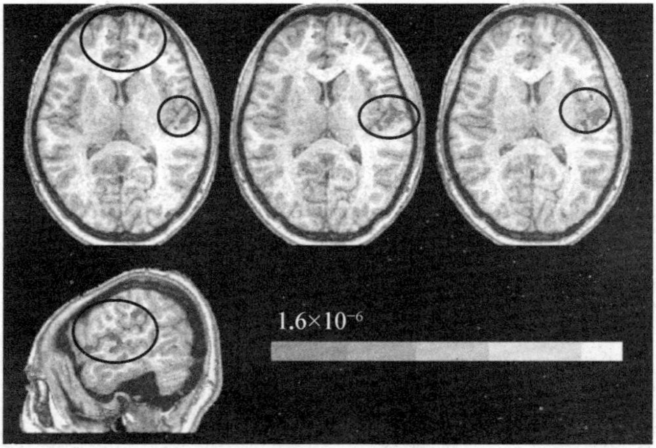

图 6-3-3 “花+时间”句对比“花”反转使役句脑区激活图

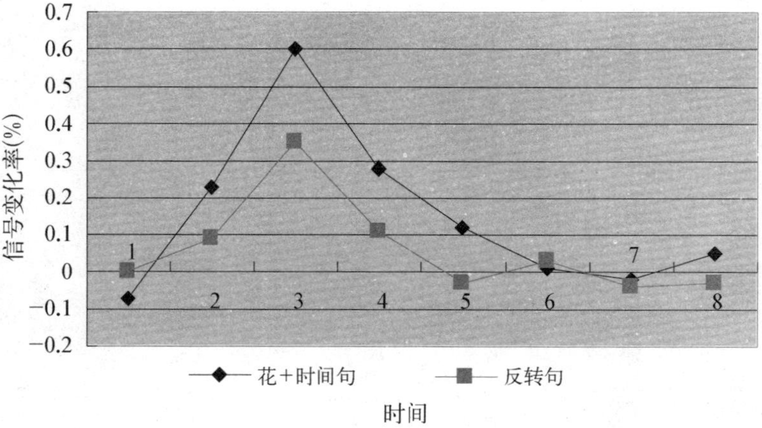

图 6-3-4 “花+时间”句与“花”反转使役句激活信号变化率

表 6-3-1 “花十时间”句和反转句相互对比激活脑区坐标

激活脑区	最大激活点的 T-T 坐标(x,y,z)		t 值	
	反转 VS “花+时间”	“花+时间” VS 反转	反转 VS “花+时间”	“花+时间” VS 反转
左脑额下回 (BA13、47)	-44,29,5		2.695	
左脑额中回 (BA10)	-34,56,4		2.693	
左中央前回 (BA4)		-37,-17,46		2.795
左脑额内侧 (BA10)		-14,53,9		3.118
左脑颞上回 (BA38、22)	-48,7,-19	-53,11,-1	3.462	3.866
左下顶叶 (BA40)		-53,-26,27		3.823
左脑颞上回后部 (BA43、22)		-53,-8,9		4.056
右前额内侧 (BA10)		32,-58,12		3.783
右脑额下回 (BA47)	45,20,0		2.812	

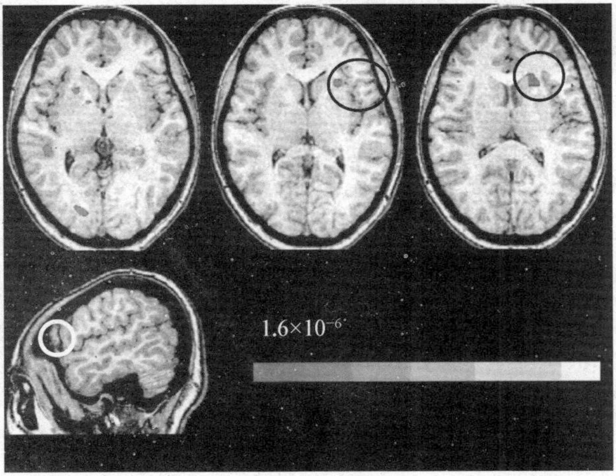

图 6-3-5 “花十时间”反转句对比“花十工具”反转句句脑区激活图

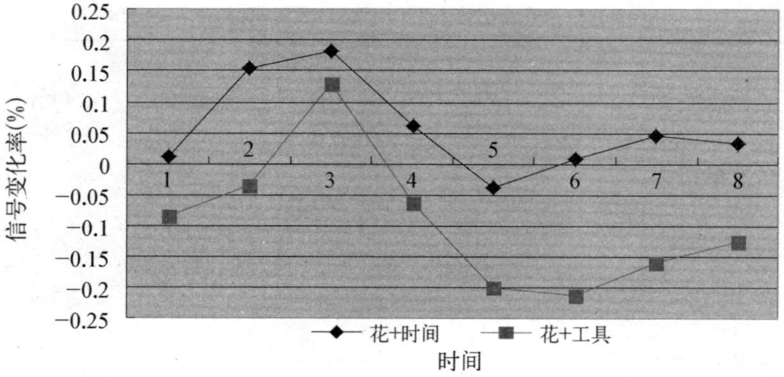

图 6-3-6 “花十时间”反转句和“花十工具”反转句激活信号变化率

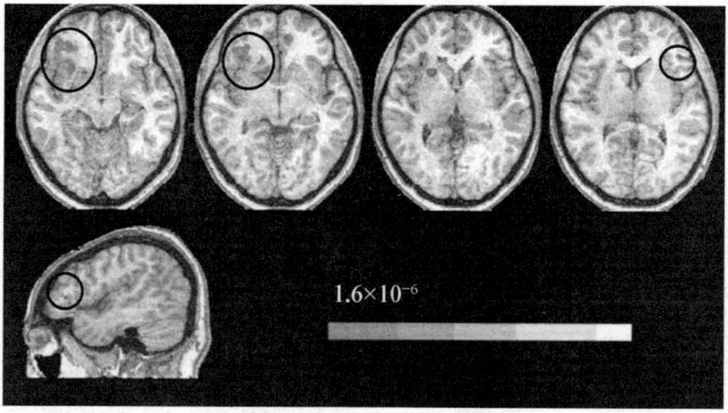

图 6-3-7 含“花”反转句对比“花十工具”句脑区激活图

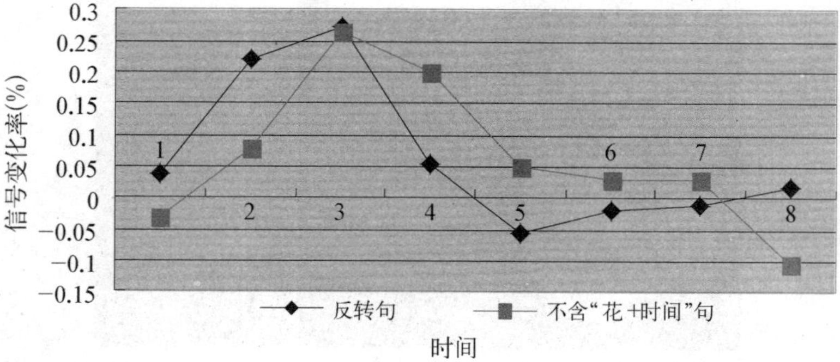

图 6-3-8 反转轻动词句与“花十时间”句激活信号变化率

表 6-3-2　含“花”反转使役句和反转句相互对比激活脑区坐标

激活脑区	最大激活点的 T-T 坐标(x,y,z)		t 值	
	反转 VS 反转非轻	反转 VS “花+工具”	反转 VS 反转非轻	反转 VS “花+工具”
左脑额下回(BA45)	-49,26,8	-47,24,7	3.043	2.601
左尾状核	-14,19,14		4.162	
左岛叶(BA13)	-38,-1,15		3.555	
左脑额内侧(BA10)	-4,50,5	-16,52,-6	2.827	2.946
右脑额下回(BA45)	45,19,17		2.936	
右脑额中回(BA47、11)	39,40,-9	40,34,-4	4.059	3.951
右脑额内侧(BA10)	28,30,17		3.080	
左脑颞上回后部(BA21)	45,-33,1		3.138	
右脑尾状核		14,14,-4		3.660

第四节　实验结果分析与讨论

一、行为实验结果讨论

对神经心理研究的数据进行分析可以发现，反转型使役结构和普通时间句子在动词位置判断实验中反应时间主效应显著，这表明这两类句子在动词加工时所使用的策略可能不同。对比下面的两个句子：

A. 写文章花了他三小时。

B. 他写文章花了三小时。

可以发现，两者之间的意义基本一致，但是从句法结构分析看，B句是一个比较典型的汉语时间句子，严格遵循了汉语“（主）主谓结构-谓补”的顺序，但是A句则是“主谓结构-谓主补”的结构，这种句式叫作反转型使役结构。两者谓语和主语的位置关系是不一样的，因此，在神经心理实验中让被试对这种位置关系做判断，实际上反映了被试处理谓语和主语结构关系的行为。行为实验结果表明两者反应时差异显著，说明两类句子中谓语与主语结构关系的不同。在A句中，“花”是受到“写文章”与“他”之间致使含义的句法空位，也就是句法空位的吸引从“三小时”前面移位而来，正是因为存在移位过程，造成了行为判断时间的增加。因此，神经心理实验的结果表明，移位有一定的神经心理基础。

这个神经心理基础还可以通过A句与C、D句的比较来进一步说明。C句是反转句，但不是“花+时间”构成的轻动词句。[②] 而A、C比较表明，两者虽然意思存在一定的差异，但是仍然没有表现出行为数据上的差异，这可能表明，反转结构造成了句法加工效应在被试判断过程中和语义造成的差异相互抵消了。A、D比较说明两类句子虽然在结构和意义上都不相同，但是对被试的行为结果影响不大，这实际与A、C的比较一样，可能表明了句法语义造成的差异相互抵消，从而仅从反应时就看不出来差异。

上述讨论仅仅是建立在行为指标上，虽然行为指标的反应时间和正确率可以部分反映人脑的运作机制，但这种行为指标一方面非常不精细；另一方面，行为数据并不能完全反映人脑在实际处理句子的时

---

② 为什么“花+工具”不是轻动词结构，请参看顾阳（1997）等的研究。

候所触发的神经传导过程，因此，进行脑功能成像实验非常有必要。

二、fMRI 实验结果讨论

总体来看，fMRI 结果显示，含“花”的反转型使役结构与其他几种类型的句子比较都有左脑额叶下回的激活。

反转型使役句对比与之同义的“花＋时间”句，前者对比后者有左脑额下回、额中回、左脑颞上回、右脑额下回的激活，本书对使动结构的研究认为，没有语音形式的轻动词句在与有语音形式的轻动词句进行比较的时候，左脑额叶激活比较强烈，因此可以推测轻动词，尤其是没有语音值的轻动词加工与左脑额叶相关。但是，如果反转句中的“花”采用与顾阳(1997)一样的处理，都是有语音形式的轻动词，而非反转句中则不存在轻动词，因此我们通过对 A 类句子与 B、C 类句子的对比的脑区激活结果分析得出，有语音形式的轻动词结构中的轻动词的加工或者轻动词导致的其他句法移位的过程可能也需要左脑额叶下回的参与。

我们还发现，“花＋时间”类反转型使役结构和 D 类的区别不是非常明显。我们分析这可能与句法语义互相影响有关系，A 和 D 类句子虽然句法结构上差异显著，但是“花＋时间”和“花＋工具”表达的是不同的事件结构，因此在语义上存在很大的区别，虽然 A 比较 D 也有左脑额叶下回的激活，但是激活强度差异并不大。这表明，A 和 D 之间的句法差异可能被两者之间语义上的差异掩盖了，因为 D 对比 A 同时有左脑额叶内侧(BA10)的激活，在已有的语言神经机制研究结果中，左脑额叶中回和语义加工密切相关，而左脑额叶内侧正是和左脑额叶中回(BA9)邻接的脑区，因此，句法和语义交互作用影响了反转型使役结构和“花+工具”类结构的比较结果。

神经心理实验和 fMRI 实验可以得到比较统一的解释。神经心理实验表明,A 类句子即反转型轻动词使役结构的反应时,与 B 类句子比较具有显著差异。而 fMRI 研究也表明,A 类句子的句法加工比 B 类句子的句法加工更依赖左脑额叶下回(布洛卡区)的激活,且 A 类句子在左脑额叶下回的激活强度要大于 B 类句子的激活强度。而 B 类句子的语义加工比 A 类句子的语义加工更依赖左脑颞叶上回中后部(韦尼克区)的激活,表明被试行为上的差异有对应的神经基础;另外,A 与 C、D 类比较,行为上没有差异,fMRI 显示的差异也不显著。

上述结果进一步表明,“花+时间”类反转型使役结构的句法加工过程依赖左脑额叶下回。A 类句子是“花+时间”反转型使役结构,而这类结构和 B 类比较的时候,左脑额叶激活明显,B 类结构和 A 类结构在语义上几乎等值,因此,基本可以排除语义对句子加工差异的影响。同时,B 类结构是汉语的一般表达方式,其句法结构直接可以由短语结构基础生成,因此 A 类句子中的句法移位过程可以与左脑额叶下回相关。

经过对比可以发现,动词语义加工需要左脑颞叶上回中后部的激活。A 与 B 对比更多的是表现句法加工,而 B 对比 A 则可以发现 B 在语义上或者句法抑制等方面的加工。在研究语言神经机制的时候,一般最感兴趣的语义区除了左脑额叶中回外,还有颞叶的韦尼克区,以往的 fMRI 研究对韦尼克区讨论较少,直接找到证据的研究更少,甚至有人质疑韦尼克区的存在,而本实验研究的 A 类结构和 B 类结构的加工结果清楚地表明语义加工与韦尼克区关系密切。

因此，如果“花+时间”类反转型使役结构与轻动词假设密切相关的话，那么左脑额下回与汉语轻动词加工密切相关的证据就可能获得进一步的证据。我们可以把“花+时间”类反转型使役句称为反转轻动词句，这类句子对比一般“花+时间”句、“花+工具”类反转句、一般“花+工具”句都有左脑额叶下回的激活，其中反转轻动词句和“花+时间”类句子对比最能说明问题。反转轻动词句对比“花+时间”句，两者表达的意思基本相等值，句法结构则大相径庭，左脑额叶下回的激活就可能表明了两者句法结构加工上的差异。同时，“花+时间”句加工在左脑颞上回激活的增强，表明了“花+时间”句和反转轻动词句在语义理解上的不同。

第七章　汉语"了"后缀动补结构加工的功能性磁共振成像研究[①]

第一节　理论回顾及研究目的

"动词＋了"中"了"的句法属性问题是吕叔湘(1961)提出来的。赵元任(1979)认为,这里的"了"表示完成,多数学者认为这个"了"是词尾,即"$了_1$"。刘勋宁(1988)认为,在"动词＋了"结构中,"了"表示完成体的体标记。研究者一般认为,"了"是词尾或者句尾体貌助词、体范畴等,可以处理为"$了_1$"和"$了_2$",加在动词词尾的是"$了_1$",加在句尾的是"$了_2$",这方面的研究已经比较成熟〔木村英树(1983);刘勋宁(1985,1988,1999);石毓智(1992);胡裕树(1995);左思民(1997);陈前瑞(2002);金立鑫(2002)等〕。

① 我们在轻动词框架内对动补结构的三个方面进行了理论的初步探讨,包括一般动结式、动词＋体貌助词,得＋补语。在一个实验中完成对这三个方面的研究,难度较大,因此本实验只通过对"动补结构＋了"的研究希望能对以上三个问题能有所启发。

关于“了”的句法属性，汉语学界进行了广泛的研究。高晓虹(2010)考察了助词“了”在山东方言中的对应形式，分为合一型和二分型两种。“$了_1$”位置上的形式有“唠、嘹、溜、喽、哩”等，“$了_2$”位置上以“啦”为主。研究认为，这些形式与普通话的助词“了”同源；助词“了”形成之后，其语音形式在汉语方言中趋于分化，二分型山东方言较合一型山东方言和普通话发展略快。进而讨论了山东方言中助词“了”的语音变化，指出“$了_1$”位置上的形式多为弱化所致，而“$了_2$”位置上的形式除了弱化，还可能来自“了”与句尾语气词的合音。施其生(2014)考察、比较了“了”在闽南方言各地普遍用作表示实现体貌的形式，但由于实现体貌发展程度的不同，在各地有一定的差异。“了”在不同地域中和不同句法环境中的分布，可追溯出表示实现体貌的“了”在闽南方言中的发展、演变过程。总体而言，闽南方言“了”的发展演变过程比普通话较迟或较慢，而各片的发展进度又快慢不一。税昌锡(2011)在事件过程结构的基础上，得出“了”的语法意义随动词描写的事件在不同过程或阶段的事态差异而呈现出不同的面貌的认识。卢英顺(2012)在“了”的二分(表示“体”意义的“了”和表示语气的“了”)的基础上，主张表示“体”意义的“了”的语法意义是表示“相对某一时间参照点，某行为或者状态已经成为事实”，而“结束、告一段落”和“开始”等意义可以看作是它的不同次语法意义，它们是由具体语境中凸显的不同而产生的。朱庆祥(2012)论述了否定副词“没(有)”与“$了_2$”共现问题，指出否定副词“没有”作用于核心谓语层面，而“$了_2$”作用于句子层面，“$了_2$”的作用范围大于“没有”的作用范围。只要能改变内层“没有 VP”的性质特征，使之和外层“$了_2$”的功能相适应，两者就能共现。句式具有完型特征，因此事件的各个方面都会影响到否定副词

“没有”和“了$_2$”的共现。何文斌（2012）指出助词“了$_1$”有不同层次的意义。在较为具体的层次上，可根据所应用句式的不同（“施为句”“生发句”和“存现句”）而分别标记，而在较为抽象的层次上，这些意义可以概括为“存在”范畴，基本标记是“了$_1$”和“没（有）”，进一步概括则存在范畴又属于“动态”范畴。故“了$_1$”可称为“动态存在范畴”标记。刘林（2013）指出，“来着”和“了$_2$”都表示事态发生了变化，属于句子层面，在句法语义上是对立的关系，所以在句法上也不能同现。

在实际句子的生成过程中，如果将动补结构或者动补复合词后面的“了”也处理成词尾和句尾会造成很多问题，很多学者也对这些问题作了较为充分的研究，例如房玉清（1992）、金立鑫（1998）、吴福祥（1998）、吴凌非（2002）、陈小红（2007）、张黎（2010），但是这些研究都比较注重“了”的语法意义、语义、语用方面的特征等，对其在成句方面的作用涉及较少。在“了”的词法和句法属性研究方面，杨德峰（1997）研究了“了”的句法功能，但是仍然将“了”作为体标记来看待；Packard（2000）提出“了”构成复合词的可能性；Lin（2001）从生成语法角度对“了”进行了研究，提出“了”作为轻动词的句法属性；刘晓林（2007）涉及“了”的完句功能和及物动词的特性，但是仍然认为“了”在现代汉语中是虚化后辅助不及物动词带宾语。

上述研究表明，关于“动词＋了”的研究涉及问题较多，焦点主要集中在“了”作为词尾、句尾、轻动词还是复合词构词语素的处理上。对于这些问题，学界一直在不断深入研究，除了理论上的论证之外，从认知角度，特别是人脑实际认知活动的角度对汉语中“了”的句法属性进行验证，以区别“了”的不同句法属性也是一条路径。一段时期以来，汉语学界对于像“吃了他三个苹果”“王冕死了父亲”之类句子结构的研究非常热门，对这些句子的研究主要集中在句中核心动词之上，而对于词类结构中动词后缀“了”的句法属性问题关注较少，但是“了”在这些句子中直接和动词组合，其作用是不能忽视的。

第二节 “了”的句法属性的理论假设

一、动补结构中的词尾“了”

汉语中有一种较复杂的动词结构，例如“吃光、踢破、哭湿、打开”等，这些词在句子中可以充当谓语，例如“吃光了米饭、踢破了足球、哭湿了毛巾、打开了窗户”。这些动词一般由一个核心动词和一个补语词构成，称之为动补结构。古代汉语本没有动补结构，太田辰夫（1987）认为，汉语动补结构最迟产生于唐朝；梅祖麟（1991）研究了“V杀”结构和“V死”结构，认为汉语动补结构产生于六朝；杜纯梓（2003）认为，动补结构在汉代已经大量产生，因此汉语动补结构应该产生于先秦时期；徐丹（2001）赞同蒋绍愚（1998）的意见，认为汉语中大多数动补结构产生于公元5世纪，只有少部分形成时间稍早。姑且不论动补结构产生的时间，上述研究都可以表明汉语动补结构不是汉语历来就有的，而是汉语发展到一定阶段的产物，因此可以认为动补结构是汉语的重要特点之一。

现代汉语动补结构又可以继续分类，例如，李亚非（2000）认为，汉语中的动补结构可以分成两种：动补复合词和“得”字句。沈家煊（2003）将动补结构分为动结式和动趋式。李临定（1988）认为，动结式可以分成两种，一种是“致使性”的；另一种是“非致使性”的。刘虹

(2012)指出，所谓的“致使性”动结式实际上就是包含使动用法的结构。熊仲儒(2004)认为，李临定关于动结式的划分不准确，所有的动结式包含非致使性动结式都可能包含致使的含义，因此他将这些动结结构都称为一种致事结构。这种致事结构中致事的选择可以有两种，一种是活动参与者，如：

(1) 他打碎了花瓶。

这个句子中的“他”就是致事。在下面的句子中：

(2) 他喝茅台酒喝醉了。

(3) 他卖报纸卖烦了。

“他”显然不是活动者，“喝茅台酒”和“卖报纸”等活动本身成了致事。施春宏(2007)指出，在归纳动结式的语义结构类型时，学界的处理虽然有宽有窄，但对比较典型的动结式认识基本趋于一致，都是指由于述语动词所表示的动作的发生而导致补语动词所表示的状态的出现或变化。黄正德(2005)认为，汉语动结结构中结果补语的语义可以指向宾语和主语，汉语中如果宾语不存在，则补语以主语为其语义指向。刘辰诞等(2013)指出，现代汉语动补结构源于先秦汉语中的复合S-V-O句法形式，其中一个是描述事件的行为过程的核心式；另一个是描述结果状态的边缘式。在语言发展过程中，由于人类认知规律的制约和语言规约的促动，两式因意义相关、形式紧邻，核心式吸纳了边缘式，融合成简单的S-V-O式，使得两式中的动词(或其他形式的谓词)处于句法紧邻位置，最终在“相邻吸纳原则”的支配下融合，词汇化为一个双音节动词，就形成了现代汉语动补结构。相邻吸纳的运作不仅见于现代汉语动补结构的形成过程，在其他语法结构的演变和发展过程中也随处可见。相邻吸纳原则是人们对世界事物的基本认知规律在语言结构组织活动中的具体体现，是语言结构创新的动因之一。Li(2013)提出了一个关于现代汉语动结式复杂的词汇—语义关系的论述。在论述中，动结式表达的复杂的主题关系是由复合词的各组成部分所表示的单个的主题关系以及整个复合词表示的综合的主题关系的交互作用引起的，这些都来自致事与受事的不同的实现方式。词汇—语义的论述对于致事与施事之间的关系以及句法与语义(语用)的分工都具有理论上的意义。王跃平(2014)指出，现代汉语描述“动作”概念结构，除了使用动词外，主要借助于状语和补语。补语可描述其时间、地点、方向、数量和结果等5个要素。每类述补结构一般都具有触发潜在语义预设的功能，并且都有其特定的句法、语义(认知)、语用方面的制约机制。

上述研究都将关注点放在了含有致使义的动结复合结构对主语宾语指向或者致事施事的选择之上，也就是动结结构的论元分析上，对于这种结构后附助词“了”缺乏进一步的研究。然而，通过分析下面“动补结构+了”的句子，可以看出汉语中的动补结构在句子中的位置和功能都是非常特殊的。

(4) 我们把花瓶打碎了。

(5) 我们打碎了花瓶。

(6) 花瓶被我们打碎了。

上述三个例句，所表达的事件都是一致的，只是侧重点不同。三个句子中的动补结构可以出现在论元不同的位置，分别是受事后、致事后受事前、受事和致事后。这种结构中“了”的功能非常重要，如果省略的话，例(4)和例(5)还可以接受，但是意思有较大变化，例(6)句就难以成立了。因此这种句子中的“了”对于“动补结构＋了”在句子中承担的成句作用非常重要，而非仅仅是动补结构本身承担了成句的作用。

对“了”的功能研究汉语学界早已有之。赵元任(1979)对汉语中的“动补复合词＋了”现象进行了描写。朱德熙(1990)认为，动补结构是汉语区别印欧语的重要特点之一，印欧语中没有与之对应的结构。他认为：“这种结构后头可以带动词后缀‘了’和‘过’，语法功能相当于一个动词。”上述例句中的“打碎”是一个动结复合词，这个复合词使整个句子成为一个动结结构，所有句子中的“打碎”都指向“花瓶”，但是“花瓶”的位置在句子中是不固定的，所充当的句子角色也不一样，但是题元角色没有改变，都是“打碎”的对象，如果根据题元指派一致性原则，很容易解决“打碎”和“花瓶”的位置关系，但是在“打碎”的后面还有一个词尾“了”，这个“了”如何处理呢？

实际上，上述句子在很多时候，尤其是在一些现代方言中，说成下例(7)、例(8)、例(9)都是可以成立的。

(7) 我们把花瓶打了。

(8) 我们打了花瓶。

(9) 花瓶被我们打了。

这表明，省略了“碎”之后，句子可以成立，同时也说明“了”在这里非常重要，代偿了“碎”表动作结束的用法，与前面的动词构成新的动补复合结构，在句子中承担赋予题元角色的任务，也就是核心谓语动词的作用。这表明“了”可以承担成词语素的作用，与动补结构中的动词构成新的复合词结构。然而构成复合词成分的处理，还是不能解决"了"的成句问题，我们仍然要结合句子的生成过程来分析"了"的句法属性。

生成语法研究者对句子中体貌助词"了"在成句过程中的作用做了进一步研究。沈阳等(2001)认为，"了"是词尾或者体貌助词的分析存在问题，如：

(10) 我吃饭了。

(11) 我饭吃了。

这时的"了"和"吃"构成"吃了"这样一个动结结构，从上例(10)和上例(11)的变换中可以看出句子中存在可以移位的动词，而"吃了"上移的过程是因为 VP 投射造成的，因此将例(11)中"饭"前存在的空位处理为具有致使含义的轻动词空位比较好，所以将例(10)、例(11)句中的中心词和"了"构成的复合结构处理为具有可以构成轻动词结构的动补结构就较为合理。因此，如果"了"所依附的中心词可以移位，那么"了"就不能单纯作为一个体标记或者词尾存在。但是汉语句子中中心词不能自由移位的例子很多，如"我流泪了"一般不说成"＊我泪流了"，这些句子并不存在移位造成的轻动词投射。我们认为，如果句子中没有移位过程的存在，这时句子中的"了"可以看成是助词体标记。上述分析表明，将"了"处理为词尾或者助词体标记的做法值得进一步思考，处理为助词或体标记的做法，也即分成"了$_1$"和"了$_2$"的处理方法，对存在动词移位的句子的生成过程解释力不足。

二、"了"作为复合词成分的再证明和轻动词"了"

如果不把"动词＋着、了、过"等中的"着、了、过"处理成词尾或者体标记或者体助词，那么该如何处理汉语中类似的虚词呢？我们认为，这些词的句法属性与句子中的主要动词关系密切，在某些情况下，动词包括动词后的补语可以和“着、了、过”一起构成动补复合结构。关于汉语“着、了、过”以及“得”作为构词语素与其他词构成复合词的想法最早由 Packard（2000）提出，不过学界一直关注较少。Packard 还提出了，由于这种复合词比较特殊，从而是以分解的形式存贮在大脑中的。根据 Packard 的想法，我们可以推论，如果将“了”看作表语法意义、语用功能的助词的话，“了”就不能与其他构词语素构成复合词，而如果将“了”与其他构词语素在能构成复合词的情况下仍然把他们看作词尾或者助词，显然是不妥的。但是这里的“了”究竟作何处理，其句法功能是什么呢？张国宪等（2011）认为，汉语作为分析——孤立型语言并没有完全遵循形态发达的屈折型语言的演变路径，将语法词/附着词的后续演变“形态化”，而是经历了一个“词汇化”的过程。“动词/形容词 + 了助词”可以词汇化并进一步形成话语标记已为学界所接受，但综观前期的研究，其共同点是重视“×了”的个案成词考察，而缺乏对共同演变规律的探究。于是，他们依据语法化的理论，将“×了”中的“了”视为是一种再语法化现象，重点考察了其演化路径以及再语法化的后果，以期概括出其类型特征。

Lin（2001）是生成语法研究中较早涉及汉语中“着、了、过”等具有轻动词句法属性的。根据其观点，我们认为，邻接在动补结构上的“了”是一种显性轻动词的标志，表示“致使”这一轻动词的原生意义，在英语中虽没有对应的独立语素来表示这样的意义，但有时可以通过词尾形态的改变来表示。依据生成语言学的研究，汉语中存在轻动词的语音形式，因此“了”表现的致使意义可以通过一定的语音形式在汉语动补结构中表现出来。但是 Lin(2001)的关注点是在这种含有“着、了、过”的结构的内外论元的选择之上,没有进一步研究核心动词与之构成复合动补结构的情况。我们来看沈阳等(2001)的例子。

(12) 你去过了美国吗?

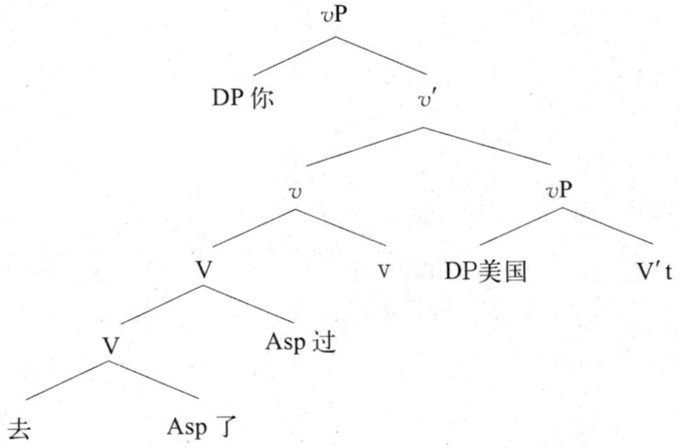

图7-2-1

(13) 你去过美国了吗?

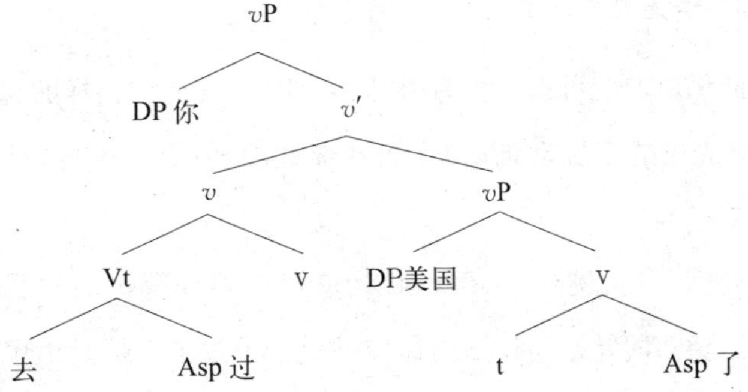

图7-2-2

从语言类型来看，汉语普通话应该是一种左分支结构类型的语言〔桥本万太郎(1985)〕，如果为了将体貌词在句法中的位置表现出来而使用多分支结构分析，代价似乎太大，最简分析也基本上摒弃了这种处理方法。在这种情况下，我们尝试提出另外一种加工代价较小的解决方案。仍然以例(12)为例来分析：

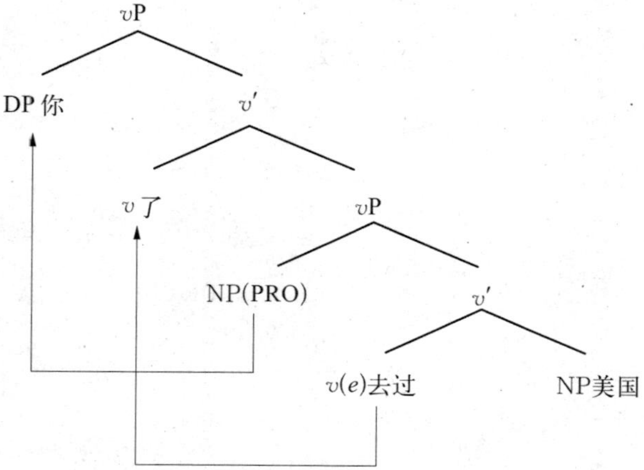

图 7-2-3

这样分析显然可以解释例(12)，同时这个句子也可以说成：

(14) 你美国去过了吗？

因此例(12)句可以分析为由“你美国去过了吗？”这样的句子通过投射 VP 壳中的零轻动词(即无语音形式的轻动词)生成，具体如下(图 7-2-4)：

这样例(12)、例(13)、例(14)句就可以得到统一的解释了。例(12)句是轻动词导致动补结构移位，构成“去过了”，但是由于轻动词移位后显性特征必须消除，所以必须删除显性的轻动词标记“了”，因

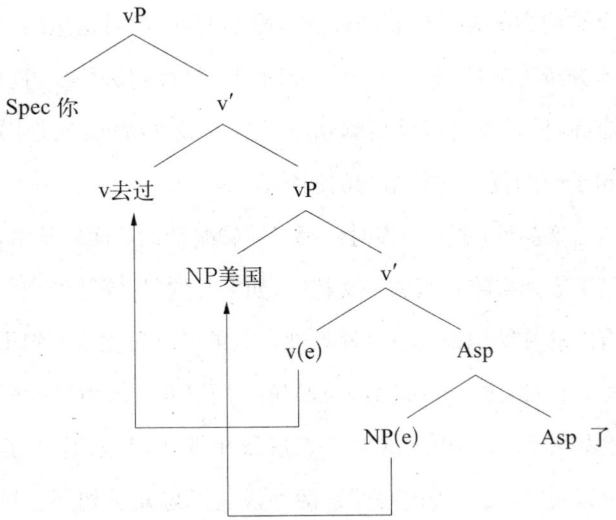

图 7－2－4

此如果按照特征删除理论，例(12)句还可以说成“你去过美国吗?”但是这样会造成意义上有比较大的改变，原句的意思是问话人知道对方要去美国，但是不知道去没去过，但是如果说成“你去过美国吗?”就变成询问对方以往有没有去过美国这样的经历，因此按照特征删除变换后的句子与原句意思有了很大改变，所以不可取。我们的处理方法是，将“去过了”看成是一个相对复杂的动补复合词，“了”在例(12)中就是句子主要的谓语中心“去过了”这一动补复合词的一个组成部分，不能被删除。而例(13)、例(14)句中的“了”是助词，从而表明在这样的句子中“了”并不是体标记，与例(12)中的“了”有着很大的区别。由此，可以看出例(12)中的“了”，也就是研究者们所说的“$了_1$”不能简单地说是一个词尾，而是动补复合结构的重要组成部分。在这个结构中，“了”是构成这一结构致使性特征的重要组成部分，特别是在这个动补复合结构中的补语位置的成分省略的时候；同时这里的“了”也不能简单地分析为显性轻动词，因为轻动词的显性句法特征可以在移位之后被删除，但是在这里显然删除不了这种显性特征，这是因为“了”要受到句子中的复合动补结构的制约。

在语言实际使用中，很多时候都可以省略动词后面的补语，而直接使用“了”来表达省略补语的语义特征，如上文的“打碎”“做完”等，但并不是所有的动补结构都可以这样处理。如果可以简化这个句子中动补复合结构，就可以进一步证明例(12)句中“了”可以作为显性轻动词而存在。例如与例(12)相近的意思在汉语中既可以说“你去了美国了吗?”也可以说“你去了美国吗?”这两种说法意思几乎相同。根据“了”可以构成动补复合结构的特征，我们知道，虽然“你去了美国了吗?”和“你去了美国吗?”两个句子中省略了“过”，但是“去了”依然构成的是一个复合动补结构，表示“去”这一动作的完成，这时的“了”实际上充当了这个动补复合结构中致使性的句法功能，这进一步表明这时句子中的“了”具有致使性的轻动词句法属性。进而，如果依据轻动词投射结构分析这两个句子，轻动词移位后显性特征删除可以使得“你去了美国了吗?”说成“* 你去了了美国吗?”由于“了”与“了”语音形式相同，根据经济原则和同音删略原则，只保留一个“了”变成“你去了美国吗?”。根据上面的分析，我们可以看出，像例(12)一样类型的汉语句子中的“了”，即“$了_1$”，既是一个复合动补结构的组成部分，也是一个显性轻动词，我们先称之为“复显轻动词”，以区别于汉语中其他的轻动词。

三、复显轻动词“了”

按照上述分析，我们会发现，如果“了”构成复合词，那么它可以作为一个成词语素，这是汉语词法研究的范畴；如果“了”作为轻动词，表示致使义，同时可以诱发动词移位的话，那么就成为一个句法层面的问题了，词和句之间虽然有联系，但区别是主要的，因此如何处理这种词—句之间的矛盾呢？

李亚非(2000)对动补结构中的动补复合词以及“得”字句的研究认为，汉语中的动补复合词构造过程，运用词法和句法都不能十分完美加以说明，因此提出了一种新的词——句界面理论，这个理论既遵循 Baker 等(1988)对动词汇合现象的句法分析，又使得这些动补结构成为一个不能扩展的单动词语素，因此就不存在词—句不兼容的现象了。通过分析我们已经发现，与“得”同为动词后缀的“了”在汉语动补结构中存在类似的情况：“了”在词法层面是不是复合词语素；在句法层面是不是具备显性轻动词的特征。作为词尾的“了”和作为复显轻动词的“了”之间的区别如何证明？

上文证明“了”附着在动补结构后的时候不能单纯地看成是词尾或者轻动词，因为“了”在这种情况下作为词尾的“了”以及作为轻动词的“了”是有一定区别的。我们将这种结构中的“了”处理为一种“复显轻动词”，表明在这种结构中的“了”既可以构成动补复合结构，也具有汉语中显性轻动词的功能，因此“了”的句法属性可以处理为能构成复合词的显性轻动词。“了”无论是作为词尾、句尾，还是轻动词、复显轻动词，在理论上都可以证明，如果有新的理论或者方法可以运用，还可以继续阐释或证明“了”的句法属性问题。

在本研究中，我们选择实验性研究方法，通过正常汉语人群在加工这些句子时的行为表现和大脑血氧活动的情况来验证“了”的复显轻动词假设。运用功能性磁共振成像，根据功能磁共振成像对人脑局部脑区在接受语言刺激时血氧含量增减变化情况，比较“了”的复显轻动词属性和其他属性在脑加工机制上的区别，从而进一步证明理论假设是否具有科学性。

第三节 “了”的句法属性的实验研究

一、实验语料及设计

为了论证“了”的复显轻动词假设，我们使用了动补结构中的动结结构作为实验研究的语料，判断这一结构的标准借用沈家煊(2003)“动结式可以插入‘得’扩展为带状态补语的动补结构，动词也可以带(把字)宾语”。例如：

(15) 作业做完了——作业做得完——把作业做完了

(16) 杯子摔坏了——杯子摔得坏——把杯子摔坏了

(17) 货物装满了——货物装得满——把货物装满了

黄正德(2006)认为，这类句子中的动补复合词都是作格动词，而作格动词又可以分成两种：及物的和不及物的，及物作格动词与轻动词的关系按照 Dowty(1979)、Huang(1997)等人的词义分解理论可以描述为：及物作格(致使)：= 轻动词 CAUSE + (轻动词 BECOME 或 BE + 词根)；不及物作格动词可以描述为：不及物作格动词 = 轻动词 BECOME 或 BE + 词根。如果上述句子变成：

(18) 学生做完了作业。

(19) 我们摔坏了杯子。

（20）工人们装满了货物。

这些句子中位置在前的论元可以表示致事，动词也会包含致使含义，从轻动词的语义特征出发，如果有 CAUSE 义的轻动词，也必然会有 BECOME 等意义的轻动词，这会对实验本身的变量控制非常不利，因此，我们的实验将选用不带致事论元的简单句子。

实验研究的目的是要探讨动补结构后附“了”的句法属性，利用脑功能成像的手段观察汉语动补结构后缀“了”的致使性用法造成移位的神经加工过程，证明汉语有语音形式的轻动词“了”和汉语中词尾或者句尾“了”具有不同的加工机制，进一步分析动补结构中的“了”作为复显轻动词假设的合理性。

实验语料分为三种类型的小句，每个小句都是由一个动补结构的词和一个主语以及一个所谓的体助词“了”构成，具体如下：

A. 做完作业了　穿好衣服了　扔掉垃圾了

B. 作业做完了　衣服穿好了　垃圾扔掉了

C. 做完了作业　穿好了衣服　扔掉了垃圾

首先来看同时位于句子末尾的“了”，A 类句子中的“了”前面附加的是名词，而 B 类句子中的“了”附加的是动词复合结构。从语义结构上来分析，两者都是一种受事结构，区别在于受事与主要动词的位置不同。但是由于 B 类句的“了”是加在动补复合词后面的，因此复杂性就增加了。汉语研究者一般认为，动词加“了”是一种动词体标记，因此 B 类句中的“了”可以看作是一种词尾，是“$了_1$”；又由于位于句末，似乎也可以看成是句尾“$了_2$”，而 A 类句子中的“了”是句尾“$了_2$”则基本上没有争议。C 类中的“了”按一般观点看应该是词尾“$了_1$”。

因此，这里确定的是A类和C类中的“了”，而按照上述对复显轻动词的分析，C类中的“了”作为复显轻动词的可能性最大。因此，我们在比较实验结果时，以C类作为主要的比较对象进行了分析。

二、行为实验研究过程及结果

实验语料的选择过程是，通过问卷调查，向在校本科学生发出问卷100份，收回87份，以上实验语料经过问卷调查的结果是，认为这些小句都是一般常用的占90%以上，表明三种小句对于一般人来说在熟悉度上并无差异。实验语料通过E-prime1.0软件随机呈现给被试，每个实验语料呈现的时间是400毫秒，实验语料间隔呈现给被试的平均实验是6秒。在这些正确句子中间穿插了6句与实验语料结构相同的错误小句。

被试为徐州师范大学理工科学生34名，其中男女各半，所有被试视力正常或经矫正为正常，母语为汉语。实验语料通过电脑呈现，被试端坐于屏幕前方约50厘米处，眼睛平视屏幕。实验开始前，分别对被试进行按键和实际操作训练，保证被试熟练使用按键盒和适应屏幕。在被试训练当中，告诉被试一定要看完并在心里默念完整个句子之后再做出正确反应。实验开始前会有提示语，提示语结束之后，是“+”字，然后开始呈现语料，整个实验语料包括48个正确句和12个填充句。

本实验记录被试的反应时和正确率。被试结果取舍的标准是，如果有某类句子动词位置判断的正确率在75%以下，那么这个被试就被舍弃，同时，根据被试实验后的口头问卷，实验中出现没有看清或者其他异常情况的也将被舍弃。最后共保留27名被试（14女13男）的实验结果。实验结果表明，三类结构的反应正确率普遍较高，在反应时间方面，C类结构的反应时间最快，B类其次，A类反应时间最慢。三类句子的反应时间经过方差分析，并没有显著差异性，其中C与B比较〔$F(1, 51) = 1.919$，$p = 0.172$〕，差异不显著；C与A比较〔$F(1,50) = 2.949$，$p = 0.092$〕，差异不显著。

表 7-3-1

语料	A	B	C
正确率	96%	98%	96%
反应时	1001.43±164.74	982.51±146.28	920.87±173.40

三、fMRI 实验研究过程及结果

采用行为实验使用的语料。其中每种类型正确的句子16句、错误的句子4句，因此共包含60个句子。实验采用事件相关设计，每个句子之间的间隔时间通过随机决定，平均间隔时间为8秒，实验语料采用视觉方式呈现刺激，每个语料都分为两个部分呈现，呈现时间都是300毫秒，呈现时，将“了”与其附着词一起呈现。被试为以汉语为母语的正常人16人，年龄在20～26岁之间，文化程度都在大学以上，被试通过利手检测，均为右利手。所有被试无任何精神和神经疾病史，自愿参与本实验，并且没有参与过本实验的行为实验。

实验开始前，分别对被试进行按键和实际操作训练，保证被试熟练使用按键盒和适应屏幕。在被试训练当中，告诉被试一定要看完并在心里默念完整个句子之后再做出正确反应。本实验的任务是让被试在看完呈现在屏幕中央的句子后，准确而迅速地判断这个句子中包含动作意义的词是位于名词前面的词还是后面的词。例如，被试在看到屏幕上呈现“作业做完了”时心里默念，然后做出含有动作词位置的判断，同时按下右键。

成像机器为美国 GE 3.0 T HD 型核磁共振机。实验语料采用视觉呈现，软件为 E－Prime（Version 1.0）。实验的具体扫描过程是：先扫描与功能像一致的大脑水平横切面的 T1 结构像，再扫描 EPI 功能像，最后扫描三维的 T1 结构像。水平结构像采用快速自旋回波（Fast Spin Echo）序列进行扫描，获取 22 层的水平位图像，具体扫描参数是 TE = 24 ms、TR = 2 000 ms、层厚 = 5 mm、间隔 = 0 mm、FOV = 240 mm、Matrix = 320 × 192；功能像采用基于 BOLD 的 EPI 成像序列进行扫描，获取 22 层的水平位功能图像，具体扫描参数是 TE = 30 ms、TR = 2 000 ms、层厚 = 5 mm、间隔 = 0 mm、FOV = 240 mm、Matrix = 64 × 64；三维结构像采用扰相梯度回波（Spoiled Grass）成像序列进行扫描，获取矢状位图像，具体的扫描参数是 TE = 最小、TR = 7.2 ms、层厚 = 1.2 mm、间隔 = 0 mm、FOV = 260 mm、Matrix = 320 × 256。实验数据处理软件采用基于 LINUX 操作平台的 AFNI（Analysis of Functional NeuroImage）软件包。为了减少由于个体差异以及机器本身等原因造成的误差和进行进一步的统计分析，我们首先要对实验数据进行预处理，具体过程是：头动校正和图像的配准；空间标准化，采用 Talairach－Tournoux 坐标；空间平滑和时间平滑，全高半宽（FWHM）的大小选择 5；去除基线线性漂移。预处理过程结束后，使用反卷积运算的方法，得到每个任务的冲击响应函数，然后对处理后的冲击响应函数（IRF）进行平均，得到所有被试一个平均时间点的信号，再对得到的平均功能数据进行标准化处理，然后使用方差（ANOVA）分析的方法，对不同任务的平均冲击响应函数进行检验，最后以 $p<0.001$（结果未经校正）为激活脑区，将结果功能像与标准化 3D

像叠加得到用伪彩标示在三维脑结构像上的激活体素(Voxel)位置。实验结果如下：

C类句子对比B类句子激活的脑区为大脑左半球额叶下回、额叶中回、中央前回、角回(参见图7－3－1－A,表7－3－2)；C类句子对比A类句子激活脑区为大脑左半球额叶下回、额叶中回、左脑额叶内侧、前扣带回等(参见图7－3－1－B,表7－3－2)。C类句子与B类句子比较,C类句子与A类句子比较在大脑左半球额叶激活信号变化率见图6、图7。

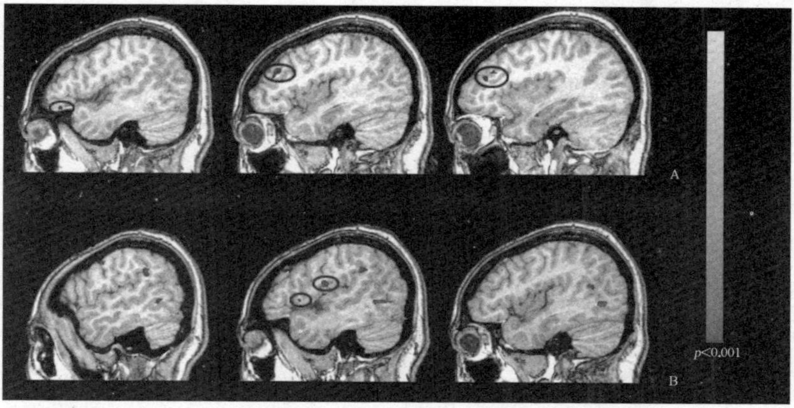

图7－3－1　A、C类句子对比B、A类句子加工时在大脑左半球的激活脑区差异

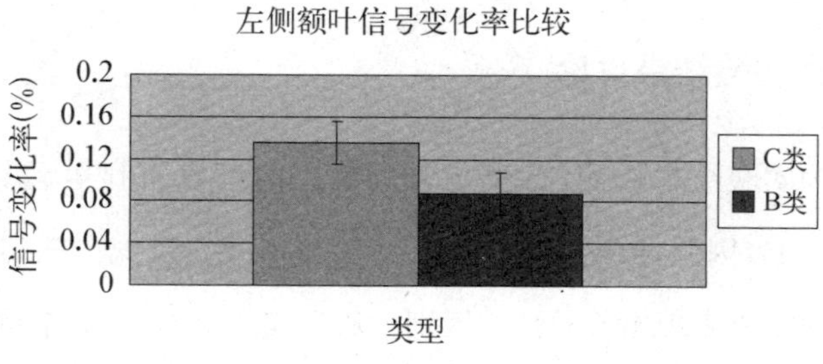

图7－3－2　C类和B类句子加工在大脑左半球额叶的平均信号变化率比较

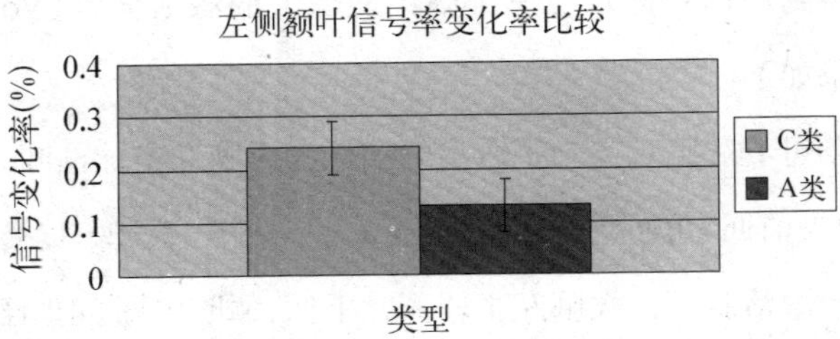

图 7-3-3　C 类和 A 类句子加工在大脑左半球额叶的平均信号变化率比较

表 7-3-2　C 类句子对比 A 类、B 类句子在大脑左半球激活脑区差异列表

语　料	激活脑区	最大激活点 T-T 坐标
C>A	额下回(BA44、47)	-47,34,-9
	额内侧(BA10)	-29,39,21
	前扣带回(BA32)	-2,40,5
C>B	额下回(BA44、47)	-43,13,6
	额中回(BA9)	-44,20,36
	中央前回(BA6、13)	-44,-9,21
	角回(BA40)	-48,7,-19

第四节　"了"的句法属性及其加工机制

一、行为实验结果讨论

行为实验结果表明,三类句子的反应时都没有显著差异(参见表 7-3-1),因此,被试在理解这些句子的时候,至少在三类句子的意义之间没有表现出差异性的区别。从反应时上看,C 类结构,即"做完了作业"类反应时间最快;B 类结构,即"作业做完了"类其次;A 类结构，即“做完作业了”最慢。结合黄正德(2006)的观点，他认为下面的句子都是作格动词句，只是类别不同：

(21) 来了许多客人		BECOME + 动词 + 受事
(22) 许多客人来了	门关上了	受事 + BECOME + 动词
(23) 张三关上了门		致事 + CAUSE + (BECOME + 动词 + 受事)

对照实验语料，可以发现例(21)、例(22)可以分别对应本研究的C类和B类，例(23)没有与之对应的类别，但是从上面的分析已经发现，其实本研究中的C类加上一定的论元或者致事成分就可以变成黄正德(2006)提到的第三类。其实他所列举的第一类加上一定的致事也可以变成第三类，如加上“他结婚”“宴会”变成“他结婚来了许多客人”“宴会来了许多客人”等。因此我们考察的C类动补结构是比较特殊的类，加上汉语中主语或者论元省略的现象在日常语言中很常见，被试在理解的时候是不是自动加上了一个致事论元不得而知。总之，C类在理论上和行为学上都表现出了一定的特殊性，这也是进行fMRI实验的原因之一。fMRI实验就是主要针对C类表现出的特殊性，通过讨论汉语动补复合加上“了”的句法语义属性，从而区分大脑在加工“了”作为复显轻动词、词尾或句尾时大脑加工的异同。

二、功能性磁共振成像实验结果讨论

依据生成语法学者的理论分析，本研究中的C类“做完了作业”可分析为下面的结构：

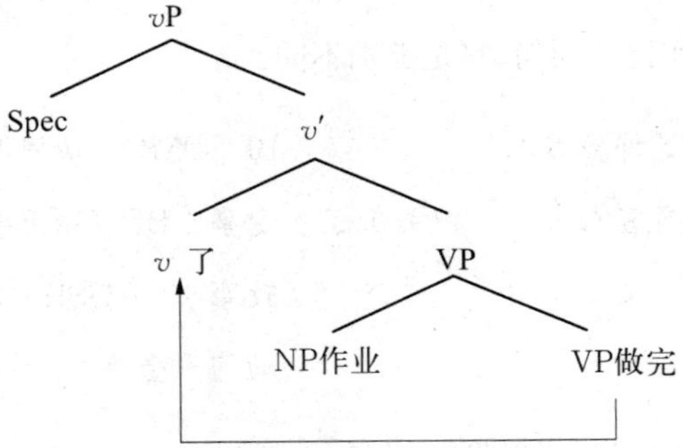

图 7－4－1

对于这类句子生成语法学者的假设是：在“作业做完”的上层存在一个轻动词投射结构，从而“做完”可以向上进行移位占据轻动词的位置，构成“做完了作业”这一结构。这里存在一个句法移位的过程，因此，大脑在加工这类句子的时候应该在句法加工区域表现出一定的特殊性。而根据 Luke 等（2002）、Ben-Shachar 等（2004）、Wang 等（2008）、Grodzinsky 等（2008）等人的研究，句法加工一般与大脑左半球额叶的中、下回关系密切。而功能性磁共振成像结果显示，C 类句子中的句法加工过程与其他句子相比较，有左半球额叶中、下回的激活（参见表 7－3－2）。这也证明 C 类句子中存在的轻动词移位有神经基础，表明了轻动词假设的合理性。

进一步的分析表明，A 类句子“作业做完了”符合汉语一般的结构类型顺序，不需要像“做完了作业”一样进行移位合并等句法操作来完成句子的生成，因此 C 类与 A 类句子的差异实际上就是轻动词吸引核心动词移至轻动词位置与之合并的过程。这个过程我们可以通过功能性磁共振成像的结果发现与大脑左半球的额叶下回、额叶内侧以及前扣带回关系密切。而左侧脑半球额叶下回的激活与句法神经机制的研究结果是一致的，这表明，轻动词的句法加工可以得到证明，复显轻动词“了”作为轻动词的句法属性在大脑中有相应的神经机制，体现在大脑的左半球的额叶下回等区域。同时，我们在对比中还发现了扣带回等脑区的激活，这一脑区在汉语研究中被认为与汉语中词的语义加工有较大相关性〔Li 等(2004)〕，所以这一结果还显示了 C 类中的复显轻动词“了”句法属性的另一面，也就是“了”构成复合词的一面。这些分散的脑区也同时证明 Packard(2000)的假设：由“了”等构成的复合词比较特殊，从而以分解的形式存贮在大脑中，这些脑区之间的分散性可能也是这种特殊复合词分散存储于大脑中的神经表现。

B 类句子中的“了”加在动词后，一般也被认为是词尾，如果成句的话，则是句尾，一般认为是一种表示时体特征的标记，对于是词尾还是句尾没有一个肯定的结论。而在上文的分析中我们已经指出，C 类中的“了”是复显轻动词，因此，无论 B 类句子中“了”的句法属性如何，C 类与 B 类句子中的“了”都存在句法功能上的差异，如果 B 类中的“了”是句尾，那么 C 类与 B 类加工对比得到的脑区激活差异，应该相似于 C 类对比 A 类的脑区激活差异；如果是词尾，激活差异应该和 C、A 之间的对比差异不同。实验结果显示，C 类和 B 类句子对比、C 类与 A 类句子对比都有左半球大脑额叶下回的激活差异，不过位置稍有区别。C 类对比 B 类句子的加工在大脑左半球额叶中回激活较多，而 C 类对比 A 类句子的加工在大脑左半球额叶中回的激活不明显。已有的汉语功能性磁共振成像实验结果表明，额叶中回也与汉语的句法加工关系密切〔Luke 等(2002)；Wang 等(2008)〕。因此复显轻动词“了”作为一个复合结构的中心成分的句法功能与普通的动词、普通的动补结构的句法功能的加工过程在神经机制上也有差异。

在3个句子的语义基本等值的情况下，只有A类句子是非轻动词句，而B、C类是轻动词句，尤其是C类更是典型的动词移位与轻动词合并的结构。因此C类与B类的比较虽然有差异，但是并不是十分显著，而C类与A类的比较在左脑额叶中回的差异就非常明显。不但在左脑额叶下回，在左脑额叶的中回以及左脑额叶内侧等语义加工区等对比也非常明显。

显然，通过上述分析可以发现，汉语中的复显轻动词“了”的加工过程比句尾“了”和句尾、词尾属性不明的“了”的加工过程要复杂，特别是其体现出的句法功能可能会更加的复杂，这表现在其作为复显轻动词引起的脑区激活不但包含了左侧脑半球的额叶下回和中回，还包括了前扣带回等。可以推论，汉语轻动词的句法加工过程和其他类型的句法加工过程有所区别，同样语音形式的句法特征，例如作为复显轻动词的“了”和作为词尾或句尾的“了”，在实际的句法加工过程中大脑使用的神经机制有可能不同，轻动词“了”导致的移位句法过程比“了”作为词尾和“了”作为体标记的句尾导致的句法加工可能更加需要大脑左半球额叶以及扣带回等脑区的共同参与。

汉语动补结构后缀“了”的句法属性具有特殊性，这种“了”既不能和传统的“了$_1$、了$_2$”对等，也不能简单处理为轻动词，通过研究我们可以发现这种类型的“了”实际上是一种可以构成复合词的显性轻动词。利用大脑成像的手段对这一发现的证明表明，大脑对汉语中动补结构后附“了”加工过程具有特殊性。作为体标记或者词尾的“了”和作为复显轻动词的“了”有两种不同的句法语义加工过程，它们在大脑中的加工需要不同的脑区参与，而这个加工过程在句法语义加工区即左半球额叶下回、中回有区别。因此，汉语不同的句法过程可能有不同的神经机制，体标记、句尾和词尾造成的句法加工过程与轻动词造成的句法加工过程存在不同的脑区。Li(1990)、Gu 等(1999)讨论的是复合词中两个动词之间的关系，但是我们这里使用复合词结构不是要讨论复合词内部的问题，而是要借助于汉语动补复合词本身具有的使役性来讨论复合词加上“了”的句法语义属性，也就是说探讨“了”作为动词体标记和使役结构附加语素之间的差异。

在“做完作业了”和“作业做完了”这两个句子中，前者中的“了”作为句尾语气词存在，在具体的句子中一般是表示语用，在句子生成中可以省略不计，而后者中的“了”是附加在动词之上的，一般作为体标记存在，在句子生成过程中一般处理为屈折形式，可以和动词构成一个投射，因此这里的“了”具备了一定的句法功能。在“做完了作业”这个句子中，“了”仍然附加在动词之上，但是如果仅仅将这个附加在动词之上的“了”和动词构成一个投射的话，会产生许多不能解决的问题，其中最主要的就是：“做完”如何跨越“了”这个功能节点从而从“作业”的后面移到“了”的前面？因此，我们的假设是：“了”在这里是作为一个轻动词语素附加在动补复合词上，动补复合词在这种形式中，本来不具有使役义，比如“做完作业”实际上就是“把作业做完”，这里有“把”可以充当主要动词或者轻动词吸引“做完”的向上移位。

当然，本实验主要针对“了”的轻动词句法属性展开研究，对于其体标记等句法功能以及构成复合词能力的研究还需要更多的语料和实验来进一步验证。另外，从脑区激活的强度等要素来看，这一实验研究结果还存在进一步分析或者重新验证的可能性。

第八章　汉语被动句加工的功能性磁共振成像研究

世界上的语言包括屈折型、黏着型、孤立性和综合性等四种主要类型，在这四种类型中，主谓宾关系以及动词形态标记等是语言类型的显著区别之一。在语序方面，汉语作为孤立语的代表，其语序一般为 SVO，而黏着语的代表语言日语的语序一般为 SOV 型。这种说法是就一般的语序而言的，就不同句子类型来说可能情况各异，如主动句和被动句。大多数语言中的被动句看起来如同宾语和主语互换了一个位置，例如汉语中的"一只狗正在追一只猫"的被动表达方式是"一只猫正在被一只狗追"，这似乎表明 SVO 型语言也可以有 OVS 语序。在英语中，The dog chased a cat 和 The cat was chased by a dog 两个句子互为主动和被动表达，动词都是被动表达，只不过被动式加了 BE 动词。比较汉语，被动式加了一个被动标记"被"。这个"被"与英语的 BE 动词一样吗？主动句和被动句虽然是我们生活中常说的两个句子，但是每种类型的语言中主、被动句如何转换，其转换机制是什么？动词在转换中起了什么样的作用？汉语被动句中出现的被动标记以及英语等屈折语中动词的形态变化对于主动和被动句的转换起了什么样的作用？对这些问题前人也做了较多的研究，但是就主动句和被动句的转换关系而言，还存在许多悬而未决的问题。本研究主要就汉语两种比较典型的主动和被动表达：把字句和被字句之间的理论联系及正常人在加工这两种句式时大脑的激活模式进行研究，以进一步验证以轻动词理论分析主动句和被动句转换的合理性及其大脑加工两种类型句子的激活模式。

第一节　有关被动句的理论研究

主动式和被动式是 Chomsky(1957)讨论的一个重要内容。主要是基于两个问题：主、被动式的主语和宾语是不是一种调换关系，被动式是否是核心句。Chomsky 认为，主/被动句中的主语和宾语是一种调换关系，“被动式必须以主、宾语置换为其基础”，从减少句法复杂性的角度出发，只有主动式是核心句，并且借用布隆菲尔德的观点，认为主动式是一种基础形式。Chomsky 还基于以上两点认为，主、被动句的转换首先要具有“合语法性”，并不是所有句子都有被动形式，主、被动的转换并不是随意的，而是要严格按照词组结构和转换式来进行。乔姆斯基在 20 世纪中叶提出的这些观点，在今天仍然具有参考价值。

汉语的主动句和被动句的研究成果很多。我们主要从语义角度和句法角度选取一些具有代表性的研究进行归纳。

一、从语义角度进行的研究

王力(1985)、李临定(1990)等诸多学者认为,被字句主要表示贬义,但是其表示褒义的用法在不断增加。程琪龙(1993)提到,被字句的语义主要看“主位”含不含“受影响”的语义。“受影响”主要指“某实体在性状、方位、领属关系等方面有具体的改变,在表示感观、思考等心理活动的语义结构中,‘受影响’还可以理解成信息在人或动物大脑中获得、改变或遗失的心理过程,也可以表示人或动物情绪受影响的心理过程”。张伯江(2001)认为,被字句表示对对象的间接影响,影响力弱,而把字句是直接影响,影响力强,利用距离动因可以解释这一现象,也就是说被字句中主语与动词距离远,而把字句中主语与动词距离近;宋文辉(2004)认为,把字句和被字句对于主语的凸显度不同,被字句对于主语的凸显要强于把字句,能进入把字句的不一定能进入被字句。这与张伯江(2000)的观点不同。一般观点认为,谈“被”的致使义较多〔薛凤生(1994)〕,“把”的致使义较少〔张伯江(2000)〕,从这个角度出发,周红(2008)研究了两者表致使的不同,“把”是正向致使,“被”是反向致使。

二、从语法角度进行的研究

薛凤生(1994)在谈到把字句和被字句的关系时指出,把字句和被字句之间很容易互相变换,可以很自然地出现在同一个句子里,“被”一般优先于“把”出现。把字句和被字句并不是传统的处置和被动的含义,而是表示动词和名词之间不同的变换关系,即通过“把”和“被”,将“把”后和“被”前的名词变成动词所描述的那种状态。戴浩一

(1994：197)认为，把被字式都可以表示使动意义，是“处在同一个平面上从两个不同角度出发的使动式”。从生成的角度谈汉语被动句的是Li(1990)、黄月圆(1996)、冯胜利(1997)、徐杰(1999)、吴庚堂(1999，2000)、Huang(1997，1999)、熊仲儒(2003)、邓思颖(2004)、陆俭明(2004)、石定栩和胡建华(2005)、Simpson和Ho(2008)等。Li(1990)的观点主要是汉语被动句是由汉语主动句移位生成的，在被动句中存在一种NP移位，将主动句的宾语移位至被动句的主语，但是没有指出具体的移位的过程及原因等。黄月圆(1996)将汉语“动—宾—补”结构中的动词重复结构与“把/被”结构进行对比，指出汉语动词重复结构和“把/被”结构不能互相转换，说明两者深层结构不同，同时将动词重复结构及“把/被”结构的生成认为是名词词组获取格位的需求。徐杰(1999)研究了汉语中的一种保留宾语被动句，例如“张三被偷了一个钱包”等。他认为，汉语的这种保留宾语被动句和领主属宾句具有相同的深层结构，是同一深层结构不同的表层表现形式。

轻动词假设与汉语主、被动句的句法研究密切相关。冯胜利(1997)和Huang(1997，1999)认为，汉语的“被”是动词或轻动词，以便处理汉语被动句中的移位问题。吴庚堂(1999，2000)也将“被”处理为次动词(实际上就是轻动词)。冯胜利(1997)将汉语被字句中的移位认为是空算子移位，将“被”与后面的动词看成是一个复杂动词，这个复杂动词不能赋予名词短语宾格，因此名词短语必须迁移获得格位。Huang(1999)认为，汉语被动句可以分为长式被动句和短式被动句。其中短式被动句中的“被”可以处理为轻动词，而长式被动句中的“被”则相当于一个动词。邓思颖(2004)也采用了“被”的动词说，认为汉语的“把、被”句，特别是被动句，无论长短，都是动词作格化的结果，而被动句中的宾语移位是作格化的必然结果。这一研究还提出过“把”可以出现在长被动句中使役动词的位置与“被”共现。石定栩和胡建华(2005)否定了“被”的动词说，提出一种“被”复合处理的办法，认为“被”可以有两种，一种是介词；另一种是被动标记，介词“被”和被动标记合并或者删除。

上述研究可以归纳为：“被”与“把”在语义上的区分主要是“被”有表示不好或者贬义；“被”与“把”特别是“被”通常被处理为动词或者轻动词；“把”与“被”可以互换，被动句由主动句的主宾语转换而成。这些理论研究要点体现的相关认知机制就包括：我们人脑是不是存在主/被动转换的过程？主动句和被动句在语义上是否有区别？“被”以及“把”是否具有轻动词属性？

第二节　被动句加工的神经语言学研究

汉语和英语在书写系统和阅读系统上都存在明显的不同〔Siok et al.(2004)；Wu et al.(2012)〕。在语法系统中，汉语和英语等语言也有着显著的差异，在语法范畴(grammatical categories)加工的神经机制，例如名词和动词的加工〔Luke et al.(2002)；Li et al.(2004)；Yu et al.(2013)〕以及改变句子部分句法、语义结构〔Wang et al.(2008)〕学界进行了较多研究。但是，在更大的语法系统，例如句子语法的变换等还没有得到充分的研究。主动句式和被动句式之间的变换是语言学理论中一个非常重要的内容，前述理论回顾已经表明，语言学界较为认可的观点是“被动式必须以主、宾语置换为其基础”〔Chomsky

(1957)〕。主动式和被动式的主宾语置换在汉语和英语中几乎相同，但是动词的变化差异很大。在英语中，the dog chased a cat 的被动句是 the cat was chased by a dog；在汉语中，“一只狗在追一只猫”(a dog chase a cat)的被动式是“一只猫在被一只狗追”(a cat *bei* a dog chase)，两者在语法表达上存在非常不一致的地方，主要是英语被动句动词改变为被动式，而汉语动词形态保持不变。这些差异是否表明，缺乏形态变化的语言，如汉语和有形态变化的语言在语法系统的加工上也有着不一致的神经机制呢？尽管对失语患者的研究〔Saffran et al.(1980)；Kolk 和 vanGrunsven(1985)；Martin 和 Blossom-Stach (1986)；Friederici 和 Graetz(1987)；Goodglass、Christiansen 和 Gallagher(1993)；Berndt et al.(1997a，1997b)；Caplan 和 Hanna (1998)；Menn et al.(1998)〕，以及其他各种手段对正常被试的相关研究已有大量的研究成果〔Ye et al.(2006)；Yokoyama et al.(2006，2007)；Rogalsky et al.(2008)；Newman et al.(2009)；Weber et al.(2009)；Hirotani et al.(2011)；Mack et al.(2013)〕，但是对于不同语法系统之间主/被动句加工的差异研究还很缺乏。

针对失语症病人的研究，主要的争论是被动句的理解是否比主动句理解困难。Friederici 和 Graetz(1987)对失语症病人的主/被动句加工进行了研究，这项研究利用荷兰语中语义可逆的被动句，施事者在先和受事者在先的句子(词序不同)各半，通过句子——图片匹配实验任务，观察布洛卡失语症患者和韦尼克失语患者在加工不同的句法复杂性任务时的表现，结果表明布洛卡失语患者的整体表现要好于韦尼克失语患者。其中韦尼克失语患者内部表现出了不同词序任务之间的差异，主要表现为与施事者居前的句子相比，受事居前的句子表现出更多的句法错误，而布洛卡失语患者没有表现出不同词序任务之间的差异等。这表明，韦尼克失语患者在加工两种任务的时候将第一个名词都当成受事者来处理，而布洛卡失语患者对于被动句的加工有一个重新分析的过程。他们将出现这种差异的原因归结为荷兰语的词序没有英语严格等。而 Berndt(1997a，1997b)、Heeschen(1993)、Menn et al.(1998)以及 Martin 和 Blossom-Stach(1986)的研究表明，无论布洛卡失语还是韦尼克失语，都对被动句加工更加困难，并将这种困难的原因定位于被动句中动词语法形态等提取困难。

随后的研究集中在对失语法患者被动句加工困难方面〔Lu et al.(2000)；Grodzinsky(2000)；Faroqi-Shahet al.(2003)；Cho et al.(2010)；Meyer et al.(2012)〕，主要探讨了失语症患者被动句产生或理解困难的原因。Grodzinsky 等人提出了布洛卡区对于语迹加工作用明显的观点〔Grodzinsky 和 Finkel(1998)〕。Grodzinsky(2000)认为，被动句是由主动句经过移位产生的，而移动的成分留下了一个语迹。例如，The boy was praised by the girl，在管约论时期，生成语法学者认为，the boy 原来的位置应该在 praised 的后面，但是在被动表达中这个成分被移到了主语的位置上。然后当 the boy 这样的成分被移位后，就在它原来的位置上留下了一个语迹，而且这个语迹被分配了一个题元角色，这个题元角色被传输给了新位置上的 the boy。依照 Grodzinsky 的假设，当布洛卡区受损伤时，被动句就会变得加工困难或不能加工。Yasmeen 等(2003)对布洛卡失语患者和韦尼克失语患者通过词汇线索或者句法线索来生成主动句和被动句的情况进行了研究。实验要求被试看图生成主动句和被动句，结果发现，即使给两类失语症患者提供词汇线索，他们生成被动句依然有困难，但是如果提供句法线索例如依附于动词的助动词或者时态线索的话，两组失语症患者产生被动句的能力会大幅提升，布洛卡失语患者被动句产生困难的原因主要与相关句法形态提取困难有关，而韦尼克失语患者主要与被动句句子结构的自动获取有关。上述对失语症患者的研究表明，主动句和被动句在失语患者身上都表现出加工困难，似乎被动句加工比主动句更加困难。

但是，有研究也指出，并非所有情况下，被动句加工都比主动句加工困难，在图句听觉匹配实验中，发现布洛卡失语患者的主动句、被动句加工明显比对照组更加困难，但是在加工语义可翻转主动句(semantically reversible active sentences)时在句尾名词处发现 ERP 主效应显著，而在语义可翻转的被动句(semantically reversible passive sentences)中没有发现显著主效应〔Wassenaar et al.(2007)〕。

通过失语症病人的研究结果可以发现，主动句和被动句加工涉及了布洛卡、韦尼克区，同时主动句和被动句加工的难度等差异也有争论。借助于 fMRI 技术，对失语症主/被动句加工困难与否的研究转向了主动句和被动句在实际加工中涉及了哪些脑区的问题，但是从现有的研究看，我们没有发现有关于颞叶特别是和韦尼克患者有关的左脑颞叶上回后部的激活〔Yokoyama et al.(2006，2007)；Hirotani et al.(2011)；Mack et al.(2013)〕。

在日语方面，Yokoyama et al.(2006)在研究晚期二语(英语)复杂语法结构加工是否和母语(日语)加工使用相同的脑结构时使用了主动句和被动句比较任务。实验使用了语言判断的任务。结果发现，使用二语和母语在加工被动句时激活了不同的脑区，使用母语时，被动句激活了左脑三角区、前运动区以及顶叶上回，但是使用二语时没有观察到此类激活。不同语言和句子结构之间的比较发现在左脑眶部激活交互效应。基于这一研究结果，Yokoyama et al.(2007)针对布洛卡区是否参与了被动句加工的研究中使用了 fMRI 技术，主要目的是观察布洛卡区在加工被动句时是否比主动句激活更强烈。实验选取20名日语为母语的正常人为被试，让被试对视觉呈现的主/被动句进行理解，并识别施事受事。实验结果并没有发现布洛卡区在加工被动句时的明显激活，反而发现了左脑额叶岛盖和顶叶下部在加工被动句时的明显激活，这一结论似乎表明布洛卡区并不是加工被动句的特异脑区。英语方面，Mack et al.(2013)从 WH 移位和 NP 移位的角度对被动句加工进行了研究，认为 WH 移位主要涉及 IFG 和 left posterior temporal cortex，但是被动句的句法加工主要是 NP 移位和句法重新分析的过程。利用 fMRI 发现，被动句与主动句比较主要激发了 IFG 和左脑 temporo-occipital 区域。结论认为，temporo-occipital 区域的激活与题元重新分析相关，而 IFG 激活与 NP 移位等句法复杂性相关。汉语方面，Ye 等(2009)利用 fMRI 比较了汉语被动句、主动句和颜色词 stroop 实验的区别。其中有一项结果是关于汉语主动句和被动句比较的，结果显示在 BA6、BA45、BA47 以及 BA18 区激活显著。以上几个关于主动句和被动句的实验结果基本上一致显示出 IFG 更多地参与了被动句的加工，无论是汉语、英语还是日语。与句法加工相关的颞叶脑区没有出现在被动句加工中，这与失语症研究不一致。

只有 Hirotani et al.(2011)的主动句、致使句以及被动句中的句法重新分析和主题重新分析过程的神经机制的 fMRI 研究中发现了颞叶的激活。实验的被试是日语受试，每个条件有 34 个句子和 68 个填充句，通过听觉方式呈现给被试。结果发现，日语被动句以及致使句减去主动句的主要激活脑区都位于 LPT（左脑三角区）和 LpSTG（左脑颞上回后部）。这表明，IFG 和 LpSTG 参与了主题的重新分析过程，而句法的重新分析过程主要依赖于 IFG（BA45），这实际上表明被动句句法加工仍然依赖 IFG。

与失语症患者研究相冲突的是，几乎所有的 fMRI 研究结果都未能揭示韦尼克失语常见的损伤区域——颞叶参与了被动句的句法加工，因此，探讨颞叶是否参与了被动句的句法加工过程是本研究的目的之一。但是按照目前的研究，颞叶尤其是颞叶上回后部脑区参与了句法加工的过程，特别是 WH 移位以及动词移位的过程〔Bornkessel et al.（2005）；Friederici et al.（2003）；Ben-Shachar et al.（2004）；Humphries et al.（2006）；Rogalsky et al.（2008）；Kinno et al.（2009）〕而在主动句和被动句转换中，涉及句法重新分析等复杂的句法加工过程，颞叶应该在这些句法加工过程中产生一定的作用。对于汉语失语症病人的研究，对于大脑中主动句、被动句的加工做出了很好的预测。Lu 等（2000）对汉语布洛卡失语和韦尼克失语患者判断汉语被动句和主动句的结果进行了比较，表明虽然汉语失语症患者判断主/被动句子时显示出了加工困难，但是不同失语类型之间却没有明显的行为差异，这与其他语言失语症患者的研究结果基本一致，也为我们对汉语被动句加工的假设提供了依据。

汉语是否和其他语言具有不同的语法加工系统也是本实验探讨的内容之一。上述脑成像研究中，除了一项针对汉语主动句和被动句的研究外，其余研究都是针对日语和英语完成的。汉语在句法系统上明显与英语、日语不同，最重要的是英语的动词需要词形的变化，日语动词需要词缀的变化，而汉语在主动与被动变换过程中保持动词形态不变。但是诸多语言之间，在主动被动变换的时候，主语和宾语的位置改变是一致的，综合来看，汉语被动句和主动句的变换与英语和日语都表现出不同。

为了探讨颞叶在主动和被动句句法加工以及缺乏形态变化语言句法转换的加工机制，我们利用 fMRI 和图句匹配实验任务探讨了汉语主动句、被动句和一般陈述句之间的差异。汉语的一般陈述句就是主谓宾句，主动句我们利用了汉语中的把字句，被动句是显性被字句。主动句是作为对照句出现在实验任务中，选择把字句和被字句作为实验任务是因为这两种句子在汉语中是最为常见的主动句和被动句，这就可以最小程度消除把和被这两个副词对实验带来的影响。同时选择图句匹配实验是为了更好地了解被动句、主动句产出加工的过程而非单纯理解的过程，从而更好地考察移位等语法过程。因为主要探讨句法加工，我们试图在最大程度上降低语义因素的干扰。因此，在选择实验图片和实验句子时，都采用了有生命和无生命事物搭配的方式，句子的施事都为有生命的，受事都为无生命的。

第三节　主动句、被动句的功能性磁共振成像研究

一、实验语料及设计

用黑色线条的简笔画白描图，由专业人士绘制，并经过电脑统一修正，以确保图片在大小、分辨率、色调等方面的一致。从语言学角度

对实验语料进行了严格控制，特别是句子中名词的生命性，统一的施事为生命性名词而受事为非生命性名词。fMRI 实验采取图—句匹配任务，实验任务是判断所呈现的图片与呈现的句子所表达的意思是否匹配。在实验前，先对所有的图片和对应的判断任务的句子进行了可接受度调查，调查采用 5 度标记法进行筛选，最后挑选出了平均接受度在 3.5 以上的 24 幅图片及对应的句子，具体的数据为，陈述句对应图片平均熟悉度为：4.30 ± 0.08SD；把字句为：4.29 ± 0.08SD；被动句为：4.27 ± 0.07SD。经过比较，三者之间对于汉语被试来说无熟悉度差异：把字句 vs. 被字句，$F(1,23) = 0.779$，$p > .05$；把字句 vs. 陈述句，$F(1,23) = 0.663$，$p > .05$；被字句 vs. 陈述句，$F(1,23) = 1.302$，$p > .05$。

采用组块设计，实验有 3 个不同的条件和 1 个控制条件，3 个条件共 120 幅图句匹配任务。实验中的控制任务为简单的白描图和对应单词匹配的判断任务。3 个实验条件和 1 个控制条件共包含 16 个 block，分成两个序列进行。每一个 block 包含 6 组刺激语料，其中随机呈现 3 个正确句与 3 个错误句。参见图 8－3－1，每一个 block 时长 30 秒，每个序列开始阶段呈现 6 秒钟“十”，实验结束后扫描被试静息状态 1 分钟。功能成像扫描任务结束后进行三维结构像扫描。

图 8－3－1
实验图片举例

表 8－3－1　实验例句

类　　型	例　　　句
主动句	小狗把骨头叼走了
被字句	骨头被小狗叼走了
陈述句	小狗叼走了骨头

二、被试

选取了18位母语为汉语的在校大学生或研究生被试，男女比例1∶1，被试年龄在18～24周岁，所有被试都是右利手，视力正常或矫正后正常，无脑外伤和神经系统病史或家庭遗传病史等。所有被试者自愿参加本实验，实验前签署江苏师范大学语言科学与神经认知工程重点实验室磁共振知情同意书和实验协议，并填写相关基本信息，实验中被试如感到不适等可随时终止实验。实验结束后填写相关调查问卷。

三、实验数据扫描

fMRI实验在徐州九七医院进行，实验设备为西门子1.5 T磁共振机（Siemens Symphony 1.5 T）。实验程序采用E－prime 2.0编成。实验过程中用投影仪将内容投射到被试间内的屏幕上，再由被试头部上方的反射镜进行投射，被试平躺于机器内，并调整到最舒适的观察位置。实验的具体扫描过程是：先扫描与功能像一致的大脑水平横切面的T1结构像，再扫描EPI功能像，最后扫描三维的T1结构像。水平结构像采用快速自旋回波（Fast Spin Echo）序列进行扫描，获取32层的水平位图像，具体扫描参数是TE＝24 ms、TR＝1 900 ms、层厚＝4 mm、间隔＝0 mm、FOV＝220 mm、Matrix＝320×192；功能像采用基于BOLD的EPI成像序列进行扫描，获取32层的水平位功能图像，具体扫描参数是TE＝34 ms、TR＝000 ms、层厚＝4 mm、间隔＝0 mm、FOV＝220 mm、Matrix＝64×64；三维结构像采用扰相梯度回波（Spoiled Grass）成像序列进行扫描，获取120层的矢状位图像，具体的扫描参数是TE = 14 ms、TR = 1 670 ms、层厚 = 1.3 mm、间隔 = 0 mm、FOV = 240 mm、Matrix = 256×256。每次实验开始前对让被试进行指导语培训和多次练习程序的实验练习，确保每一个被试都熟悉实验操作过程后才开始正式实验。

四、实验数据处理

数据处理使用了基于Matlab 2010（MathWorks，Natick，MA）平台的SPM8（statistical parametric mapping）软件（http：//www.fil.ion.ucl.ac.uk/spm/software/spm8/），前3幅图像去除，处理步骤包括：

(1) 格式转换：利用SPM8中的DICOM import命令将原始数据（功能像和3D像）转换为SPM8所需要的数据格式。

(2) 时间校准：校正一个volume中层与层之间获取的时间差异。

(3) 空间校准与平滑：把一个实验序列中的每一帧图像都和这个序列的第一帧图像按照一定的算法对齐，以矫正头动，做完这步后可以给出该序列中的被试头动情况，如果头动一个方向超过1个voxel则放弃该数据；空间平滑处理时，FWHM选择6。

(4) 建模：设置各个实验任务的相关参数，进行相关分析，得出单个被试脑激活结果。

(5) 批处理和组分析：在对每一个被试的实验结果进行建模后就可以进行批处理和组分析了，把所有被试的实验结果进行对比分析，从而得出激活区域的差异。

（6）选取合适的ROI区域，计算不同任务情况下脑激活信号的变化率。

第四节 功能性磁共振成像实验结果

一、主动句、被动句与陈述句比较结果

对实验结果进行处理，用条件1（主动句的激活）比较陈述句后，得到如图8-3-1（该图在 $P=0.01$，未经过FDR校正的情况下所取）和表8-3-1的结果。从中我们可以发现，在这种条件下，主要激活了颞中回（Middle Temporal Gyrus）、颞上回（Superior Temporal Gyrus）、额中回（Middle Frontal Gyrus）、额下回（Inferior Frontal Gyrus）等区域。被动句比较陈述句，在以下区域表现出了较为明显的激活，分别是梭状回（Fusiform Gyrus）、初级视觉皮层（BA17）、额下回（Inferior Frontal Gyrus）、颞中回（Middle Temporal Gyrus）和枕叶部位（Pulvinar）等相关区域。激活区域和相关数据细节请参见图8-4-1（该图在 $P<0.01$，FDR校正后，$P=0.05$，经过校正后所取）和表8-4-1。

二、主动句比较被动句的脑激活结果

在FDR校正 $P<0.05$ 的条件下，主动句与被动句比较没有发现激活脑区。

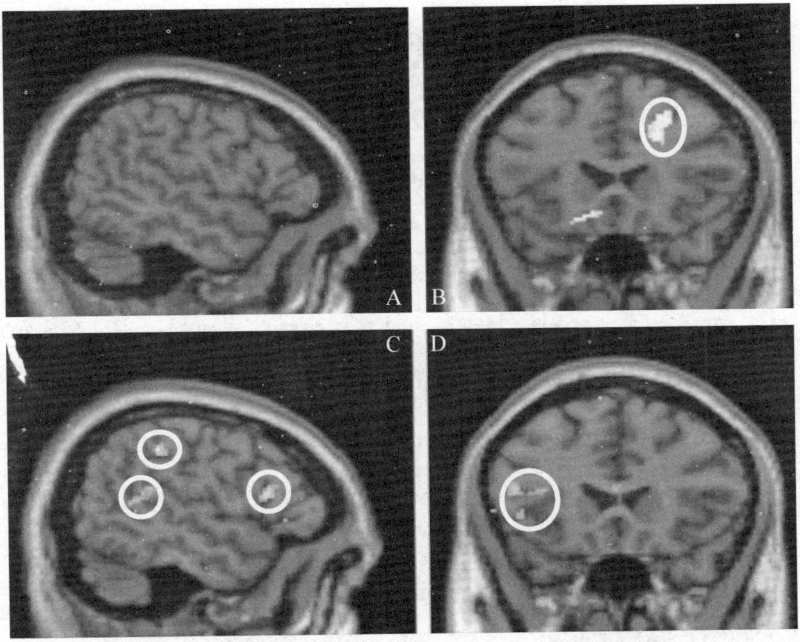

图 8-4-1　主动句比较陈述句(A、B)和被动句比较陈述句(C、D)脑区矢、冠状面激活图

表 8-4-1　主动句比较陈述句和被动句比较陈述句的激活脑区坐标

激活脑区	*x*	*y*	*z*	*T*	*Z*	*p*(cluster)	voxels
主动句＞陈述句							
左脑额上、中回(BA 9、10)	-12	54	22	3.81	3.20	0.001	16
右脑颞中回(BA 9)	16	54	32	3.88	3.24	0.001	21
被动句＞陈述句							
左脑额叶(BA 24、6)	-20	-8	44	5.18	3.96	0.000	16
左脑颞中回(BA 22、42)	-64	-32	4	4.96	3.85	0.000	104
左脑额下回(BA 44、45)	-50	18	12	4.22	3.44	0.001	61
左胼胝体	-20	-46	6	4.94	3.84	0.000	54
右中央前回(BA 4)	40	-20	40	6.46	4.53	0.000	41
右顶叶(BA 7)	20	-66	46	6.00	4.34	0.000	133
右下顶叶	34	-46	28	5.40	4.07	0.000	75

三、被动句比较主动句的脑激活结果

被动句比较主动句的结果发现，被试在额下回（BA47）、扣带回（BA30）、颞上回（Superior Temporal Gyrus）、颞中回（BA21）、舌回（Lingual Gyrus）、前运动皮层（BA6）都有明显的激活，如图 8－4－2（$P<0.01$，经 FDR 校正）和表 8－4－2。通过对实验结果的初步分析对比，可以发现被试在加工被动句时激活的脑区要比加工主动句时更为广泛，而且更为强烈，主要集中在额下回（BA47）、扣带回（BA30）、颞上回（Superior Temporal Gyrus）、颞中回（BA21）、舌回（Lingual Gyrus）、前运动皮层（BA6）等区域，而主动句似乎并没有比被动句有更多的明显激活。

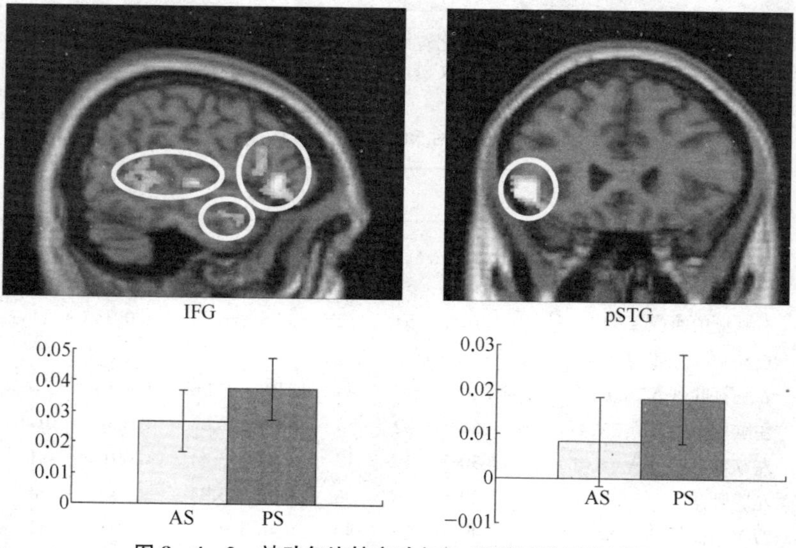

图 8－4－2　被动句比较主动句矢、冠状面脑区激活图（FDR 校正 $p<0.01$）和两者激活信号变化率

表 8-4-2　被动句比较主动句激活脑区坐标

激活脑区	x	y	z	T	p(FDR校正后)	voxels
左脑额下回(BA 47、45、44)	-48	26	0	8.95	0.006	184
左脑颞上、中回(BA 21、22、42)	-56	-44	12	7.34	0.009	178
左中央前回(BA 6)	-44	-2	46	6.01	0.013	57
左脑颞中回(BA 21)	-62	0	-14	6.29	0.012	45
左端脑(BA 18、19)	-18	-48	2	6.76	0.011	43
左脑岛(BA 13)	-34	-22	24	5.15	0.018	24
右脑岛	32	0	20	5.35	0.017	15
right culmen	24	-28	-26	5.17	0.018	10

第五节　实验结果分析与讨论

利用图—句匹配实验对主动句、被动句和一般陈述句进行了fMRI实验，实验结果显示，主动句比较陈述句与被动句比较陈述句得到的激活脑区网络相似，都有额叶、颞叶等脑区的激活。主动句比较被动句没有发现差异脑区，但是被动句比较主动句显示出左脑额叶下回、左脑颞叶上回后部、左脑颞叶中回的强烈激活。IFG的激活结果与前人对主动句、被动句研究的结果一致〔Hirotani et al.(2011)；Mack et al.(2013)；Yokoyama et al.(2006，2007)〕。虽然左脑颞叶上回后部等脑区的激活与其他主动句、被动句研究结果不一致，但是与部分句法加工研究的结果一致〔Ben-Shachar et al.(2004)；Bornkessel et al.(2005)；Friederici 和 Kotz(2003)；Humphries et al.(2006)；Kinno et al.(2008)；Rogalsky 和 Hickok(2009)〕。这表明，汉语被动句的加工可能与其他语言被动句的加工机制并不一致，这与对汉语失语症的研究结果是一致的。但是，由于本研究中主动被动转换是属于句法范畴的加工，同时激活了额叶和颞叶大脑网络，这表明汉语的句法加工模式与其他语言的句法加工模式，即汉语语法系统与其他语言语法系统存在一致性。

一、额叶

从上述的实验结果我们可以看到主动句与被动句激活的区域很相似，都在额下回、颞中回、颞上回后部都有较为明显的激活，而且从激活的情况来看，被动句要比主动句激活的脑区更广泛，激活程度也要更高。

Chomsky(1957)认为，主动句和被动句要以主宾语置换为基础。这种置换可以看成是一种移位。因此，移位与主动句和被动句的关系就非常密切。关于句法移位，学界已进行了大量的研究。研究成果大多集中于 IFG 等脑区主导了句法的移位过程。对于句子加工，前人的多数实验都发现了额下回的明显激活〔Friederici(2000)；St. heim(2003)；Sonja(2003)；Dirk-Bart(2011)；Grodzingsky(2006)；Sharlene D.Newman(2002)〕。被动句加工在以往的实验研究中争论的焦点一直都是布洛卡区是否参与其中〔Caramazza 和 Zurif(1981)；Dapretto(1999)；Hashimoto(2002)；Grodzinsky(2000)；Caramazza(2005)〕。

Grodzinsky(1999)认为，被动句相较于主动句有一个句法移位的过程，然后产生了一个语迹，这样人们在加工这个带有语迹的被动句时就会显得更为困难，从而解释了为什么被试在加工被动句时比加工主动句多激活了布洛卡区。额叶激活也被众多的 fMRI 实验证实，例如在前言中介绍的关于日语和英语的被动句和主动句加工的研究，都指出左脑额叶下回与被动句加工关系密切〔Yokoyama et al.(2006, 2007)；Hirotani et al.(2011)；Jennifer et al.(2013)〕。这与之前对失语症的研究结果有一致之处，但是也存在冲突。比如失语症研究认为，被动句与布洛卡区加工密切相关〔Grodzinsky（2000）；Cho et al.（2010）；Meyer et al.（2012）〕，但是有些研究也指出，被动句加工甚至主动句加工与布洛卡和韦尼克区都密切相关〔Faroqi-Shahet al.（2003）；Lu et al.（2000）〕。有 ERP 研究甚至指出，布洛卡失语加工主动句时 ERP 主效应更显著〔Wassenaar et al.（2007）〕。本研究的发现与上述大多数研究在 IFG 脑区的激活情况显示出了一致性，即 IFG 参与了被动句的加工，而且与主动句比较，IFG 在被动句与主动句的转换过程中起到了更重要的作用。但是我们并不认为，被动句加工仅需要 IFG 的参与，颞叶也可能参与了被动主动转换的句法和语义加工过程。

二、颞叶参与被动句加工

句子加工中颞叶区的激活已经被大量的实验所证实〔Sonja（2003）；Vandenberghe（1996）；Kuperberg G. R.（2000）；Dirk-Bart den Ouden（2011）；R. Todd（2004）；Bornkessel et al.（2005）；Friederici et al.（2003）；Ben-Shachar et al.（2004）；Humphries et al.（2006）；Grewe（2007）；Rogalsky et al.（2008）；Kinno et al.（2009）；Tim Raettig（2009）〕，但是颞叶在句子句法加工中的作用一致还存在争议。本研究发现被动句相比主动句，颞叶激活明显，特别是与失语症研究中定义的韦尼克区接近的颞叶上回后部激活显著。这个脑区在句子加工中激活的原因较多，与本研究相关的有主谓语的名词的生命性因素以及相关的题元层级等因素。

生命性是语义加工的一种形式，生命性在句子理解的过程中都起着相当重要的作用，句子中名词的生命性变化会关系到句法的变化，比如在一些印欧语中，生命性的变化会引起句子中格标记的变化，同样也会引起句子表达方式上的变化〔Aissen(2003)；Comrie(1989)〕。在许多语言如英语、德语、西班牙语等语言中，很多实验结果都表示当动作的发起者是个生命性高的名词时，被试会更倾向与选择主动句来进行表达，而不是被动句〔Ferreira(1994)；Van nice 和 Dietrich(2003)〕。而我们的实验例句的动作发起者恰好都是有生命名词。

另外，句首名词的生命性特征会让被试对接下来的句子成分产生一定的预期，也会对句子的结构进行初级加工，并习惯采用主动句来进行表达〔Markus Philipp(2007)；Tanja Grewe(2007)〕。Bornkessel et al.(2005)的研究从题元层级角度解释了宾语前置句(Object-initial)比主语前置句加工会激发颞叶后部(left posterior STS)，这种句子与被动句有点类似。Kinno et al.(2009)的题元角色重新分析(reanalysis of the thematic roles)研究也激活了左脑颞叶后部(pSTG)。

本实验采用的被动句和主动句，施事都为高生命性的人称或者动物，受事是低生命度的物体，因此就生命性层级来看，我们的实验与之前的实验结果较为一致，即当被动句施事为高生命性名词、受事为低生命度名词时，左半球颞叶产生激活。从题元角度来看，被试在看到图片以后马上就能对即将出现的句子所表达的语义有一个初步的了解，即施事和受事的生命性十分明显，被试很容易采用最熟悉的主动句式来加工，而当出现的句子是被动结构时，与被试的期待有所不同，从而迫使被试重新对题元成分进行加工，所以在加工被动句时激活的区域比主动句更广泛更为强烈，特别是颞叶脑区，这与 Bornkessel et al.(2005)的研究一致。

三、主动句、被动句语法加工系统与汉语轻动词

上述分析表明，主动句和被动句加工存在巨大的差异，这不仅仅在句法移位上，在施事和受事的生命性以及题元层级方面也存在很大不同。这些不同都与句法复杂性有密切的关系，我们采取了句法生成的任务而不是理解任务，因此得出的结果与前人研究不同之处在于这两个区域是同时激活的，并不存在加工时的分离，也就是说在汉语句法加工过程中，额—颞工作网络协同完成了这一加工，额下回与颞上回同样对句法加工起着举足轻重的作用。

这一研究结果与句法加工尤其是句法复杂性神经网络的研究结果一致。对句法复杂程度的研究焦点基本都集中在以下几个区域：额叶三角区（BA44）、额叶岛盖（BA45）、额下回（IFG）、颞上回后部（pSTG）、颞中回前部（aMTG）等。最近，Dirk-Bart（2011）对句法加工复杂性的神经机制进行了一次较为系统的研究，实验采用 DPC 分析（Directed Partial Correlation，直接局部对比分析）和 DCM 技术（Dynamic Causal Modeling，动力学因素模型），比较了宾语前置句和普通的主语在前的句子间加工的差异，发现了左脑单侧的一个神经网络的激活，这个神经工作网络包括额下回（IFG）、颞下沟后部（pSTS）和颞中回前部（aMTG），由于从句子的结构来看，宾语前置句和一般句在句法结构上存在着一定的差异，这一差异导致了被试在加工宾语前置句时遇到了一些困难，因此激活了以上的这些区域，所以 Dirk-Bart 认为这一神经网络与句子加工过程中句法复杂程度有着密切的关系。

语法加工系统与语义加工系统具有重叠性。一般研究者们都把

句法和语义放在一起进行研究，通过对比实验结果的差异，从而分析形成脑区激活差异的原因。现阶段国外对于句法和语义加工的神经机制的研究基本得出了一致的观点，在句法加工时，激活的脑区主要包括左脑额下回〔St. heim(2003)；Sonja(2003)；Grodzingsky(2006)；Friederici(2006)；Sharlene D. Newman(2002)；Dirk-Bart(2011)〕、颞上回〔Bornkessel et al.(2005)；Friederici et al.(2003)；Ben-Shachar et al(2004)；Humphries et al(2006)；Rogalsky et al(2008)；Kinno et al.(2009)；R. Todd(2004)；Tim Raettig(2009)〕等。而在语义加工中，左脑颞中回〔Kuperberg(2000)；Vandenberghe(1996)〕、额叶岛盖、下额叶皮层〔Friederici(2000)；Price(1997)〕，当语义违反的状况比较复杂时也会激活运动皮质区和左脑角回〔R. Todd(2004)〕。由此可见，前人的研究基本能确定的是额—颞工作网络与句法和语义的加工有着密切的关系，但是句法和语义的加工是否存在特异的脑区，或者说是否存在特定的脑区来负责句法加工，而另外的脑区来负责语义加工呢，还是说额—颞神经网络共同负责句法和语义的加工的，还需研究。

另外，前人的研究中也提到了额下回与颞上回对于语义加工的作用，本研究认为，其研究结果可能是受实验任务的影响，比如 Wang et al.(2008)的研究，在设计实验任务时仅是改变句子中的语义的作用，而非句法变化，因此得出的结论只能表明语义的加工而非句法的加工。而在本研究中我们较好地控制了语义因素。本研究选取了主/被动句这一组特殊的句式，大多数情况下两种句式所表达的意思是相同的。借助于主/被动句间这种语义等值，句法存在明显差异的特点，因此在对比主动和被动句的激活脑区时，可以有效地排除语义产生的影响，而得到两种句式句法上的差异引起的激活。研究结果显示，对比主动句和被动句加工时发现被动句要比主动句在额下回(BA44)和颞上回后部(BA22)产生更为强烈的激活，这说明这两个区域在句子理解的过程中会更多地参与到句法加工中去。这与前人的研究稍有不同，我们认为，颞上回在加工主/被动句时同样也参与了句法变换的加工。同时，额颞网络的激活表明句法加工是一个复杂的过程，需要一个完整的神经网络来支持，额下回和颞上回可能只是这个网络中的一部分。

因此，本研究的实验结果表明颞上回也参与到了主/被动句的句法加工中来，这一结果不但支持了众多学者对于颞叶参与句法加工的理论〔Cyma Van Petten(2006)；Friederici(2003)；Sonja(2003)；Grodzingsky(2006)；Sonja(2003)〕。还可以表明汉语的主/被动句加工时，特别是在加工被动句式时，主要有额下回和颞上回后部参与，这一结论与之前研究者对于汉语失语症的研究〔Lu et al.(2000)〕以及句法研究的结果是一致的〔Caramazza 和 Zurif(1981)；Dapretto(1999)；Hashimoto(2002)〕，但与日语〔Yokoyama et al.(2006，2007)；Hirotani et al.(2011)〕、英语〔Jennifer et al.(2013)〕针对主/被动句的研究结果不一致，表明汉语这种缺乏形态变化的语言的被动句和主动句可能采取与其他有较丰富形态变化语言不同的加工策略来进行主动与被动转化加工，这也表明汉语和英语可能具有不同的句法加工策略系统。

英语和日语被动句的研究结果多数支持被动句加工要难于主动句加工，这与我们的实验结果一致。但是从具体激活的脑区来看，汉语被动句加工更多地需要额叶下回和颞叶上回的加工，这表明，汉语的语法系统在与英语、日语的语法系统进行加工时可能使用了不同的神经网络。从本书的实验结果来看，额下回的强烈激活无疑证明了布洛卡区在被动句加工中的重要作用，与此同时被动句加工时还明显激活了颞叶区域。因此，我们认为，在加工汉语主/被动句时，额—颞工作网络同时参与加工。与印欧语研究结果不同的原因，很大程度上是由于两种语言类型本质上的区别，印欧语包括日语主要借助于形态变化或者功能词缀来表达语法变化，汉语则更多地借助于语序的变化。本书的结果似乎表明，借助于不同的语法手段进行语法加工具有难度上的差异，汉语语法系统的加工比印欧语加工可能需要更多的脑区参与。在句法层面上，汉语与印欧语有着明显的区别，印欧语的句法变化依赖词形变化，而汉语更多的是依靠词序的变化、句法的移位等，这其中轻动词带来的移位作用就是一个相当值得关注的问题。吴庚堂（1999）和熊仲儒（2003）把“被”字定义为轻动词，而其他的学者则认为是介词或者动词，我们认为，本实验主/被动句在句法移位问题上与显/隐性使动句存在些许的相似之处，被动句中同样存在着轻动词移位的过程，而我们实验的结果同样在控制语义的情况下，发现句法加工激活了额下回等这些区域，这与使动句研究中得到的轻动词激活脑区十分相似，这也就证明了在汉语的“被”字句中，“被”字确实可以处理为一个轻动词。生成语法认为，在轻动词作用下，被字句中存在着一种空算子移位。根据轻动词理论系统，显性轻动词，也就是有语音形式的轻动词一般不会促发移位，因此如果“被”是一个显性轻动词的话，那么应该不会促发动词的移位，所以生成语法的解决方法是，利用空算子移位来取代动词移位。这表明，在实际的句法加工中，与表示“致使”义的轻动词不同的是，表示被动的“被”等显性轻动词也能促发移位。

第九章　汉语句法与语义加工的功能性磁共振成像研究

第一节　引　　言

理论研究表明，轻动词在汉语的句法加工中起着非常重要的作用，在汉语词组移位、使动结构、动补结构后缀助词、反转型使役结构以及汉语主/被动句中，轻动词加工都具有一定的神经机制，前述实验显示了轻动词句法加工过程与一般的句法加工过程相比具有特殊性。那么进一步需要解决的问题是，在句法加工实验中，我们所能观察到的句法脑加工区域和轻动词加工激活的脑加工区域一致吗？如果不一致，那似乎还可以表明，汉语轻动词的加工过程并不一定显示的是汉语的句法加工过程，也有可能是语义等其他语言要素加工的过程。我们用汉语词类划分来进一步分离汉语句法和语义加工的过程，从而对比汉语的句法是否和汉语轻动词加工机制有一致性或者相似性。

一、句法加工与语义加工的关系

关于句法和语义之间的关系，一直是语言加工神经机制讨论的热点，早期的研究者在通过对病人研究的基础上，认为句法基于语义表征之上或者互相分离。失语者语言的句法加工受影响，而语义和题元指派不受影响，发展性失语者的句法和语义加工可以同时受到影响，帕金森痴呆者中词汇语义比句法结构更容易受到影响，AD病人的大脑损伤不会影响句子的句法加工，但是影响句子的语义加工。这些研究仅仅是一些病人身上表现出来的表面现象，一旦这些现象和语言学理论或者神经科学理论相结合，句法和语义的深层次关系也就显现出来了。句法和语义加工的关系也主要有三种观点：互相关联、互相分离、整合加工。

（一）句法与语义相互关联研究

Munte等（1990）认为，句法语义都会诱发N400，因此提出了句子加工的相互影响模型。Hahne等（2000）的研究也支持这个观点。Tylar等（1997）认为，进行性（progressive）失语病人的句法和语义的渐进损伤也非选择性的，而是同时受损。Kuperberg等（2000）认为，语用、语义和句法都激活了大脑左脑颞叶下回，语用加工还和左脑颞上回相关，语义加工还和左脑颞叶中上回相关，而句法没有发现大于语义的脑区。结果表明，左脑颞叶下回和三种语言学信息加工都相关，是这些信息加工的关键脑区。Luke等（2002）的研究表明在汉语中，句法加工的神经机制在阅读汉语中很难独立，因为汉语本身的句法和语义就很难独立。句法和语义的互相关联还表现在具体的大脑中神经网络的共有和互相缠结。Depretto等（1999）的研究表明，

BA44也就是布洛卡区与句法加工相关，而左脑额叶下回(BA47)与句子语义的选择性加工相关。Kang等(1999)认为，BA44与句法相关，而BA45、10、46在左脑与句法相关，而在右脑与语义相关。Vigliocco(2000)则认为，布洛卡区在句法和语义加工中虽然有分离，但是布洛卡区作为负责句法语义加工的脑区是不能改变的。句法和语义相互关联还可以从脑电指标上得到答案。Palolahti等(2005)探讨了在视觉呈现的句子中，句法解码和语义整合的相互作用。单是形态句法违反会出现LAN和P600；而单是语义违反会出现N400(左脑)和弱的N400(右脑)；句法和语义同时违反会出现P600、LAN、N400。这个结果表明，句法和语义之间的相互影响在句子加工的早期就产生了。LAN和N400的出现表明，早期的形态句法解码以及语义整合加工在左半球。

(二) 句法与语义的分离研究

Sherman(1989)通过失语症研究表明，失语症者在理解句子的时候，句法和语义信息是不可分割的，而非先前认为在失语法者身上，句法和语义是分离的。Hagoort等(2003)进一步研究了失语法者、非失语法者的失语症者和正常人语义加工。失语法者的句法相关的ERP成分与其他两组人不一样，这种不一样主要表现出一种和语义相关的ERP成分。表明他们理解句子的时候要通过语义进行组合，通过语义路线来减少句法损伤的影响。句法损伤者需要通过其他的路径来进行音到义的过程。

大量的研究都表明了句法和语义的电生理指标和参与加工的脑区可以互相分离。例如，Mecklinger等(1995)认为，在德语关系从句中，句法产生P350，而语义产生N400。Gunter等(1997)发现，语义违反和 N400 相关，句法违反会产生 N150、N350、P600，早期负波表明了自动的句法分析和语义分析同时完成，之后产生的 P600 是句法的重新分析。

Friederici 等人在句法语义分离的研究中做了大量的工作，也取得了比较一致的研究成果。他们首先于 1997 年提出了语言加工对应的三个脑电成分：ELAN 对应早期的句法加工、顶叶中部周围的 N400 对应词汇语义的整合加工、晚期顶叶中部周围负波 P600 对应第二阶段句法加工。随后，他们在 1999 年的研究中更加明确地指出，N400 与语义违反相关，早期前部负波反映了起始句法结构的构建，而 P600 反映了句法的重新分析和修正的过程。更为细致的研究表明，纯粹的语义违反才会产生 N400，而词组结构中的句法和语义违反产生了 P600，因此词组结构对于词汇语义整合有一个早期的影响。Friederici 等人的研究成果已经被大量的实验所证明，不但在德语中，在英语、意大利语等语言中也被证实存在这些指标；不但正常人，而且失语症患者也产生了这些脑电指标。例如 Meyer 等（2005）的研究，这个研究表明癫痫病人的语义违反产生 N400，而句法违反产生 N500—800，嗅皮层参与了语义加工，而海马结构参与了句法整合。Dobel 等（2001）的研究表明，正常人在句法任务中有一个左脑负波，语义任务更多的则是右脑负波。失语症者表现出语义比句法加工在优势半球反应强烈。Ruchsow 等（2003）的研究表明精神分裂症者不能整合语义和句法信息，但是可以单独委派句法结构的任务。句法任务引起了一个左脑前部的 ELAN，大约 80 毫秒之后，句法和语义信息整合导致了 P600 的发生。在语法错误句子中，将发生 ELAN 和 P600 的波幅放大，N400 出现在语义违反的句子中。句法失匹配在所有被试中都引发了 ELAN，而仅仅是控制组而非精神分裂症组中导致了 P600。而语义的 N400 在各组中无差异。这表明，精神分裂症者对于句法结构指派能力没有受损，而句法语义整合的过程受损。

（三）语义和句法的整合加工

首先是语义整合在先，句法在后。Muller 与 Hagoort（2006）研究了丹麦语单词的语法性属、语义范畴加工。在语义范畴加工中，N2 的出现比在语法加工中早。因此，单个词阅读时，词的语义特征加工要早于词的句法特征。Brown 等（2000）认为，即使语义信息与句法性属一致性规则抵触，话语的语义信息也会在句法信息前提取。Menning 等（2005）在 Oddball 设计中，发现德语的语义错误比句法错误引起更大的失匹配反应，这个错误感知成分可以看成是早期语义和句法错误的探测器。Kuperberg 等（2007）发现精神分裂症病人的句子加工首要受到语义加工的影响，这与 Ruchsow 等（2003）的研究不一致，精神分裂症者在整合句子加工的句法和语义信息的时候首先被驱动的是词与词之间的语义关系。

其次是句法整合在先，语义在后。Breedin 等（1999）通过一例语义损伤病人的研究表明，在句子理解过程中，病人用于指派题元角色的句法信息能力得到了保留。Friederici 研究团队于 2004 年研究发现，在词汇加工中，词的句法功能要先于词汇语义加工，而在句子加工中，句法的建构要先于语义加工。具体的研究结果是，句子加工需要颞额神经网络，而颞叶参与时态的一致性加工，额叶用于构建句法与语义的关系。对大脑颞叶的分析支持句法优先的模型，因为句法结构的构建要先于语义加工，而两者的互相作用则要更晚。在研究句子的最后一个单词在语义或句法上与上文不一致时，语义不一致产生了

N400，句法不一致产生了 LAN－P600，语义和句法都不一致产生了 LAN－P600，没有产生 P600。这个结果表明，句法加工要先于词汇语义的加工。

颞额神经网络是句法语义加工和整合的中心。Noguchi（2003）使用光学成像研究了前额叶下回在句法加工中的作用。句法任务是判断及物和非及物动词，而语义任务是判断语义合适与否。研究结果显示，左脑额叶下回在句法反常中出现激活而在语义反常中没有出现激活。因此，在正常句子中，左脑额叶下回只参与使用句法知识的加工。

很多研究都支持句法整合加工优先的观点，但是优先不等于不和接下来进行的语义加工进行整合。Hargoort（2003）表明，句法结构的指派独立于语义，而且语义加工要受到这种句法指派的影响。语义整合要受到句法加工的影响。加工语义的时间实际上要比加工句法长，说明在句子加工时，句法和语义的作用不同。

如何进行句法和语义加工整合也是句法语义研究的难题之一。Boland（1989）等人就进行了这方面的研究。他们通过对语义和句法之间相互作用的分析，认为关于主目结构和主题角色的词汇信息，即与这些句法信息有关的词汇信息，能引导语义上的解释。Hahne 等（2000）认为，句子加工早期提取的句法信息可以影响句子的语义加工，而晚期的句法对句子语义加工没有影响。Lamers 等（2006）研究了格标记副词的语义、句法加工。德语和丹麦语性范畴的违反都会产生一个晚期负波。没有性范畴违反的句法错误不仅产生一个正波，丹麦语比德语还多产生一个早期的正波。性范畴违反中出现的正、负波表明性范畴不一致导致的副词语义问题和句法整合问题是一致的。没有性范畴违反的不正确的格标记导致的是句法而非语义问题。副词格与性范畴信息同时违反比单一违反更加能影响句法结构的加工。

在探讨句法加工神经机制和语义加工神经机制中，受到关注最多的是句法加工机制和语义加工机制到底和大脑的哪个或者哪些部位相关，或者说大脑的哪些脑区在掌管着这方面的加工，这方面的研究还存在着极大的争论，以至于对句法和语义加工神经机制还未能形成统一的解释。造成这些争论的原因很多，有语言差异、有实验任务的差异，但是归结到一点，我们认为是没有形成一个统一的关于句法和语义的加工的认知模型，特别是在句法研究中，多数针对印欧语系语言的研究都将句子中一个词的形态变化就当作是句法，有的研究在设计实验任务时使用了不恰当的实验任务。Newman 等(2010)指出，在之前的句法和语义关系的研究中，使用的是异常探测任务而非句法完整的句子。而他们的研究利用了非异实验任务将句法语义关系的讨论集中在左脑额叶下回，这表明，利用统一的语言学分析和经过严格控制的实验任务，可将句法和语义关系的研究精细化和科学化。

二、词汇层面的句法和语义关系

在词汇层面，句法和语义关系也表现出互相关联。Garrard(2004)等研究了词的层面，词的句法和词的语义如何区别。探讨了"食品"这个限制语义范畴内的句法对比(集合名词、数量名词)和语义区别(自然名词、人工名词)，在语义对句法的影响尺度上，语义痴呆病人表现出与正常人的不同。使用这个结果讨论了语言加工的模块论和非模块论，特别是语义和句法的区别。Grodner(2005)认为，句法不能脱离上下文而自主加工，这与模块论相对。Taler 等(2005)研究了具有转喻义的集合名词和数量名词，对于基于语义的集合名词和数量名词，纯语义损伤病人没有表现出差异；而对于在纯句法基础上的集合名词和数量名词的区分，病人就既需要关涉句法又需要语义知识。这实际表明了句法和语义加工，是非平行进行的。Davis 等(2004)研究了单词的形态类别(简单形态和复杂形态词)和句法类别(名动形)之间的区别。这些任务都激活了左脑额、颞叶等脑区。复杂形态词和简单形态词在脑区上没有差异，在句法类别上，发现左脑颞叶中回后部与动词相关，这个部位与动作相关，而动词也与动作相关。这个结果表明，动词加工时牵涉了语义加工，因此，单词加工时句法和语义要被同时考虑。Hargoort(2005)认为，词汇信息的组合在语义、句法和语音等三个层面平行进行，左脑额下回在这个组合中起重要作用。

名词和动词是语言中的基本词汇，所有语言中都有名词和动词。关于名词和动词的相关研究大多数都是从词的外部形态变换来进行的，从类型学角度看，在有形态变化的语言中通过形态判断手段来研究名词和动词的分类，显然是合适的，而且上述研究也得到了较为一致的结果。但是，汉语是一种没有形态变化的语言，如果利用形态变化等手段来研究汉语名词和动词显然是行不通的。从语言类型学的角度来看，词类的划分也反映了不同语言类型之间的划分。例如，bank 这个词，说成 a bank、two banks 就是名词，而说成 banking、banked 则是动词；再如汉语中的“演出”，说成“一场演出”就是名词，说成“演出话剧”就是动词。这表明，英语中区分的方法是两者形态变化的不同，而汉语没有形态变化，而是使用了与英语不同的语法手段。

汉语中的这个语法手段是什么呢？与印欧语相比，汉语语法表现更多的是一种“内在形式”（inner form）相对于“有形式”（formal）〔Sapir（1921），语言论〕，而汉语的这种“内在形式”表现为词与词之间组合的可能性，但是利用这种“内在形式”对汉语的名词和动词的进行的实验研究还没有。Kemmerer 和 Eggleston（2010）的研究表明，忽视语言类型学的研究对于名词和动词之间的研究是不利的，从类型学角度研究语言中的名词和动词也许可以得到人类语言语法加工的普遍性规律的更多证据。

早期的失语症研究表明，名词和动词在大脑中具有不同的加工机制。例如，Caramazza 和 Hillis（1991）报道了 H.W. 和 S.J.D. 这两个不同病人名词和动词加工的双分离；Caramazza 和 Hillis（1995）在同一个额叶和颞叶损伤病人身上发现，口语任务中名词比动词更容易出错，而书写任务中动词出错率高于名词，表明语法类别是大脑词汇知识组织的重要原则。Damasio 等（2001）利用图片判断进行的研究表明，动词在左半球颞下回和右半球扣带回比名词激活强烈。通过语义判断进行的名词和动词的实验，也表明了在许多脑区动词加工等激活比名词强烈〔Tyler et al.（2001）；Kable et al.（2003）；Davis et al.（2004）；Palti et al.（2007）；Bedny et al.（2008）〕。在词汇判断等研究中，也表现出了动词加工激活脑区多于名词的趋势〔Perani et al.（1999）；Tyler et al.（2001）；Yokoyama et al.（2006）〕。仅有少量研究表明，名词加工要比动词加工激活脑区多〔Sccuman et al.（2006）〕。在这些图片或者词汇判断的实验中，部分研究并未发现两者激活脑区的差异〔Fujimaki et al.（1999）；Li et al.（2004）；Vigliocco et al.（2006）〕。

借助形态变化或者词的功能，英语的名词和动词才得以在使用中能够被准确地区分，而且这种以形态区分词类的方法已经被失语症病人和脑成像的研究证实。研究证明，英语等语言中的名词和动词可以从词汇语义角度进行区分〔Tyler et al.(2001)；Li et al.(2004)〕，英语和日语里的名词和动词也可以从语法角度进行区分〔Shapiro et al.(2005，2006)；Palti et al.(2007)〕。Shapiro 等(2005，2006)、Palti 等(2007)、Berlingeri 等(2008)、Burton 等(2008)的 fMRI 实验利用正常人对印欧语系中的名词和动词的形态判断表明，动词、名词等形态加工在许多脑区激活有差异。Shapiro 等(2006)利用英语形态和词的组合变化来比较英语名词和动词的大脑加工差异，例如 many doors 和 he weeps。为了控制名词和动词因素的混杂(confounding)，这个实验使用了分解任务，将名词和动词的区分分解为三个实验，分别是真假词、抽象词和具体词、规则形态变化和不规则形态变化，结果显示，动词比名词更多激活了左脑前额叶、左脑顶上叶和左脑颞上回。Palti 等(2007)使用听觉呈现和语义范畴关联、形态屈折数目判断任务对希伯来语的名词和动词进行了 fMRI 研究，结果表明，在语义、形态和两者兼具的任务中，动词比名词更多激活了左脑的额叶下回后部(LpIFG)、左脑颞叶上回后部(LpSTS)和左脑前部运动区。另外，对分析语的代表日语中名词和动词的研究表现出了与屈折语一致的结果。Yokoyama 等(2006)使用了真假词判断任务对日语名词、无标记主动动词、屈折被动动词进行了 fMRI 实验。结果表明，动词比名词更多激活了左脑颞叶中回，而屈折动词比无标记动词更多激活了左脑额叶下回脑区。

世界上主要语言当中都有名词和动词，例如英语、汉语、西班牙语、法语和日语等。在对名词和动词进行研究之前，首先要确定和明确什么是名词和动词。语言类型学对世界上不同语言类型的划分主要通过词汇特征进行，也就是说不同的语言类型具有不同的词汇特征，不同语言中确定名词和动词方式并不相同。因此研究不同语言中的词类区别，要根据不同的语言设计合适的实验。汉语、日语、英语这三种类型的语言是Schlegel（1817）语言类型中占世界使用人口大多数的——孤立型、黏着型和屈折型中的典型代表，在词汇特征上区别明显。研究这三类语言词类之间的差异与一致性，对于了解整个人类语言中最基本的两类词的区分机制非常重要，然而这种语言类型的重要性在对于名词和动词神经机制的研究中几乎被完全忽视了〔Kemmerer和Eggleston（2010）〕。

其实，对于无形态变化语言汉语的名词与动词的研究很早就开展了。早期的研究中认为，汉语布洛卡失语病人的动词相对于名词在句子加工中并没有受到损伤〔Tzeng和Chen（1988）〕，随后又发现，布洛卡失语病人生成动词困难，而韦尼克失语病人生成名词困难〔Bates et al.（1991）；Chen et al.（1998）〕。但是汉语作为与有形态的语言不同的语言类型，大多数关于名词和动词研究的实验还是按照有形态变化类型的语言的实验模式来进行的，例如Li等（2004）、Yang等（2011）、Yu等（2011），实验结果也不一致。

Li等（2004）实验结果表明，汉语名词和单个动词的词汇判断加工机制上并没有差异。Li等（2004）使用词汇判断任务考察了汉语名词任务、动词任务和兼有名词和动词的兼类词的加工。fMRI扫描的结果显示，名词、动词和兼类词比较基线任务都激活了左脑额叶下回、左脑中央前回以及左脑颞中回等脑区，但是名词比较动词的结果却没有发现有感兴趣区的激活。因此，词汇判断任务可能影响被试对名词和动词类别信息的感知，利用语法类别判断任务也许更有意思。的确如此，汉语中的词类信息不能仅仅通过词汇判断获得，原因正是因为大量兼类词的存在，而 Li 等(2004)的实验中恰好使用了兼类词。如果这一研究表现出来名词和动词的更大差异，也正更多表现的是名词和动词语义上的差异，仍然与英语名动词形态语法上的词类比较研究不同。因此借用英语等有形态语言中的单个词汇判断任务来进行汉语词类研究并不不合适。同样类似的结果还有 Yang 等(2011)使用单个汉字作为实验语料的研究，两者之间的差异主要是语义上的，而非具有区别意义的语法上的差异，而语义因素又较为复杂，选取词汇意义特点对被试的理解结果有相当大的影响。虽然 Yu(2011)在语义上作了限制，都选取了高形象特征的名词、动词和低形象特征的名词和动词，但是实际上还是比较了这些词之间语义上的差别，不按照汉语类型设计实验，就无法比较从类型角度划分出的汉语名词和动词，如果要比较也只能说是这两组词之间语义的比较，而非类别加工的比较。

上述对名词、动词的研究，归根到底就是名词和动词的划分到底是语义(词汇)的还是句法的。而这一点恰好也可以用来研究汉语的句法、语义加工。为了探讨汉语基本的句法、语义加工过程，我们借鉴 Shapiro 等(2006)的任务分解的实验方法，将名词和动词加工，分解为语法和语义两个实验。

具体的思路是，汉语中的名词一般都可以在前面加上量词，如一位老师、一张桌子等，而动词不能在前面加量词；汉语中的动词一般都可以在前面加上副词，如一举打破、一概拒绝等，而名词一般也不能在前面加副词(副词+名词的组合到最近的汉语网络语言中才出现，口语中几乎不使用)。但是,汉语中的量词+名词、副词+动词也不是任意搭配的。汉语中的形容词既可以修饰名词也可以修饰动词,例如"杰出人才""顺利调整"中的"杰出"和"顺利"都是形容词,而"人才"和"调整"则分别是名词和动词,与量词搭配名词、副词修饰动词一样,形容词和名词、动词并不可以任意搭配〔Huang 和 Liao (2010)〕。利用汉语中这种搭配组合可以用来在区别词类属性的特点,我们设计了两组实验,第一组实验通过控制语义变量,探讨不同词区别下的语法加工;第二组实验控制了语法变量,探讨不同词区别下的语义加工。

第二节 语料与方法

一、被试

母语为汉语的被试17名(8女9男),年龄为23~26岁,大学以上文化,全部为高校在读大学生,通过利手测试〔Snyder 和 Harris (1993)〕确定所有被试均为右利手。在测试之前全部了解本实验伦理委员会颁布的知情同意书并在同意书上签字。实验结束后适当付给一定的报酬。

二、实验语料及设计

为了达到分离汉语语法和语义加工的目的,我们使用了2×2的实验设计。分别是语法条件下的名词和动词加工任务,语义条件下的名词和动词加工任务。

本实验最大的难点在于如何控制语法和语义，即在语法类别实验中，能最好地控制语义；在语义类别实验中，能最好地控制语法。其中，控制语义尤为困难，我们选择在语法条件下对词组中的量词和副词进行最大优化，具体的做法是选择带有数字"一"的量词和副词，除了"一"之外，量词和副词中的另外一个词或者语素是虚词，而汉语虚词语义比较单一，这样就可能在语法语境下最大化地控制语义语素的影响。同时，不是所有量词都可以任意加名词、所有副词都可以任意加动词，因此，我们在设计实验时，通过设计错误的搭配来进一步凸显这种语法加工过程，如"一把先生""一处身体""一并估计""一共呼唤"等错误词组。

为了控制语法因素，我们选择通过设置相同的语法语境来比较语义加工的差异。与量词搭配名词、副词修饰动词一样，形容词和名词、动词并不可以任意搭配〔Huang 和 Liao(2010)〕，例如"新兴草地""明显讨论"等错误短语中的"新兴"和"明显"是形容词，而"草地"和"讨论"分别是名词和动词，通过设计错误的搭配来进一步凸显这种语义加工过程。

汉语语料从《现代汉语词典》中选取，一共选择了 64 个汉语常用的双音节名词动词，32 个由数字和单音节组成的量词结构，32 个双音节副词和 64 个形容词，从而组合成 64 个词组后(含错误的词组)。

实验采用组块设计，包含两个序列，即语法语境和语义语境，每个序列包含 12 个组块。即名词词组、动词词组和控制任务(箭头方向一致性判断)各 4 个组块。每个组块包含实验刺激 12 个，在实验组块中，包含正确词组 6 个和错误词组 6 个，在控制任务中箭头方向一致和不一致各 6 组。每个实验刺激呈现时间为 2 000 毫秒。实验组块呈现顺序采用拉丁方设计。实验任务是让被试判断呈现的汉语词组是否正确，正确按右手键，错误按左手键；控制任务要求被试判断所看到的一组箭头的方向是否一致，一致按右手键，不一致则按左手键。

表 9-2-1　语法条件实验语言材料举例

条件一	正确词组	错误词组
量+名	一位老师 一件事情	一把先生 一篇孩子
副+动	一举打破 一味宽容	一并估计 一共呼唤

表 9-2-2　语义条件实验语言材料举例

条件二	正确词组	错误词组
形+名	杰出人才 优秀市民	新兴草地 漂亮耐性
形+动	顺利调整 充分强调	明显讨论 显著登记

三、实验数据采集

脑功能成像数据的采集工作在中国科学院生物物理研究所完成，成像机器为 Siemens Magnetom Trio 3 T 核磁共振机。功能像采用基于 BOLD 的 EPI 成像序列进行扫描，获取 32 层的水平位功能图像，具体扫描参数是 TE = 30 ms、TR = 2 000 ms、层厚 = 4 mm、间隔 = 0 mm、FOV = 200 mm、Matrix = 64×64；三维结构像采用扰相梯度回波(Spoiled Grass)成像序列进行扫描，获取 176 层的矢状位图像，具体的扫描参数是 TE = 3.02、TR = 26 ms、层厚 = 1 mm、间隔 = 0 mm、FOV = 256 mm、Matrix = 256×256。

四、实验数据分析

数据处理使用了基于 Matlab 2010(MathWorks，Natick，MA)平台的 SPM8(statistical parametric mapping)软件(http://www.fil.ion.ucl.ac.uk/spm/software/spm8/)，前三幅图像去除，处理步骤包括：

(1) 格式转换：利用 SPM8 中的 DICOM import 命令将原始数据(功能像和 3D 像)转换为 SPM8 所需要的数据格式。

(2) 时间校准：校正一个 volume 中层与层之间获取的时间差异。

(3) 空间校准与平滑：把一个实验序列中的每一帧图像都和这个序列的第一帧图像按照一定的算法对齐，以矫正头动，做完这步后可以给出该序列中的被试头动情况，如果头动一个方向超过一个 voxel 则放弃该数据；空间平滑处理时，FWHM 选择 6。

(4) 建模：设置各个实验任务的相关参数，进行相关分析，得出单个被试脑激活结果。

(5) 批处理和组分析：在对每一个被试的实验结果进行建模后就可以进行批处理和组分析了，把所有被试的实验结果进行对比分析，从而得出激活区域的差异。

(6) 选取合适的 ROI 区域，计算不同任务情况下脑激活信号的变化率。

五、实验结果

在控制语法，即语义语境下，显著激活的大脑左半球脑区有额叶中、上、下回以及颞叶上回和中央运动前区等(图 9-2-1、表 9-2-1)。

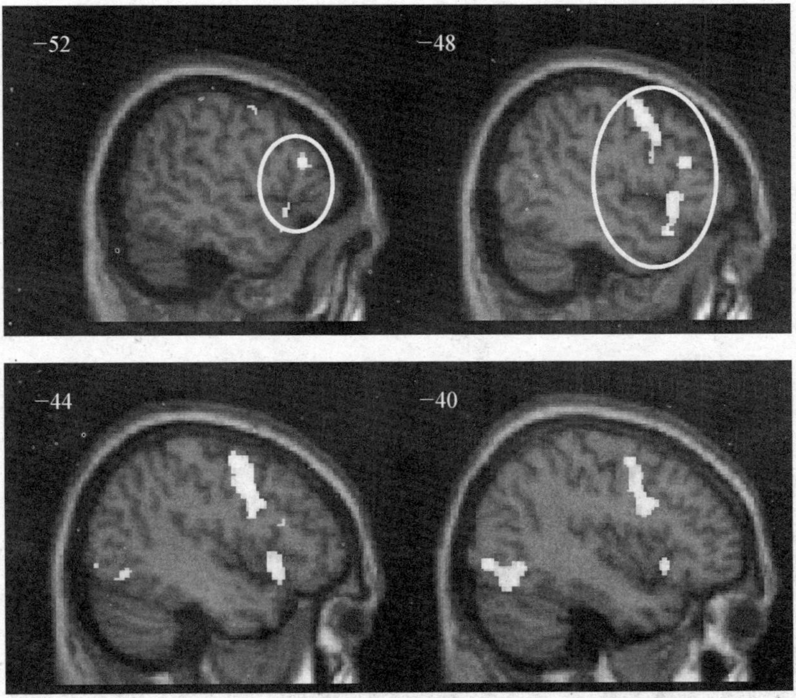

图 9-2-1 控制语法，在语义语境下激活的脑区，$p<0.01$（经过 FDR 校正）

表 9-2-1 语义语境下动词比较名词激活脑区坐标

Brain region	x	y	z	T	*p*	Voxels
左脑额叶中回	-50	38	24	12.1	0	174
左脑顶叶下回	-26	-79	-7	10.3	0.002	122
左脑舌回	-16	-79	-16	10.01	0.003	122
右脑舌回	18	-81	-14	10.22	0.002	122
左脑额叶下回	-32	40	10	8.54	0.014	44
右脑顶叶下回	30	46	8	8.44	0.016	25

在控制语义，即语法语境下，显著激活的大脑脑区主要有额叶下回以及少量的额叶上回。（参见图 9-2-3，表 9-2-2）

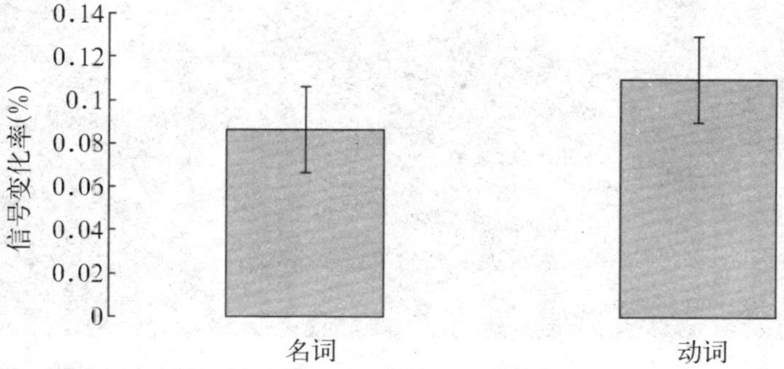

图 9-2-2　语义语境下激活脑区信号变化率

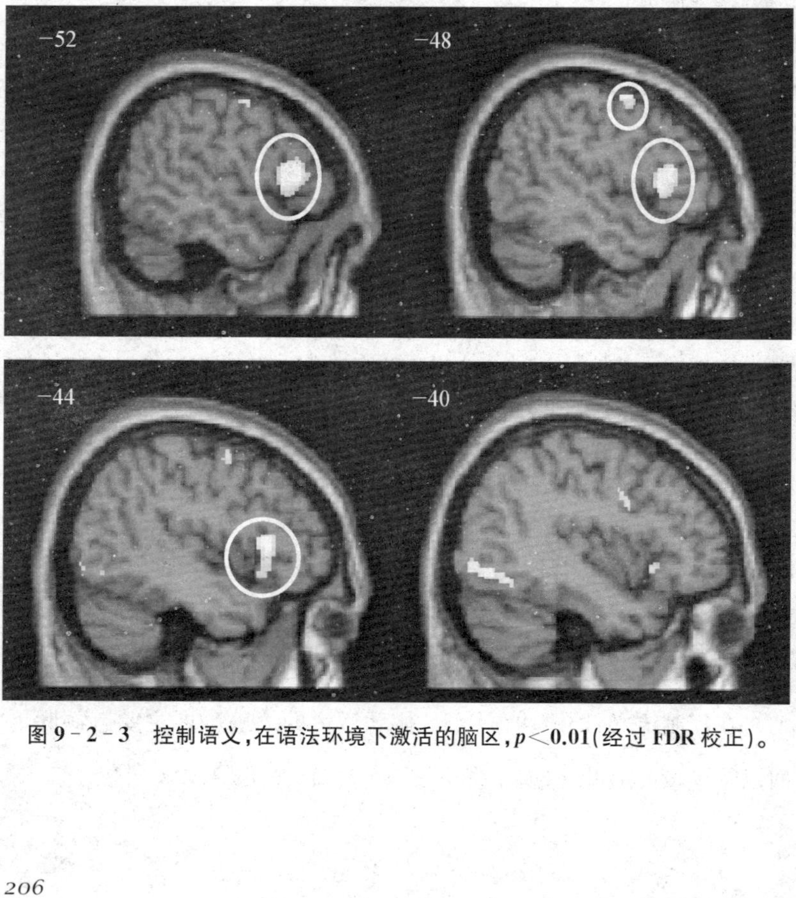

图 9-2-3　控制语义，在语法环境下激活的脑区，$p<0.01$（经过 FDR 校正）。

表 9-2-2　语法语境下动词比较名词激活脑区坐标

Brain region	x	y	z	T	*p*	Voxels
左脑额叶上回	-3	23	54	12.15	0.000	101
左脑额叶下回	-42	15	41	10.97	0.001	71
左脑额叶中回	-40	20	35	9.28	0.006	71
右脑海马旁回	36	-20	-30	9.58	0.004	17
左脑额叶中回	-49	42	29	8.92	0.009	19
左脑梭状回	-47	-52	-17	8.33	0.019	11
左脑额叶下回	-44	41	5	8.15	0.024	11
左脑颞叶后回	-46	-37	-17	8.01	0.028	10

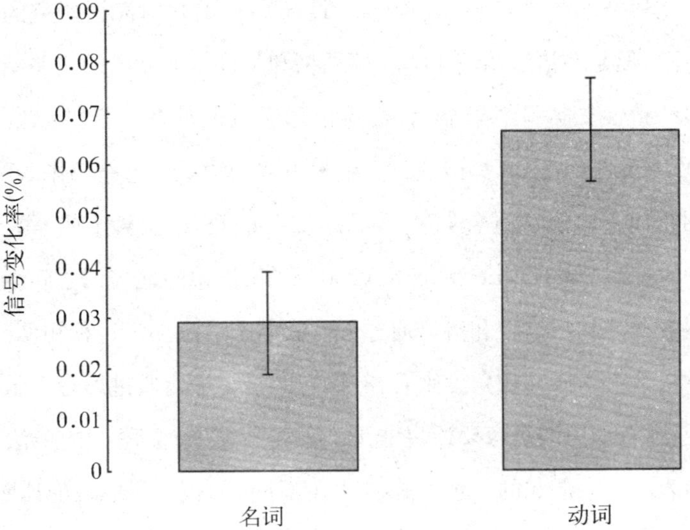

图 9-2-4　语法语境下激活脑区信号变化率

第三节　实验结果分析与讨论

本研究利用词与词的组合而非形态变化对汉语中名词和动词词类加工的神经机制在两个方面进行了探讨：即在不同语法环境下，对汉语词组中的名词和动词的语法加工进行了研究；在不同语义条件下，对汉语词组中的名词和动词的语义加工进行了研究。目的是探讨汉语语法加工和语义加工的神经机制的异同。结果显示，汉语的句法和语义加工都激活了大脑额叶上回、下回等脑区。

一、汉语语法加工的激活脑区

本研究的结果与 Li 等(2004)、Yang 等(2011)对汉语研究的结果不一致，但是在语法语境下的实验结果却与许多印欧语的实验结果表现出一致性。实验结果显示，与英语形态判断任务激活的脑区等对比，发现有相似之处，都出现了左脑额下回的激活。这一结果表明，汉语词组加工的语法过程与英语形态加工的语法过程有对等的地方〔Tyler et al.(2004)；Longe et al.(2007)〕，汉语中的词与词之间组合后产生的语法加工过程和英语通过形态表达的语法加工过程相似。

从语言学研究的角度来看，有形态的语言可以通过形态表示句法特征，没有形态的语言要通过非形态的手段来表达，隐性的语法手段也是表达语法形式的一种方式。这在不同语言的词类中尤其明显。Longe 等(2007)研究表明，英语句法加工激活了 LIFG，我们的研究正是这一实验强有力的证明，在无屈折的语言中，句法加工激活了 LIFG。因为在英语中词与词之间的语法差异一般都是通过屈折等形态变化来表达，非屈折的动词则不能表达与名词之间的语法差异。而汉语中，词类之间的语法差异是通过组合来表达，因此词类的句法加工激活的脑机制与 Longe 等(2007)的研究结果一致。

本研究表明，在没有屈折形态变化的汉语中，不同词组类别加工在语法语境下的比较有大脑左半球额叶下回的激活。因此，大脑左半球额叶下回与屈折加工相关显然证据不足，汉语虽然没有屈折形态，但是有词的组合能力等语法手段，也就是说印欧语中词的屈折形态在汉语中表现的是另一种语法形式。基于英语等印欧语中名词动词的研究，不同词类加工之间的比较一般会激活左半球额叶下回等脑区。Vigliocco 等(2011)的综述认为，大多数脑成像实验在研究语法分类时都没有控制好语义等因素，激活的脑区包括左脑前额叶下、中回和左脑颞叶中、下回。在少数实验中，语义被控制好了之后，语法差异在颞叶消失，仅有额下回的激活，这与我们的结果非常一致。汉语的研究结果与这些语言的研究结果的一致性，表明词的语法类别的区分存在着跨语言类型的一致性。

本研究与对印欧语的研究结果均表明，无论哪种语言，也无论这种语言有没有形态，运用不同语法手段划分出的名词和动词的语法加工，存在跨语言的一致性。这种跨语言的一致性，表明了语法加工无论是通过形态还是词与词之间的组合都可以得以表达，只不过，在有形态的语言中，这种语法上的区分是显性的，而在无形态的语言中，这种语法表达是隐性的。我们可以推测，如果使用不像英语等印欧语通过屈折和日语通过语法标记来表达词类范畴，也不使用像汉语通过词与词的组合来表达词类变化的语言来进行实验研究的话，那么在控制语义条件下，这个语言词类的语法加工激活模式也可能会出现类似英、汉、日语的大脑激活模式，即人类语言语法加工过程的本质有可能是一致的。

二、汉语语义加工的激活脑区

实验结果表明，在控制语法加工的情况下，不同词类的语义加工之间会出现差异，主要是临近中央前回附近的激活。这一结果虽然和先前词类语义差异的实验结果模式相似〔Perani et al.(1999)；Tyler et al.(2001)；Tyler et al.(2004)；Davis et al.(2004)；Palti et al.(2007)；Bedny et al.(2008)〕，但是在具体激活脑区上却有着较大的差异。这表明，语义加工过程与语法加工过程有不同的神经机制。

在语义环境下，我们没有发现颞叶等脑区的激活，连额叶下回的激活也没有大范围的出现，只是在额叶上回至中央前回附近有较大的激活。这表明汉语的语义加工更多需要这些脑区的参与。这个结果表明，从语义本身的加工出发，会出现不同于句法的脑加工区域，而这些脑区与之前的研究发现汉语语义加工敏感区域位于左侧大脑额叶中回〔Luke et al.(2002)；Xiang et al.(2003)〕相比，显然更加广泛，涉及前额叶上、中、下回及中央前回的部分位置。这种语义差异在图片命名的实验中已经被证实，我们用控制语法的方法再次证实两者可以区分，而且在与运动相关的脑区，动词有着比名词更多的激活，这符合人类对语义理解的一般认知规律。但是需要指出的是，众多语义加工的研究结果，都非常不一致，这种不一致远远超过了语法加工表现出的跨语言一致性。基于这些结果，可以表明，语义更加复杂相对于语法来说更加不容易控制。

三、汉语句法和语义加工与轻动词加工的脑区比较

回顾一下前5组汉语不同结构加工的fMRI实验中的激活脑区，发现主要涉及额叶中回（BA9、BA10），额叶下回（BA44、BA45、BA46、BA47）等脑区。而句法加工一般认为与额叶中、下回的相关度较大〔Dapretto et al.（1999）；Luke et al.（2002）；Ben-Shachar et al.（2004）；Wang et al.（2008）；Caramazza 和 Zurif（1976）；Berndt 和 Caramazza（1981）；Just et al.（1996）；Caplan et al.（1998）；Inui et al.（1998）；Keller et al.（2001）；Ben-Shachar et al.（2004）；Grodzinsky et al.（2006）；Grodzinsky et al.（2008）；Wang et al.（2008）〕，语义加工和额叶中、下回以及颞叶等脑区相关度大〔Geschwind（1970）；Hickok 和 Poeppel（2000）；Mazoyer et al.（1993）；Bottini et al.（1994）；Stowe et al.（1999）；Friederici et al.（2000）；Vandenberghe et al.（2002）；Humphries et al.（2005）；Rogalsky et al，（2008）；Ni et al.（2000）；Newman et al.（2001）；Kiehl et al.（2002）；Kuperberg et al.（2003）；Hagoort（2005）〕。

本研究发现，汉语的句法加工和额叶下回相关，而语义加工与额叶上、中、下回相关度较大。因此，我们可以认为，上述5组fMRI实验结果与汉语的句法、语义加工的结果有高度的一致性。这实际上表明，汉语的这些结构中涉及的句法和语义加工进程都可能存在相似的脑激活模式。

通过对相关语言学理论的研究，我们发现，轻动词可以分析前面几组fMRI实验中的汉语结构的句法生成过程，从而可以解决传统的语言学分析方法所无法解决的问题。因此，这些结构可以使用统一的

轻动词假设以及相关的理论来进行分析和解释。轻动词假设理论可以被实验研究证实,最为直接的证据就是,轻动词加工过程和汉语中简单的句法、语义加工过程,在大脑中存在较为相似的激活模式。因此,我们有理由认为,上述汉语结构中使用轻动词假设来进行理论分析时有一定的神经基础,这个基础与汉语加工一般的句法、语义过程相似,从而可以表明,在纯粹的汉语句法分析过程中,轻动词假设并不是为了分析特定的结构而强加于汉语之上的,而是具有科学依据的。因此,关于轻动词的假设,包括显性和隐性等轻动词句法语义加工过程等都可利用脑成像的方法对其产生和作用机制进行研究,从而分析与轻动词加工相关的语法成分在汉语句法、语义加工中的神经机制。

第十章　总结与展望：汉语轻动词加工的神经机制

本研究通过对汉语可移位词组结构、使动结构、反转型使役结构、动补结构、主/被动结构以及汉语句法和语义加工等6组功能性磁共振成像的实验，研究了汉语纯粹句法加工过程的神经机制，主要思路可以总结如下：

一、初步构拟汉语轻动词的基本理论框架

汉语中的特殊结构，例如可移位词组结构、使动结构、反转型使役结构、动补结构和主/被动结构，传统的语言学分析一般将这些显著特征和语言的类型特征联系起来，比如说汉语缺乏形态变化等，生成语言学研究者认为，利用轻动词假设理论可以对这些汉语中的特殊结构进行更好的解释。

二、尝试解决轻动词假设的必要性问题

轻动词假设的合理性乃至是否需要轻动词对汉语相关的结构进行句法分析，是学界争论的焦点。本研究首先从相关结构入手，通过对比汉语词组移位后的不同结构、显性使动句和隐性使动句、与时间相关的反转使役句和不与时间相关的反转使役句、动补结构中"了"的不同位置、主动句和被动句等的功能性磁共振成像研究结果表明，这些结构的句法加工中存在着相似的脑机制，而通过对比汉语简单词类组合的句法和语义加工机制，我们发现这些相似的脑机制与汉语最基本的句法和语义加工相一致。

三、对汉语轻动词结构进行理论和实验研究

主要研究汉语是否存在轻动词结构，是否存在有实际语音值的轻动词（显性轻动词）和没有语音值的轻动词（隐性轻动词）。理论分析表明，显性轻动词一般不造成移位，有些显性轻动词的功能相当于一般动词；隐性轻动词会造成动词向上移位与之合并。汉语轻动词结构的加工主要集中在大脑左脑额叶的下、中、上回；汉语轻动词造成的移位可能有对应的神经基础，移位过程需要左脑额叶下回参与；汉语轻动词构成的致使性语义加工也有神经基础，汉语轻动词语义加工主要需要左脑额叶中回，有时还需要左脑颞叶上回的参与。这也表明，汉语不同的句法和语义加工可以找到神经科学的证据。这些研究结果支持轻动词假设可以解决汉语可变换位置词组、使动句、反转型使役句、动补结构、主/被动结构等句子的句法生成问题，而这些问题在语义特征上可以用"致使"性来统一标示，在句法特征上可以用"移位"来

统一操作，从而表明汉语轻动词假设可以实现词法和句法的统一解释，是词库—句法研究的契合点之一。

第一节 与汉语轻动词加工相关的脑区

众多研究认为，语言中的句法加工与大脑左半球额叶的一部分密切相关，特别是 LIFG 在句法加工过程中起关键作用〔Caramazza 和 Zurif(1976)；Berndt 和 Caramazza(1981)〕。研究结果还表明，句法加工一般涉及左脑额下回〔Just，Carpenter、Keller，Eddy 和 Thulborn(1996)；Caplan，Alpert 和 Waters(1998)；Inui et al.(1998)；Keller，Carpenter 和 Just(2001)；Ben-Shachar et al.(2004)；Grodzinsky 和 Friederici(2006)；Grodzinsky 和 Santi(2008)；Wang et al.(2008)〕。有的研究还明确将左脑额叶下回(LIFG)的激活作为句法加工的标志〔Friederici，Meyer 和 Cramon(2000)；Hargoot(2003)；Grodzinsky et al.(2006)〕。Grodzinsky 等(2008)的研究也表明句法移位加工是对布洛卡区在语言理解中所起作用的最好解释，超过了其他认知机制，也就是说这一区域主要与句法移位的加工相关。

上述实验都表明了句法加工过程和左脑额叶下回(布洛卡区)关系密切。本实验研究的主旨虽然是为了探讨汉语轻动词这个功能性范畴加工的神经基础，但是除了第一个实验和最后一组汉语句法语义加工实验的语料是词组外，其余实验都是在句子基础上对汉语句法加工机制进行的研究。即使是第一个实验，也是基于词组基础上对词组移位机制的讨论。本实验中几乎所有语言材料加工都激活了左脑额叶下回，因此句法与左脑额叶下回的关系可以在本实验中得到确定的证据。本实验还可以表明，不但广义上的句法加工可以引起布洛卡区的激活，句法的下位加工过程，例如移位也造成了布洛卡区的激活。Bastiaanse等（2003）对布洛卡失语患者的研究也表明动词产生过程中移位是至关重要的。由此，我们也支持布洛卡区在正常人语言句法加工中起主要作用。

实验研究的结果显示，汉语轻动词加工的脑区主要在左脑的额叶部分，句法主要在左脑额叶下回，语义主要在左脑额叶中回以及上回等脑区。具体的激活情况如下：

表10-1-1

脑区	坐标	任务
BA47、45、46	-41,18,1	可变换位置词组VS不可变换位置词组
BA10	-54,13,20	动前可变VS动前不可变
BA9、45	-49,18,25	动后可变VS动后不可变
BA47	-46,14,2	非使字句VS使字句
BA13、47	-44,29,5	反转VS花+时间
BA45	-49,26,8	反转VS反转非轻
BA44	-43,13,6	动+了+名VS名+动+了
BA47	-47,34,-9	动+了+名VS动+名+了
BA 47、45、44	-48,26,0	被动句VS主动句
BA45	-44,13,19	语法加工
BA10	-50,39,24	语义加工

将所有实验任务在左脑额叶的激活脑区的坐标加以平均，得到左脑额叶与轻动词任务相关脑区大致在Talairach-Tournoux坐标的-47,25,3这点周围的区域。当然轻动词还可以从其语音、语义以及句法表现分成不同的层级，下面我们将要讨论这些问题。

第二节　轻动词句法加工的神经机制

理论研究表明，轻动词是一种功能性范畴，具有强句法特征，而这种强特征在句子生成过程中就必然吸引其他成分与它合并，而合并之前其他成分必须移位，轻动词所占据的句法位置一般是句子结构中的核心位置，因此轻动词一般不会自己移动，而是吸引其他动词移动。这在理论上已经被证明，而且本实验的所有研究语料只要牵涉轻动词，几乎都可以用移位来解释。这在上文已经有比较详细的论述。

然而，语言研究的终极目标是探讨人脑语言机制，现有的句法理论包括我们讨论的轻动词假设和汉语轻动词理论框架，都仅仅是对人脑语言结构的构拟，离实际人脑语言加工过程还很遥远。进行 fMRI 实验正是为了将这种构拟加以完善使之更加精确的接近人脑实际。轻动词导致移位虽然可以从理论上加以证实，但是实际情况如何还需要通过实验来进一步验证。

移位是句法过程，而一个句子的加工肯定要涉及句法加工过程，从前人的研究来看，Grodzinsky（1990）、Friedmann 和 Grodzinsky（1997）、Zuckerman 等（2001）、Bastiaanse 等（1998，2003）、Burkhardt（2003）等都对动词移位进行了研究，虽然这些移位没有涉及轻动词问题，但是几乎所有研究都是以左脑额叶损伤的句法失语患者为研究对象。我们在前面的讨论中已经证实，汉语中的轻动词加工主要和左脑额叶下回有关，因此可以说轻动词导致的移位主要由左脑额叶下回来承担。但是这还并不能完全证明移位是轻动词最基本的句法特征。

关于动词移位的神经机制，Bastiaanse 等（1998，2003）对英语以及荷兰语失语患者进行了研究，发现动词移位对于失语症患者的动词生成至关重要。从前人研究结果来看，动词移位具有神经心理基础，但是不同的移位过程如何体现并没有得到很好的研究，本研究中的轻动词移位加工可以将动词移位进行细化，具体可以归纳如下。

我们将句法移位分成三个等级：

(一) 已经完成移位的

这类轻动词在我们的研究当中，尤其是在句子中是最普遍的。例如在动词居前的可变换位置的词组、隐性“使”字句、动补结构 + “了”等结构中。这类结构在句法上的特点是：轻动词已经和主要动词进行了合并，而且没有保留语音值，只保留语义值[+ 致使]和句法功能[+ 谓语]。这类结构中的轻动词实际上包含了句法和语义双重加工过程，但是在与语义相同的结构对比中，我们可以发现有明显的左脑额叶下回的激活，①这表明已经移位的轻动词结构的句法加工主要依赖左脑额叶下回。

(二) 正在发生移位的轻动词结构

轻动词移位实际上是一个过程。这个过程才可能是轻动词结构在大脑中的句法加工过程，也只有这个过程的加工才能体现轻动词具体句法过程的加工机制。然而，我们在对比“使”字句和非“使”字句的时候，没有发现这个过程包含有句法加工区的激活，这表明有三种可能的假设：轻动词移位的过程与具体的句法加工过程机制迥异；轻动词加工完全是语义使然；使动结构本来就不包含轻动词属性，“使”本身与轻动词加工无关。

通过理论分析，我们已经知道轻动词是一种功能性范畴，具有句法和语义相关联的双重特征，因此轻动词移位既是一个语义过程又是一个句法过程，两者缺一不可，因此可以否定第一个假设，即只要承认

① 本研究有的实验也有左脑额叶中回等语义区的激活，如非“使”字句对比“使”字句，这是否也可以表明，可以交替变换结构的句子在语义的实际表达中会使用不同的策略，即句法对语义有一定的制约作用，有待于进一步研究。

轻动词属性，句法加工过程就必须存在。对于第二个假设，有语音形式的轻动词只能在汉语句子中相当于一个普通动词的作用，做及物动词谓语。因此，当“使”作为一个句子成分出现的时候，可能将它处理为一般动词更符合大脑实际。对于第三个假设，大脑中是不是没有具有语音形式的轻动词。根据实验研究结果，我们认为汉语实际表明，汉语存在具有语音形式的轻动词，例如反转型使役结构中的“花”，由于“花”可以直接附加一个时间结构，也可以直接附加工具结构等，但是总体来说“花”的语义还是比较单一，而“花＋时间”反转句中，“花”在语义上具备了[＋致使]的特征，也具有[＋移位]的句法属性，因此可以将“花”看作是汉语中一个比较特殊的、有语音形式的轻动词。从实验结果看，包含“花”的反转轻动词句需要依赖左脑额叶下回来完成轻动词移位的句法属性。

（三）未能完成句法移位的词组结构

如动词居后可变换位置词组。这类词组结构对比动词居前可变位置的词组，从两者对比激活的脑区看，前者比后者的激活强度要小于后者比前者，也就是说，动词居后词组中左脑额叶下回的激活没有动词居后词组中左脑额叶激活强烈，而动词居后词组中的轻动词位置是一个零位置，没有任何有语音形式的成分占据。因此，在这类词组中，有没有轻动词移位不能确定，但是根据比较的结果，我们可以推测此时还没有完成句法移位。因此，没有完成句法移位的轻动词结构可能并没有使用轻动词加工的策略，原因是，按照轻动词假设理论，在没有完成句法移位的轻动词词组中，上层应该还有一个 VP 结构，这对于一个词组来说，似乎过于复杂。因此我们假设，在汉语中，如果大脑只加工一个词组，应该不会使用双 VP 结构，也就是说，这种动词居后的词组结构在生成过程中可能并不需要再经过移位来赋格，名词可直接获得格位。而是在名词之后直接获得格位。相似的解释还可以应用于被动句中的轻动词移位。

无论是上述三种情况中的哪一种，我们的实验结果均表明，如果汉语句子中存在轻动词导致的句法移位过程，那么这些移位过程都有一定的神经基础，无论这种句法移位是已经发生了的还是正在发生的。

结合上面对句法移位的讨论，我们知道有些以前认为是显性轻动词的句法成分，例如“使”可能并不能简单地看成是一个轻动词。从实验结果来看，它在汉语句子中的实际作用相当于一个动词，而没有“使”的句子在和“使”字句对比时却发现了布洛卡区的激活，这不但表明了句法加工过程的存在，从理论上来说，还证实了非“使”字句的句法空位吸引动词移位并进行合并，这是轻动词相关的句法结构加工的基本过程。这个过程同样可以通过对动补结构的实验研究加以验证。在“动＋了＋名”结构中，已经发生了轻动词移位，而在实际加工中，“动＋了＋名”比“动＋名＋了”“名＋动＋了”等没有轻动词移位的句子在左脑额叶下回激活明显，这表明了这几种结构句法复杂性不一致，轻动词句法加工可以通过实验来证实。因此轻动词相关的句法加工过程可以得到多个角度的验证，无论是导致句法移位还是句法移位已经完成，都有一定的神经基础。因此，从这个角度来讲，句法移位也是轻动词的基本句法特征。

依据最简方案的构想，任何句法移位都是有原因的，轻动词移位当然也不例外。前面通过实验已经发现，轻动词移位牵涉有语音形式、不导致移位和无语音形式、导致移位两个方面。不导致句法移位的原因，从上述对“使”字句的研究可以认为，有语音形式的轻动词在句子中可能充当了一般动词的作用。没有语音形式的轻动词导致动词移位的原因如何？我们认为，轻动词移位的原因主要包含形态诱因和语音诱因两个方面。② 所谓形态诱因是，汉语动词本身的词汇特征在词库中就已经存在，这个特征在轻动词身上体现为一种表示功能性形态的特征，这种功能性形态不像英语可以表现出屈折形式，但是却具有表达轻动词移位的句法功能。Radford(2000)通过举例将英语中轻动词与形态的关系的表述如下：

（1）We rolled the ball down the hill

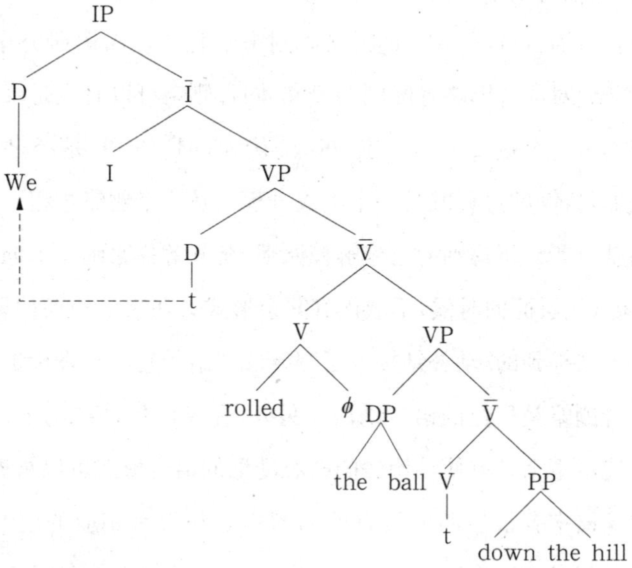

图 10－2－1

Radford 认为，这里的 IP 结构是由 VP 结构和抽象形态（INFL）构成的，这里的轻动词是附接在 rolled 之上的 ø。而这个 ø 轻动词正

② 理论上也存在语义诱因，下面的讨论将有所涉及。

是导致 roll 从后面移位到此位置的原因。在英语中，由于 roll 可以有屈折变化，因此 ed 可能就被看作轻动词的外在形态特征了。但是汉语没有形态变化，那么该如何解释呢。比如说，在词组实验中使用的例句“市场繁荣了经济”，“繁荣”实际上可以做“经济”的谓语，从而构成“经济繁荣”这样的作格结构，而正是由于在词库提取中具有功能性形态特征轻动词的存在，导致了“繁荣”的前移，这已经被上述实验所验证。同时，结合我们运用词类对汉语句法、语义加工所做实验结果表明，汉语句法加工与轻动词的加工模式具有一致性，与轻动词相关的汉语词组、句子结构的加工过程是一种句法加工过程。

语音方面，可以使用 PF 删除原则来解释。在汉语研究中，如司富珍（2005）对同音删略等问题的研究，同音删略可以看成是汉语轻动词移位的另一个重要原因。生成语法认为，LF 和 PF 是经过词汇拼读形成的，拼读的过程既是一个生成过程又是一个删略过程。这就是乔姆斯基（1995）所提到的充分解释原则，充分解释原则要求词汇在到达 LF 和 PF 层面的时候，不应该有冗余形式。在汉语轻动词移位中，尤其是上文提到的“动补结构 + 了”和汉语“给予句”，从理论上充分体现了语音删略是移位的语音诱因。另外，在汉语使动结构中，“使”的出现也使得本来具有使动用法的核心动词的语音形式可以被删略，因此造成汉语中有很多动词具有使动的用法却没有相应的语音形式。句法语义都可能影响轻动词移位，PF 删略的过程也仅在理论上得到证实，而且乔姆斯基认为，在拼读过程结束之后，进入逻辑形式的成分应该不包含任何语音特征，而又因为句法本身不能识别语音特征，因此虽然语音的因素应该被考虑，但是语音要素在具体的句子生成当中的作用则需要进一步解释。而在神经机制研究方面，句法和语音的关系研究不是特别多，Kelly（1992）在词库层面对句法和语音的对应关系进行了研究，因此本研究中的理论假设要想得到进一步的解释，必须有待进行相关实验来进一步研究。

第三节　轻动词语义加工的神经机制

以汉语反转型使役句为例，从语义角度来看，“反转”就是受事在句首，施事位于受事后面，从句法角度来看，句子的实际宾语位于句子前部，而实际主语则位于句子的后部，这一结构与汉语的话题突出结构相似，因此反转现象在汉语中很常见。如果解决了反转使役结构的生成问题，不但可以解释汉语反转结构的句法加工机制，还可以解释汉语中类似的话题突出句式，例如被字句、叫字句、让字句以及把字句等句法结构加工机制。看下面的例子：

（2）那个实验花了他整整一个晚上。

（3）那个实验叫他做了一个晚上。

（4）那碗面条叫他吃了一头汗。

（5）那碗面条让他吃了一头汗。

（6）那碗面条把他吃了一头汗。

上面这些句子都是典型的反转型使役结构，从句法和语义上都符合反转使役结构的特征。分析这些结构不同，但是语义类似的句子，可以发现两个句子的主要动词不同，而这些不同的动词，有些已经被实验证明是具有语音形式的汉语轻动词，例如“花”。

本研究主要是针对“花”类轻动词展开，反转和非反转实际上牵涉两个问题：反转/非反转句法机制有没有神经基础；反转/非反转造成的句法和语义差异在神经机制上的异同。

我们重新将具体的实验句子列举如下：

A. 写文章花了他三小时

B. 他写文章花了三小时

从行为数据结果可以看出，被试对这两个句子中主要动词和主语位置的判断的时间有显著差异。fMRI 结果则显示，A 句比 B 句在左脑额叶下回有强烈激活，这表明反转是一个句法过程，需要句法加工区的参与；在左脑额叶中回的激活表明句法反转加工包含了一定的语义过程。但是，从 A 句比较 B 句还得不出在这种反转的过程中，到底是句法占优势还是语义占优势。B 句比 A 句在左脑颞上回后部即韦尼克区的激活表明，非反转句比反转轻动词句的语义加工过程中需要更多的脑区尤其是语言理解中枢的参与，但是没有发现句法加工区的激活。由此可以推断，“反转”的句法过程有神经基础，而这些脑区包括句法中枢布洛卡区和语义中枢韦尼克区，“反转”对比“非反转”主要是句法上的差异，而“非反转”对比“反转”主要是语义上的差异。“反转”和“非反转”的过程也体现了句法与语义加工的主次要关系交替的过程，即句法和语义加工不存在上下位之分，因此 Luke 等（2002）认为汉语句法加工是语义下位加工的结论值得商榷。

那么轻动词加工的语义特征如何归纳？按照学界的研究结果，致使性似乎能够为大多数学者所接受，这种致使性语义特征可以划分为 DO、BECOME、CAUSE、OCCUR、BE 或 HOLD 等不同的类型。轻动词的致使性语义特征，从理论上使用词义分解理论就可以解决，而前人在研究轻动词致使性以及轻动词事件结构时也多使用了词义分解理论来解释。本研究在进行实验前的理论研究时，无论是对可以变换位置的词组，还是使动句、反转使役结构以及动补结构的分析也大多将轻动词在句中的语义功能统一解释为致使性，在进行结构分析时，一般都将省略的轻动词结构解释为显性的“使动”结构，轻动词语义特征的理论解释还需要实验验证。

轻动词句法移位具有一定的神经基础，而本研究结果也表明了轻动词致使性语义加工过程具有一定的神经基础。从实验设计来看，在句子中研究轻动词，将判断动词位置作为实验任务，从认知机制来看，这是为了研究动词在句子中的句法特征；从语言学研究的角度来看，不论是句子中的动词，还是对动词位置的判断都离不开对动词本身或者动词所占据位置的语义特征的思考。因此，在实际研究中动词的语义是不可能完全被剥离的。从研究结果看也是如此。例如使动结构的结果表明，隐性“使”字句对比显性“使”字句在左脑额叶中上回也有强烈激活，而现有语言神经机制研究的结果表明，左脑额叶上回是语义加工区。因此，隐性“使”字句中的隐性轻动词显然要比显性轻动词在语义加工上需要更多的脑区参与，如果把显性的“使”排除出轻动词的行列，将它作为一个动词来看待的话，这更能表明轻动词加工的致使性特征。但是不能因此说显性轻动词没有轻动词的功能，在不表示致使义的显性轻动词中，例如被动句中的“被”可以看成是一个显性轻动词，在被字句中仍然可以促发句法移位。

传统神经心理学研究认为，左脑颞上回后部与语义加工关系密切，但是很多实验包括本研究中的多数实验都没有发现这个区域的明显激活。但是在对汉语反转型使役结构的研究中，将反转轻动词句和

“花＋时间”句以及反转非轻动词的比较中，发现了左脑颞上回以及后部的激活。如果说反转轻动词句和反转非轻动词句之间可能是因为语义导致的左脑颞上回后部的激活外，反转轻动词句和“花＋时间”句对比在左脑颞叶上回的激活则可以排除是句义造成的，因为两者语义基本等值。因此，反转轻动词的致使性语义加工还可能导致了左脑颞上回的激活。左脑额叶中回和颞上回的激活表明了轻动词的致使性语义加工具有神经基础。同样，并非所有可以导致移位的轻动词都有致使性语义特征，例如上文提到的“被”。

在利用词类划分对汉语句法、语义加工脑机制所做的实验结果中，可以发现左脑额叶中回的激活与语义加工有很大的关联性，而我们对汉语不同句法结构所做的研究表明，其句法加工过程也与左脑额叶中回相关，这表明了汉语轻动词句法与语义加工存在互动性。

第四节　基于神经机制的汉语轻动词假设和研究展望

综合汉语轻动词句法语义特征和脑区之间的关系，我们基于神经机制研究基础之上尝试构建一个大脑与理论互动的汉语轻动词假设框架，我们设想的基本体系如下：

轻动词	语音	有语音值	致使不移位/非致使移位	额下、中、上
		无语音值	致使移位	额下
	句法	可导致移位	非致使⇨致使	额下、中、上
		不可导致移位		额下
	语义	DO	及物	额下、中/颞
		CAUSE	不及物	额下、中
		BECOME、BE	及物	额下、中/颞

通过对汉语轻动词相关的句法结构加工的脑功能成像实验研究发现，汉语中的轻动词，无论显性的还是隐性的轻动词，其句法加工过程都有独立的神经机制，这种机制是与其语义加工相互区分的，这表明，汉语轻动词的句法特征及其存在于词库系统中的语义特征是互相分离的。具体来说，汉语轻动词在句子中无论是已经导致移位还是正在导致移位都会有左脑额叶下回的激活，这与一般句法结构的加工过程是一致的，这表明汉语轻动词的句法特征在句子生成过程中起了非常重要的作用。另外，之前被认为是汉语轻动词的词，例如我们称之为显性轻动词的“使”，在具体的句子生成中，其轻动词的句法特征反而不明显，这可能与其显性的句法语义特征相关；相反，有些看起来缺乏轻动词致使义特征的词，例如“被”，在句子生成过程中如果作为显性轻动词的话，其仍然可以导致句法移位的发生，其轻动词句法特征反而更加明显。

本研究对于轻动词特征的研究主要限于句法框架之中，轻动词的词汇语义特征，例如在一些中间可以插入“得”的动补复合结构中，我们虽然涉及了动补复合结构，但是对于上述问题还未能深入展开。此外，本研究主要探讨了轻动词假设与轻动词移位句法特征的神经机制等，还有一些与轻动词相关的句法或者语义问题，如轻动词对题元角色的指派功能等还未涉及。在对一些汉语事实研究中，如“他的老师当得好”这样的“得”字结构中，也涉及了轻动词问题，本研究也没有涉及。

在实验方法上，虽然我们采用了比较先进的脑功能成像 fMRI 技术，但是 fMRI 技术有自身的弱点，即时间分辨率不高，这就导致了本研究结果对于轻动词移位具体的加工传导过程还不能清楚的解释。

未来研究的方向应该是轻动词加工的时间进程和空间的结合。同时，实验还有许多需要改进的地方，例如实验语料的呈现方式，我们的实验采用视觉呈现和位置判断，因此空间注意以及眼动等因素不可避免地要对实验结果产生一定的影响，从某种程度上来说增加了无关变量等，而这些变量在实验中很难予以有效控制，这也是进一步实验研究需要努力改进的方向。

需要进一步说明的是，利用磁共振成像这一技术手段进行语言学研究，特别是句子层面的语言学研究，有很大的挑战性，在本研究起始阶段，以汉语为语料将磁共振成像技术应用于语言学研究特别是句法研究的可供参考的成果非常少。语言活动是人类特有的，也是人脑最复杂的、最精细的神经活动。按照当代科学的实验标准，对语言这一人类最为复杂的神经活动进行研究，在实验设备、语料的选择、实验的设计、变量的控制、受试乃至主试等方面的要求都非常高。因此，本研究在语料选择、变量控制乃至实验处理和操作程序等方面存在争议性或者不当的处置过程在所难免。总之，将磁共振成像技术应用于语言学研究，涉及的学科包括语言学、心理学、神经科学、医学、统计学、计算机科学等诸多学科，因此，本研究不但对于语言学研究具有参考意义，也可供相关专业的科研人员参考。

本书中的研究前后共持续了十余年才形成现有体系。这期间，神经语言学及 fMRI 等研究方法已经取得了长足的进步，这为当时处于前沿水平的实验设计和分析方法等，提供了进一步拓展的空间。同时，我们对人脑语言机制特别是句法加工机制的一些思考和发现等，也值得继续深入研究下去。

第十一章　余论：与汉语神经语言学研究相关的问题[①]

汉语轻动词加工的神经机制是基于生成语法理论开展的实验研究，早期中国语言学界对汉语加工神经机制的研究，也是从生成语法，即大脑词库和演算系统的角度入手的。从研究趋势来看，多层面考虑语言加工的神经机制问题，还需要神经语言学研究者进一步思考。目前来看，在人工智能和人类脑计划大背景下，神经语言学研究可能还需要在以下三个层面继续探讨：一是语言单位层面，二是语言单位的组合层面，三是语言的应用层面，也可归结为词类加工机制、句法加工机制和口语加工机制等三大科学问题，即涵盖了语言的备用和使用单位的各个层面：词、短语、句子以及语篇加工的脑机制问题。

首先来看第一个问题，即人脑如何对语言基本单位——词的分类

① 本章涉及的前人研究成果较多，后文参考文献未能全部列出。研究生戴旋、郭靖龙和胡海燕也参与了这一章的部分工作。

进行加工。词作为语言基本单位，已是学界共识，词的问题不仅包括词义，还有词的发音、词的语法特征以及词类，其中词类问题最为复杂。早期对语言神经机制的研究都是在词的层面（有部分研究是在“字”的层面展开，但从实际操作来看，有的实际上也是“词”并非“字”）展开的。学界对于词的研究，包括与词的语法、语义特征相关的脑机制研究结果还不清晰，也就是说还不清楚以下事实：语言基本单位加工所涉及的大脑运作机制。这与目前对人类视觉、听觉、记忆等认知功能研究取得的成果相比，有着非常大的差距。回顾最近的研究，可以看到，随着 PET、fMRI、MEG 以及 ERP 等神经科学技术的不断发展，人类对一般认知功能的探索已经取得了许多令人瞩目的成果。例如，对记忆功能的研究。William Scoville 和 Brenda Milner 在 20 世纪六七十年代就根据海马切除导致记忆缺损的病例指出，海马只是存储部分时间段的记忆，并不是永久性存储记忆的仓库，而且海马损伤并不会影响短时记忆。研究者还发现，海马直接参与了空间记忆、语义记忆与情景记忆的形成，而且海马区内部存在着功能的分离，前部主要与情绪记忆有关，后部则与空间记忆的定位有关。再如，对人脑视觉加工的研究。神经科学研究已经证明人脑的视觉皮层包括整个枕叶，并且延伸到顶叶区域和颞叶区域，学界对视觉加工涉及的功能脑区已有精细划分。例如，V1 区是初级视觉皮层，该区是最早接受视觉刺激的区域，负责对物体简单特征的加工；在其余的高级视觉皮层区域，视觉信息主要依靠两条功能分离的传导通路：腹侧通路和背侧通路。腹侧通路的主要路径由 V2 区经 V4 区投射到颞下回，即枕颞通道，其功能主要是识别物体的整体特征，例如形状、颜色等；背侧通路的主要路径由 V2、V3 区经颞中回区投射至后顶叶，即枕顶通道，该通道主要与物体的空间感知有关。对记忆和视觉加工的研究,显然已经大大超越了对人脑语言机制的研究,即使是最为基本的语言单位——词,目前也还仅仅停留在脑区层面,词与次级脑区的关系还存在很大争议。

然而学界持续对词的脑机制问题的探索,已经让我们看到了破解这一难题的曙光。最接近揭示语言基本单位加工相关脑区的研究成果是对大脑语义地图的研究。此前的研究认为,实体和动作分别被大脑的不同区域表征,这些类别包括人脸、身体部分、食物、衣服、风景以及与运动有关的人类器官等。Huth 等 2012 年的研究认为,每一个词都在不同的大脑区域进行表征可能不正确,人脑中更可能使用一个连续的语义网络或语义空间对各类词进行加工。通过让 5 名被试长时间观看电影(这部电影中包含了 1 000 多个常用名词和动词),利用 fMRI 进行了大脑功能成像的实验,结果表明,5 名被试对单个词处理的语义网络较为一致,人类大脑是根据语义聚类对单词进行组织。然而,在 2016 年,Huth 等人在《自然》杂志(*Nature*)发表的封面文章似乎否定了先前的观点,认为单个词的语义有可能被精细到具体的脑区。不同的是,这一研究没有使用电影而是选取了一段广播电台节目的录音为语音刺激材料,通过对语音材料中词的分类和 fMRI 扫描结果的分析,得出人脑加工单词时的语义地图。不论此研究的结果是否合理,其对语义地图探索的精确性还值得商榷,从展开的脑皮质来看,几乎整个大脑都参与了词汇语义的加工,这相比于对人脑记忆等认知功能的精细研究来说,仍然过于粗疏。

回顾语言加工的脑机制研究,早在 19 世纪,人们就已经通过失语症来了解语言的中枢功能定位,认识到布洛卡、韦尼克等脑区在大脑处理语言时的重要性。经过长期研究，我们已经认识到一些基本事实，即对语言基本单位脑机制的研究结果表明：左脑枕颞叶皮层腹侧与视觉词形的识别有关；颞叶前部与词的语义加工有关；名词中的动物词与枕叶皮层相关，而工具词则与外侧颞叶相关；动词中的心理动词与左脑颞中回后部相关等。

即使如此，语言中最基本的词类——名词和动词的两重分离也还未能取得学界一致的认可，这在上文第九章中也简要介绍过。名词和动词加工机制的相互纠缠，在最近20年对不同语言的研究中都有体现。例如，对英语名词与动词的产出进行PET实验发现，在左脑颞叶、额叶以及前运动/前额叶等脑区，名词与动词的激活均没有显著不同；在以意大利语者为被试进行的PET研究中，也未能发现名词和动词在激活脑区范围的差异；以德语的名词和动词为语料进行ERP研究，结果显示名词和动词在ERP地形图上并没有差异。2004年，一项对汉语名词和动词加工的fMRI研究结果发现，动词和名词的激活区域广泛地分布于大脑两半球，但没有明显差异。

上述实验研究结果显然与名词和动词的理论研究成果相悖。从理论语言学角度来看，无论从语义还是语法角度，名词和动词的区分都是显而易见的；大多数人类语言当中都有名词和动词，名动加工的两重分离现象也被理论研究广泛认可。从神经机制角度对名动两重分离现象的研究始于20世纪80年代对失语症的考查，这些研究指出：左脑额叶区下部受损的患者，动词加工机制受损，表现为动词提取困难而名词提取相对完好；左脑前颞叶区受损患者的名词加工机制受损，表现为名词提取困难而动词提取相对完好。这些研究表明，对名词和动词的两重分离还需要深入研究，按理论假设，可以从语义和语法两个方面展开。

首先是在语义层面对名动分离的研究。这一研究主要基于以下理论假设：对应于名词和动词，大脑对实体与行为动作的神经表征不同。其主要观点是认为：名词的意义主要涉及事物的概念，而动词主要指称相关的行为动作，所以名动分类虽然是语法类，但也可以看成语义类。名词的心理表征可能会与负责加工物体概念信息的脑区相关；而动词的心理表征则与负责行为动作信息加工的脑区相关。

较早的关于名动语义加工的研究也是源于失语症。Damasio 和 Tranel 于 1993 年以图片命名任务对三例失语症患者进行了研究。有两例失语症患者在诱发动词产出的任务中的表现与控制组相似，但是在提取名词时存在缺陷。这两名患者共同的病变区域是在左脑颞叶的前部与中部，这些脑区包括了指称具体实体名词的系统。另一患者对动词提取存在缺陷，他的病变区域是在左脑前运动皮层。结论认为，特定脑区的脑组织损伤会导致某一类词的提取障碍。同时，普通名词、专有名词等名词的次类也被初步证明有相对的系统分离。20 世纪 90 年代，关于名动加工的研究开始关涉正常人的行为。例如，Sereno(1999)的名动词汇判断任务实验结果显示，名词判断任务的反应时间要快于动词；在右侧视野区域(左半球)，动词任务则有更快的反应时间；左右半球对名词任务的反应时间没有差异。这些结果与失语症研究形成了互相印证关系，但是还无法准确预测大脑中名词和动词的加工机制。

随后，学界开始利用 ERPs 技术对名词和动词加工的时间进程进行研究。目前，已经观测到在 116 ms 到 172 ms 之间，名词加工区别于动词，而 Pulvermüller 等人的一系列研究比较了三种不同的德语单词：行为动词、强动作联想名词以及强视觉联想名词加工的时间进程。结果发现强动作联想的名词与行为动词诱发的脑电没有显著差异，但强视觉联想名词与行为动词诱发的脑电有显著差异，不同名词诱发的脑电也有显著差异。可以认为，有不同语义联想的同一词类的词可能存在不同的脑加工模式，与某一类词相关的脑加工过程的异同取决于词的意义而与词的词汇—句法特征无关。

脑功能成像技术可以精确观测名词和动词加工的脑区活动。如Tyler等人的PET实验研究，通过词汇和语义判断任务，发现与名词和动词语义加工相关的左脑前额叶皮层与颞叶下部的显著激活。此前的研究已经证实，这些区域与语义加工相关。因此可以认为：名词与动词的语义加工被相同的皮层网络表征，这个网络与语法无关。同时，该研究指出，区分名词与动词句法角色的实验研究需要加强。由此，Vigliocco等人利用PET对意大利语的名词和动词加工进行了研究，通过只选择表指称事件、表行为和表感知的词汇来控制语义变量，实验任务要求被试被动听单词而无需做判断，从而降低实验任务的影响。实验结果发现，感知词与行为词之间有不同的激活，感知词在左脑颞下回与额下回有明显激活，而行为词在初级运动皮层有明显激活。同时，实验未能发现名词与动词之间的激活差异。该研究的结论认为，不同语义类别的单词加工需要不同的神经网络，而从语法角度上分出的名词与动词的加工，则共有神经网络。2014年，Moseley等发现，单个词加工激活的脑区是受语义驱动的。在这项fMRI实验中，要求被试默读语料（具体名词、具体动词、抽象名词、抽象动词），结果显示，在中央运动皮层以及前中央运动皮层，具体动词与具体名词相比，具体动词的激活更强烈；而在额下回，具体名词的激活比具体动词的激活更强烈，但是抽象名词与抽象动词无明显差异。这些实验都证明了语义与语法因素在名动双重分离中的相互纠缠。

我们在上文已经论及，就汉语来看，较早涉及汉语名动分离的研究是 Bates 等（1991）和 Chen 等（1998）的相关研究。通过让汉语失语症患者完成图片命名以及图词匹配的实验任务，发现布洛卡失语症患者的动词生成出现困难，而韦尼克失语症患者的名词生成有困难。由于汉语缺少显性的外在语法形态变化，早期研究者认为，汉语名词和动词只能通过语义来区分。

支持名词和动词语义分类的研究存在的最大问题是：难以考量语法任务对名词和动词加工的影响。不论是对印欧语系语言如英语的研究，还是对汉藏语系语言如汉语的研究，研究者所使用的实验任务基本上都是图词匹配、图片命名和词汇判断任务，这都与词的语义高度关联，而较少涉及词的语法特征，其研究结果也无法充分解释语法层面名词和动词的加工差异。

当然，学界也不乏对名词和动词在语法层面加工机制的研究。从名词和动词在组成短语和形成句子时投射出的语法功能来看，动词具有核心词的地位，不但形式复杂多变，而且还具有决定一个语言结构语法性质的能力。名词和动词在语法方面的研究主要基于以下理论假设，一是在有形态变化的语言中，动词在表现语法范畴时的形态变化相对丰富，而名词相对较少；二是动词比名词复杂不仅仅因为其形态复杂，还因为其在句中的核心地位，按理论研究动词中心说的观点，一个句子中的动词需要在句中承担更多的句法功能，如以动词为中心进行论元的指派等句法操作。

早期对名词和动词语法加工的研究，也得益于对失语症患者的观察。一般认为,既然在言语生成中,动词具有决定性并可以影响名词论元的获得和词序,而名词的语法功能比较单一,语法因素可能会导致名词与动词加工机制的差异,从而造成名动双分离。因此,语法缺失的失语症患者在加工句子的论元结构时就会有动词提取障碍。Shapiro和Garamazza(2003)通过对失语症患者的研究发现了名词与动词加工在左脑额中回的差异。该研究使用形态转换任务,要求失语症患者在较短的句子语境中,把名词的单数和复数相互转换,把动词的现在时态和过去时态相互转换。研究发现,患者RC在动词的屈折形态加工方面存在困难,原因可能是左脑额中回部分区域的受损。另一项研究中,患者JR产生屈折名词与假名词方面存在困难的原因可能是左脑额叶下部区域的损伤。

对于名词和动词的这种加工差异,早期的研究并没有指出其中的语法因素。在英语中,有一些同形同音异义词,这些词的意义要在语境中才能确定,例如"smoke""promise"既可以作动词又可以作名词。Federmeier等(2000)以英语歧义词、非歧义名词/非歧义动词、假词为实验语料,进行句子语境下词汇加工比较,结果发现:在大脑中央前区,名词比动词诱发的N400波幅更大。语境显然在名动分离中具有重要地位,然而语境如何造就了名动语法分离还需要进行研究。

对词的语法屈折加工机制的研究,开启了在语法上对名动双分离的探索。例如,研究者通过fMRI研究了规范的屈折名词(如:dogs)与屈折动词(如:hitting)的神经加工机制,实验结果显示:与具有屈折变化的名词相比,屈折变化动词在左脑额下回的激活强度更高,表明当动词进行复杂形态加工时,可能会有与句法加工关联的神经系统的参与。类似的研究也认为,与屈折名词相比,屈折动词的加工引起了左脑额下回和左脑颞中回更强的激活，但是这些屈折名词和动词的原形加工的结果互相比较，则没有明显的激活差异。这说明，这些大脑皮质的激活与名词和动词的语法功能密切相关。

随后，在更多语法范畴层面对名词和动词的脑加工机制进行的研究逐渐增多。在 Shapiro 等人 2005 年的一项 PET 研究中，被试对呈现的名词和动词进行简单的语法处理：产出相应的复数名词、单数名词、单数第一人称动词、复数第一人称动词。实验结果表明，名词与动词的加工存在共同的左脑网络，同时也有不同的脑区。动词加工主要涉及前额叶皮层，名词加工则与双侧大脑的颞叶皮层相关。研究者认为，名词与动词加工神经机制的差异主要由名词与动词的语法加工造成的，至少在特定的语法环境中，如这一研究中的"复数产出""主谓一致"等语法加工任务下如此。上文也提到，在 Yokoyama 等(2006)利用 fMRI 研究名词和动词语法加工机制的实验中，实验语料分别是名词(mother)、没有标记的主动动词(find)、有标记的被动动词(called)。结果显示，额叶、颞叶以及枕叶皮层都有激活，动词与名词相比，在左脑颞中回存在更大激活；屈折动词与无标记动词相比，左脑额下回有更大的激活。由于动词比名词在次范畴、题元结构等方面更复杂，表明了左脑额叶下回与动词屈折形态的加工更加有关。

基于词组和句子语境，研究名词和动词语法分离机制成为学界目前的最新探索。Pulvermüller 等于 2012 年的 fMRI 实验中，在词组语境下研究了与行为有关的名词和动词。这些词组分别由一个代词加一个兼类词组成，这个兼类词可以通过语境来判断语法，例如：her walk，they walk 和 their walks，这些词有的没有屈折形式，有的有名词复数、动词第三人称单数等屈折形式，兼类词都是和脸与嘴、肩膀与手、脚与腿有关的动作单词。实验使用了默读任务。研究结果发现，包含名词的短语在左脑前运动皮层下部以及布洛卡区域后部有更大的激活，名、动词加工分别对应于额叶和颞叶的分离模式未能被证实，名词与动词语法性质的加工需要在一定的语境下体现。Tsigka 等 2014 年的 MEG 实验，对词组语境下的同形同音词不同的语法功能进行了研究。实验控制了这些词在正字法、读音和语义方面的变量，也采用默读任务。结果表明，名词与动词的语法加工有分离的神经机制，这些差异可能是动词形态加工的复杂性造成的，左脑前额叶皮层下部在动词词组加工中有关键作用。

名词和动词的语法分离现象在非屈折语如汉语中也被证实。杨亦鸣等(2002)分别把名词和动词置于能体现其语法性质的词组中进行 ERP 实验，实验结果显示，不论是单音节还是双音节的名词和动词都有着不同的脑电反应，证明名动分离的神经机制可以由其语法加工的不同造成，同时利用形容词为中介组合成形名和形动词组进行 fMRI 实验，结果也显示了脑区激活范围和强度的差异。进一步的研究利用 ERP 实验考察了汉语语境中的名词、动词及兼类词的加工机制，结果表明，无论是语义加工还是语法加工，动词消耗的能量比名词要更多，加工的难度也更大。这些实验均支持语法功能是名词和动词分离的重要观测指标。

第二个问题是句法加工的脑机制。对于句法加工的研究，目前比较一致的看法是：大脑额叶、颞叶与句子的生成和理解加工相关；研究还证明，左脑额下回后部在句法整合加工中有关键作用，而左脑颞中回后部则与词库中的词汇——句法信息的提取相关，语言中句法结构的整合加工需要这两个脑区的交互作用；另外，大脑的功能联结在句子加工中也受到较多关注，左脑额下回和左脑中央前沟在句子加工中的功能联结显著增强，但是在词汇——语义加工中并没有发现这一现象，在句子结构的整合加工中还发现了左脑额叶和左脑颞叶功能联结的增强。

句法是构成句子的规则，目前理论界较认可的是句法递归性造就了无数的句子，因此句法加工机制研究的主要问题就是句法递归性加工的神经机制。早期的句法研究以生成语法学说为基础，提出以动词为中心研究句法树的生成过程，在研究中，否定句、存现句、被动句、回指句、变式句等一系列特殊句式的句法生成过程异于一般句式，因此，比较特殊句式和一般句式的句法加工过程似乎成了解决句法问题的突破口。这其中，基于动词为中心提出的非宾格动词与非作格动词假说，既具有跨语言的一致性句法结构，又在具体语言中呈现出句法特殊性。Perlmutter 于 1978 年将一元不及物动词分为非宾格(unaccusative)与非作格(unergative)两种，语法学家普遍认为非宾格和非作格动词是句法现象。Shetreet 和 Friedmann(2010)提出因为非宾格动词的论元是一个间接宾语，因此非宾格动词最基本的句法结构就是"动词 + 名词短语"结构，即 V + NP 结构，而为了构建一个含有非宾格动词的 NP + V 结构(如：The girl fell)，就要利用句法移位规则将 NP 从其原来的位置移到主语的位置。因此，句法移位与非宾格动词联系紧密。

另外，非宾格问题的研究对象主要为存现句，原因是存现句被视为非宾格动词结构的诊断句式。这一理论观点认为：存现结构中的动词都是非宾格动词或者是具有非宾格性的动词。从语言的差异和共性来看，汉语与英语存现句有较大差异，但是汉语中的存现句也被认为是非宾格动词的诊断句式并具有非宾格性。如：顾阳(1997)认为英语中的 there 可以充当存现句的主语，在汉语存现句中，方位性名词占据了主语的位置，因此英汉存现句中的动词都是具有非宾格性的。存现句显而易见的一个句法结构特征是，方位性名词短语为了获得格位，需要位于句子结构的前部位置，这与一般句子论元结构形成了差异，这种差异又可以从理论上通过论元结构中的句法移位来进一步解释。

因此，论元结构的复杂性及句法移位与非宾格问题密切相关，也是句法加工机制研究的重要内容。对于这一问题的基本假设是：非宾格动词加工比非作格动词和及物动词要困难。失语法患者在产出具有复杂句法结构的短语或句子时，对特定动词的产出有选择性损伤，从而非宾格和非作格动词的选择性损伤就较为常见。2003 年，Thompson 通过考察失语法患者产出不同类型动词的实验发现，失语法患者在产出非作格动词时更容易，产出非宾格动词较为困难。Thompson 据此提出了“论元结构复杂性假说”(The Argument Structure Complexity Hypothesis, ASCH)。Ouden 和 Thompson (2009)对失语症患者的研究发现，论元结构会影响动词的加工，随着动词句法结构复杂性和难度的增加，失语症患者的动词产出也会更加困难。及物动词和不及物动词在产出任务中，左脑额下回的激活显著增强；在命名任务中，右脑顶叶的激活有显著差异。这表明，复杂的句法结构会引起大脑语言功能区周围的显著激活。新的研究表明，动词的论元结构越复杂，相应的脑区激活也会增强。布洛卡失语患者在动词论元结构的加工过程中，前外侧裂周围脑区有重要作用。一些研究的结果还显示，后外侧裂周围脑区受损伤的韦尼克失语患者在论元结构加工时存在缺陷，韦尼克失语患者无法完成违反正常论元结构的语料加工任务。对论元结构更为复杂的动词，如：带有宾语的动词know，布洛卡失语患者就会出现产出困难，在产出含有复杂的句法和与语义加工的动词，如非宾格动词melt时，与非作格动词相比则更加困难。在句法移位过程中，研究者指出，布洛卡失语患者对句法的移位加工存在困难，左额下回和左前脑岛在句法移位时有显著激活，与此同时，双侧韦尼克区也出现了激活，表明韦尼克失语患者的句法移位加工也存在困难。研究数据还显示，正常被试在对主语从句和宾语从句理解加工时都表现出与移位相关的激活，而布洛卡失语患者则观测不到激活。这表明，在主语从句和宾语从句中，句法移位的加工涉及布洛卡区。这些实验结果也都支持“论元结构复杂性假说”。

对非宾格动词现象的理论研究已经取得较多的成果，随着实验技术的发展，学界也开始通过眼动、ERP、fMRI等实验手段来对非宾格动词加工进行考察。对非宾格和非作格动词进行的脑功能成像研究发现，非宾格和非作格动词主要激活的脑区差异在额下回和颞上回等区域。这些实验从非宾格动词引起的句法移位现象等角度进行研究，为研究非宾格动词提供了实证依据。

对非宾格和非作格动词差异的研究主要是二者加工激活脑区的对比。Lee和Thompson(2011)利用眼动实验对非宾格动词和非作格动词进行了考察，研究发现，正常被试和失语症患者在产出非宾格动词时，眼球注视时间更长，失语症患者对非宾格动词和非作格动词之间的差异更加敏感。Shetreet和Friedmann(2010)使用fMRI技术，对希伯来语中的非宾格动词和非作格动词、及物动词的句法加工进行对比，结果发现，非宾格和非作格动词加工的激活脑区存在差异，非宾格动词显著激活了左脑额下回和左脑颞中回后部。这一结果表明，额下回可能与非宾格动词的句法加工有关，颞中回则与非宾格动词的词汇语义加工有关。研究者继续对非宾格动词、非作格动词和反身动词的加工进行了实验研究，结果发现，非宾格动词与反身动词相比，显著激活了左脑额下回和颞中回；非宾格动词与非作格动词相比的结果与此相似，而非作格动词和反身动词只在右脑颞中回存在差异。Meltzer-Asscher 等(2015)使用 fMRI 对英语的非宾格动词、非作格动词和及物动词进行了考察，研究表明非宾格动词加工具有特异性，这与被试在加工非宾格动词时的行为反应时间较长具有一致性，表明了非宾格动词与其他动词加工机制的显著差异。这些研究表明，虽然同属于不及物动词，非宾格和非作格动词的加工机制不同，“非宾格假说”似乎可以被科学验证。

同时，非宾格动词的加工机制和句法移位加工机制存在较多的一致性，可以证实非宾格假设的句法属性。在生成语法理论中，移位是一个重要的理论假设。根据经济性原则，在句法运算操作手段的选择上，合并优先于移位，移位是不得已而为之的句法诉诸手段。Grodzinsky 团队对句法移位现象进行了深入研究。通过 fMRI 实验，对希伯来语中含有句法移位过程的话题句进行考察，实验结果显示，激活的主要脑区包括左脑额下回、双侧颞上沟后部等。同时，他们还考察了 Wh-疑问句中的句法移位现象，Wh-疑问句与一般疑问句比较，左脑额下回、腹侧中央前沟和左脑颞上沟后部等都有显著激活。无论是话题句还是 Wh-疑问句，其中的句法操作均引起了左脑额下回和颞上沟的激活，经过比较，最终确认布洛卡区前部脑区参与了句法移位加工。Shetreet 等(2014)对希伯来语中的 Wh-移位和动词移位两种不同的移位类型进行了考察。研究发现，由不同类型的移位生成的句法结构激活了不同的脑区。Wh-移位激活了大脑的左额下回和双侧颞下回；而动词移位则激活了左侧枕下回。对于非宾格结构和句法移位机制的研究引起了学界对布洛卡区功能的进一步区分，这不但可以解释句法加工的复杂性，也有利于进一步对大脑的句法加工进行精确定位。

第三个问题是口语加工的神经机制。研究口语就是研究实际使用中的语言，语用是影响口语加工的重要因素，会影响语言使用单位句子的产出，即语用影响口语层面的“句法递归性”。从语法和语用角度来看，不同的语言存在巨大的差异，如与印欧语系主要语言不同的是，汉语是“话题突出”语言（Li & Thompson, 1976）的代表，所谓“话题突出”，指话题置前并不与主语重叠。学界对于话题常有归属语用范畴还是句法范畴之争，话题也因此被打上了语用话题和句法话题的烙印；同时，句法和语用的关系原本就是语言学研究的重要内容之一。自 Chomsky 提出语言能力的遗传特性和句法递归性等观点以来，句法能力能否和其他认知能力相区别就一直是学界争论的焦点。功能、认知语言学研究者认为句法能力与大脑中的其他认知能力相互作用，句法不能独立于其他认知能力。Chomsky 等也于 2002 年在《科学》杂志提出了人类广义和狭义语言能力的方案，从广义语言能力视角看，其他认知能力显然和语言能力密切相关。Chomsky 在《语言的科学》中再次肯定了之前的观点：广义而言，语用学或语言使用研究是总体的“语言理论”，并明确指出，语言官能的运算与语言使用中的推理相关。因此，从话题的语用和句法属性，到包含语用等要素的广义语言能力，和只包含句法要素的狭义语言能力之间，都存在极大的争议。

句法范畴受到语用范畴的影响是学界一直特别重视的理论问题。由于汉语句法特点鲜明,“话题突出结构”最能体现汉语的句法特征,有学者认为,汉语话题突出结构的实质更多地反映了汉语句法的高解析性特征,这也能反映汉语句法的语用本质,比较适合研究口语句法结构的形式机制。如有研究者就指出“句法形式有时也可能由于语用的需要而改变常规”,例句如:“我读过《红楼梦》了。”和“《红楼梦》我读过了。”等变式句,这些变式句的研究不但涉及主语和话题等句法和语用因素,还涉及移位、句式变换等多种句法因素以及会话、语境等多种语用因素。

影响句法机制最重要的语用要素之一语境对于句法结构的制约也已经被理论研究所证实。例如汉语中的伪定语句和伪领属句,“他静他的坐,我示我的威。”以及伪名量,如“三次北京与两次上海都住得很舒服”和“这本书的出版”所代表的汉语 NP 的 VP 等结构中的话题都显然受到了上下文语境的影响。张伯江(2011)认为“汉语没有形态的束缚,汉语句法结构的形成和调整,都可以直接显示语用目的”。在实际的口语语法的形成中,“要事先说原则”(Gundel, 1988)等语用原则对于口语句法,特别是话题句的形成起到了调节作用,也是语用制约句法加工的直接证据。

在语言的神经机制研究领域,语用要素作用于句法加工的神经机制近年来也被科学实验所证实。近年来对印欧语系语言的 fMRI 实验成果表明,大脑左脑额叶下回、颞叶和顶叶的激活在语用对句法制约中起重要作用。学界对丹麦语中语境下的句法加工机制进行了较多探索,使用 fMRI 考察了有语境条件下丹麦语宾语前置句加工时的大脑激活。结果显示,有语境下左脑额叶下回(BA47)的激活强度会降低,但是总体上宾前句的加工难度依然高于正常语序的句子。进一步的研究通过自定步速(self-paced reading)任务,考察被试阅读并理解丹麦语中宾语前置句和主语前置句时的反应时和正确率。与前人关于语序加工的研究结果一致,在没有支持语境下,阅读丹麦语的宾前句要比主前句花费较长的时间,理解正确率也会降低。在语境下,阅读时间的差异依然没有变化(宾前句的阅读时间依然长于主前句),但是,有语境能够极大促进理解的正确率。接着,再次使用 fMRI 手段对丹麦语的宾前句进行考察,不仅发现语境因素会影响额下回的激活强度,同时也发现了合适的语境和词序之间存在交互效应。这一交互效应与额下回等经典句法加工脑区重叠。合适语境对阅读宾语在前的从句产生的积极影响要大于主语在前的从句,这一结果验证了前人研究成果,即给出恰当的语境,宾语在前的从句被认为比主语在前的从句更适合口语的表达。

目前,对语用制约下的汉语话题突出结构句法加工的神经机制研究尚缺乏。汉语句法加工神经机制的研究几乎都是针对独立的句子,这和实际使用的语言还有一定的距离,在自然语言中,一个句子的产生总伴随一定的上下文等语用要素。近几年对汉语神经机制的研究涉及了汉语语用加工的特异性,但是在语用条件下观察汉语句法加工的神经机制尚待开拓。大多数句法神经机制的研究都利用英语等形态较丰富的语言作为语料,汉语句法加工神经机制研究的缺乏,对于全面了解人类语言中语用对句法制约的神经机制不利,这可能是因为,形态的外在性表现,往往使语境对句法的影响降低,一定程度上降低了有形态变化语言中语用对句法影响的研究价值。而汉语“话题突出”的语言特性，语用与句法纠缠的语言事实较多，客观上为此类实验研究提供了丰富的材料，使得该研究具有较高的语言学和神经科学的学术价值。语用研究涉及的实验变量较多，使得此类实验较难实施，而汉语句法外在形态变化不多，客观上降低了相关变量对实验的影响，有利于实验的开展。因此，从神经语言学角度切入汉语话题突出结构句法加工机制的研究，对了解句法和语用的相互作用机制具有较高的价值。利用功能性磁共振成像实验和脑功能连接分析等数据处理技术，可以充分了解句法加工、语用加工以及二者之间互动性的神经基础，这对于了解人脑自然语言加工过程具有较高的应用参考价值。

主要参考文献

[1] 白瑞雪.双宾语结构中的论元增容现象[J].山东外语教学,2001(1):10－13.

[2] 白学军,周源源.语境因素对阅读时眼动控制的影响:来自汉语句子语境的证据[J].心理与行为研究,2005,3(3):165－168.

[3] 鲍海昌.再论使役句与使役表达[J].北方工业大学学报,1999(2):57－63.

[4] 陈忠."V完了"和"V好了"的替换条件及其理据——兼谈"终结图式"的调控和补偿机制[J].中国语文,2008(2):120－128.

[5] 陈昌来.论现代汉语的致使结构[J].井冈山师范学院学报,2001,22(3):28－33.

[6] 陈前瑞.汉语句末"了"将来时间用法的发展及其类型学意义[C]//第七届国际汉语教学讨论会论文.北京:北京大学出版社,2002.

[7] 陈前瑞.句尾"了"将来时间用法的发展[J].语言教学与研究,2005(1):66－73.

[8] 陈伟.论"使"字的词性[J].现代语文(语言研究版),2006(3):85－87.

[9] 陈伟琳.再论双宾语的结构层次[J].江西社会科学,2003(10):161－163.

[10] 陈小红."了$_1$"、"了$_2$"语法意义辨疑[J].语言教学与研究,2007(5):

54－60.
[11] 陈小英.带兼语的“使”与“让”之比较[J].广西社会科学，2005(2)：156－158.
[12] 陈栩茜，张积家.句子背景下缺失音素的中文听觉词理解的音、义激活进程(Ⅰ)[J].心理学报，2005，37(5)：575－581.
[13] 陈栩茜，张积家.句子背景下缺失音素的中文听觉词理解的音、义激活进程(Ⅱ)[J].心理学报，2005，37(5)：582－589.
[14] 程琪龙，王宗炎.兼语一般句式和把字句式的语义特征[J].语文研究，1998(1)：26－30.
[15] 崔希亮.“把”字句的若干句法语义问题[J].世界汉语教学，1995(3)：12－21.
[16] 崔永华.汉语中介语中的“把……放……”短语分析[J].汉语学习，2003(1)：50－55.
[17] 崔宰荣.唐宋时期的特殊“被”字句[J].语文研究，2001(4)：13－20.
[18] 戴曼纯.最简框架下的广义左向合并理论[M].北京：外语教学与研究出版社，2004.
[19] 邓世俊.越南语的“bi”字句对越南学生学习汉语“被”字句的影响[J].南京师范大学文学院学报，2003(1)：167－173.
[20] 邓思颖.汉语方言语法的参数理论[M].北京：北京大学出版社，2003.
[21] 邓思颖.作格化和汉语被动句[J].中国语文，2004(4)：291－301.
[22] 丁建新.英语双宾及物结构的句法和语义分析[J].外国语，2001(1)：54－59.
[23] 杜纯梓.对动补结构产生于六朝说之献疑[J].语文研究，2003(4)：32－36.
[24] 范晓.论“致使”结构[C].//语法研究和探索.北京：商务印书馆，2000，10.
[25] 房玉清.动态助词“了”“着”“过”的语义特征及其用法比较[J].汉语学习，1992(1)：14－20.
[26] 封世文.汉语名词、动词、形容词组配的神经机制研究[D].徐州：徐州师范大学，2003.
[27] 封世文，杨亦鸣.基于功能性磁共振成像的汉语轻动词及其神经机制研

究[J].语言文字应用,2011(2):43-53.
[28] 封世文,沈兴安,杨亦鸣.从使动句加工的功能性磁共振成像看中文句法加工的独立性[J].心理学报,2011,43(2):123-131.
[29] 冯胜利.论汉语的韵律结构及其对句法构造的制约[J].语言研究,1996(1):110-129.
[30] 冯胜利."管约"理论与汉语的被动句.中国语言学论丛,1997(1):1-27.
[31] 冯胜利."写毛笔"与韵律促发的动词并入[J].语言教学与研究,2000(1):27-33.
[32] 冯胜利.轻动词移位与古今汉语的动宾关系[J].语言科学,2005,4(1):3-16.
[33] 冯胜利.轻动词与汉语语法研究[C],语言学暑期培训班讲稿.北京:首都师范大学,2005.
[34] 高立群."把"字句位移图式心理现实性的实验研究[J].世界汉语教学,2002(2):61-67.
[35] 高立群.汉语把字句认知表征图式的实验研究[J].心理科学,2004,27(1):117-119.
[36] 高晓虹.助词"了"在山东方言中的对应形式及相关问题[J].语言科学,2010,9(2):177-186.
[37] 高兴刚.空算子与中间结构[J].现代外语,2000(2):125-136.
[38] 顾阳,沈阳.汉语合成复合词的构造过程[J].中国语文,2001(2):122-133.
[39] 郭姝慧."使"字句的成句条件[J].语文研究,2004(2):24-27.
[40] 郭姝慧.倒置致使句的类型及其制约条件[J].世界汉语教学,2006(2):40-50
[41] 郭姝慧,赵金铭.现代汉语致使句式研究[J].语言文字应用,2005(3):143-143.
[42] 何华,张武田.国外事件相关功能磁共振成像研究概况[J].心理科学,2001,24(6):729-730.
[43] 何文彬.试论"了$_1$"的意义层次[J].哈尔滨师范大学社会科学学报,2012(2):63-68.
[44] 何晓炜.双宾语结构的句法研究[J].现代外语,1999(4):334-345.

[45] 何晓炜.双及物结构中的题元阶层[J].解放军外国语学院学报,2002,25(6):9-12.
[46] 何晓炜.双宾语结构和与格结构的关系分析[J].外国语,2003(2):25-31.
[47] 何晓炜.从格理论的变迁看生成语法的发展[J].学术研究,2004(9):126-130.
[48] 何晓炜.核心功能语类与汉英两种语言的结构差异研究[J].外国语:上海外国语大学学报,2004(5):2-10.
[49] 何元建.论元、焦点与句法结构[J].现代外语,2000(2):111-124.
[50] 何元建,王玲玲.论汉语使役句[J].汉语学习,2002(4):1-9.
[51] 胡裕树,范晓.动词研究[M].开封:河南大学出版社,1995.
[52] 胡正微.词的使动用法的新动向[J].语言教学与研究,2002(1):28-30.
[53] 黄浩,莫雷,韩迎春.共享概念的性质对拥有关系句子情景模型建立的影响[J].心理学探新,2002,22(3):22-27.
[54] 黄锦章.轻动词假设和汉语句法研究[J].汉语学习,2004(6):12-17.
[55] 黄灵红.汉语双宾语句生成中的句法语义问题[J].浙江师范大学学报(社会科学版),1999(2):61-64.
[56] 黄月圆.把/被结构与动词重复结构的互补分布现象[J].中国语文,1996(2):14-21.
[57] 黄正德.题元结构与句法结构[C].北京大学演讲讲义.北京:北京大学,2006.
[58] 黄正德.他的老师当得好[C]//纪念吕叔湘先生诞辰100周年学术研讨会论文集.北京:商务印书馆,2004.
[59] 黄正德.从"他的老师当得好"谈起[J].语言科学,2008,7(3):225-241.
[60] 贾富仓,翁旭初.事件相关功能磁共振成像[J].生理科学进展,2001,32(4):368-370.
[61] 蒋鲤.复杂动结式的语义和句法分析[J].华中科技大学学报(社会科学版),2006,20(4):66-70.
[62] 蒋绍愚.汉语动结式产生的时代[R].巴黎:第三届国际古汉语语法研讨会,1998.
[63] 蒋勇.经济原则对句子语义结构与概念结构不对称现象的解释[J].外语

教学,2001,22(3):3-7.

[64] 金立鑫.试论“了”的时体特征[J].语言教学与研究,1998(1):105-120.

[65] 金立鑫.选择使用“把”字句的流程[J].汉语学习,1998(4):18-19.

[66] 金立鑫.词尾“了”的时体意义及其句法条件[J].世界汉语教学,2002(1):34-43.

[67] 劲松.句子语境中语义联系启动作用的研究被字句的偏误和规范[J].汉语学习,2004(1):26-32.

[68] 李伯约,向建雄.使役结构若干问题刍议[J].外国语言文学研究,2006(3):25-30.

[69] 李红梅.《最简探索:框架》下对“被”字结构的再探索[J].现代外语,2004,27(2):173-178.

[70] 李慧.现代汉语“把”字句语义探微[J].汉语学习,1997(2):43-45.

[71] 李临定.究竟哪个“补”哪个?——“动补”格关系再议[J].汉语学习,1984(2):1-10.

[72] 李宁,王小珊.“把”字句的语用功能调查[J].汉语学习,2001(1):55-62.

[73] 李俏,吴建民,张必隐.词汇选择中句子语境效应的研究[J].心理科学,2000(5):568-570.

[74] 李俏,刘菁,张必隐.句子语境中语义联系启动作用的研究[J].心理学探新,2003,23(1):37-41.

[75] 李亚非.核心移位的本质及其条件——兼论句法和词法的交界面[J].当代语言学,2000,2(1):1-17.

[76] 李英,邓小宁.“把”字句语法项目的选取与排序研究[J].语言教学与研究,2005(3):50-58.

[77] 力提甫·托乎提.轻动词理论与维吾尔语动词语态[J].民族语文,2004(6):32-42.

[78] 力提甫·托乎提.生成语法框架内的维吾尔语句法[J].民族语文,2005(6):35-43.

[79] 梁锦祥.英语的使动结构[J].外国语:上海外国语大学学报,2000(1):53-58.

[80] 梁锦祥.汉语被字句句法三说[J].华南师范大学学报(社会科学版),

2005(1)：86－92.
[81] 刘虹.汉语动结式和动趋式之辨[J].解放军外国语学院学报，2012，35(5)：18－22.
[82] 刘辰诞，李恬.相邻吸纳：语言结构创新的一个动因——以现代汉语动补结构的形成为例[J].外语教学，2013，34(1)：24－29.
[83] 刘丹青.先秦汉语语序特点的类型学观照[J].语言研究，2004(1)：37－46.
[84] 刘慧英.论近古时期汉语的特殊“被”字句[J].语文学刊，1998，(6)：29－31.
[85] 刘林.“来着”的语义性质和句法环境探讨兼与“了$_2$”“过”的对比分析[J].语言研究，2013(2)：71－78.
[86] 刘培玉.把字句研究评述[J].河南师范大学学报(哲学社会科学版)，2001，28(4)：85－88.
[87] 刘颂浩.论“把”字句运用中的回避现象及“把”字句的难点[J].语言教学与研究，2003(2)：64－71.
[88] 刘颂浩，钱旭菁，汪燕.交际策略与口语测试[J].世界汉语教学，2002(2)：93－102.
[89] 刘晓林.也谈“王冕死了父亲”的生成方式[J].中国语文，2007(5)：440－443.
[90] 刘勋宁.现代汉语句尾“了”的来源[J].方言，1985(2)：128－133.
[91] 刘勋宁.现代汉语动词后“了”的语法意义[J].中国语文，1988，(5)：321－330.
[92] 刘勋宁.现代汉语的句子构造和词尾“了”的语法意义[J].语言教学与研究，1999(3)：4－22.
[93] 刘永耕.使令度和使令类动词的再分类[J].语文研究，2000(2)：8－13.
[94] 刘永耕.使令类动词和致使词[J].新疆大学学报(社会科学版)，2000，28(1)：93－96.
[95] 刘忠华.现代汉语“使”字句与一般兼语句的区别[J].广西社会科学，2005(7)：153－155.
[96] 卢英顺.形态和汉语语法研究[M].上海：学林出版社，2005.
[97] 卢英顺.从凸显看“了”的语法意义问题[J].汉语学习，2012(2)：23－29.

［98］鲁忠义，熊伟.汉语句子阅读理解中的语境效应［J］.心理学报，2003，35(6)：726－733.
［99］鲁忠义，范宁.工作记忆广度与汉语句子语境效应的关系［J］.心理学报，2006，38(1)：22－29.
［100］陆丙甫.从宾语标记的分布看语言类型学的功能分析［J］.当代语言学，2001，3(4)：253－263.
［101］陆俭明.现代汉语语法研究教程［M］.北京：北京大学出版社，2003.
［102］吕叔湘.汉语研究工作者的当前任务［J］.中国语文，1961(4)：1－6.
［103］吕叔湘.中国文法要略［M］.北京：商务印书馆，1982.
［104］吕文华."把"字句的语义类型［J］.汉语学习，1994(4)：26－28.
［105］马庆株.词组的研究［J］.语言教学与研究，1997(4)：105－118.
［106］马希文.与动结式动词有关的句式［J］.中国语文，1987，(6)，424－441.
［107］满在江.生成语法理论与汉语双宾语结构［J］.现代外语，2003，26(3)：232－240.
［108］梅广.现代汉语表施事和致事的轻动词结构［C］.北京大学讲座稿.北京：北京大学，2005.
［109］梅祖麟.从汉代的"动、杀""动、死"来看动补结构的发展——兼论中古时期起词的施受关系中立化［C］.//语言学论丛.北京：商务印书馆，1991，16.
［110］孟艳丽."把"字句语义结构分析［J］.解放军外国语学院学报，1998(6)：58－61.
［111］孟艳丽.也论"把"字句的主题和焦点［J］.解放军外国语学院学报，2000，23(3)：44－46.
［112］莫雷，赵冬梅.句子完成与时间缓冲对信息整合的启动作用［J］.心理学报，2003，35(3)：323－332.
［113］木村英树.关于补语性词尾"着/Zhe/"和"了/le/"［J］.语文研究，1983(2)：22－30.
［114］牛顺心.汉语中致使范畴的结构类型研究［D］.上海：上海师范大学，2004.
［115］潘海华.词汇映射理论在汉语句法研究中的应用［J］.现代外语，1997(4)：5－18.

[116] 潘艳艳，张辉.英汉致使移动句式的认知对比研究[J].外语学刊，2005(3)：60－64.
[117] 齐沪扬.与名词动词相关的短语研究[M].北京：北京语言大学出版社，2004.
[118] 齐沪扬，唐依力.带处所宾语的“把”字句中V后格标的脱落[J].世界汉语教学，2004(3)：5－14.
[119] 桥本万太郎.语言地理类型学[M].余志鸿译.北京：北京大学出版社，1985.
[120] 全裕慧.使动义的“动词＋结果补语”结构的教与学[J].汉语学习，1999(5)：54－59.
[121] 任鹰.主宾可换位动结式述语结构分析[J].中国语文，2001(4)：320－328.
[122] 任志萍.“把＋N_1＋V_1＋给＋N_2＋V_2”句式语义句法分析[J].华文教学与研究，2001(3)：60－65.
[123] 杉村博文.论现代汉语“把”字句“把”的宾语带量词“个”[J].世界汉语教学，2002(1)：18－27.
[124] 沈家煊.现代汉语“动补结构”的类型学考察[J].世界汉语教学，2003(3)：17－23.
[125] 沈家煊.动结式“追累”的语法和语义[J].语言科学，2004，3(6)：32－34.
[126] 沈家煊.语法研究的目标——预测还是解释？[J].中国语文，2004(6)：483－492.
[127] 沈兴安.现代汉语实词词组的脑机制和语言理论研究[D].南京：南京师范大学，2005.
[128] 沈阳，何元建，顾阳.生成语法理论与汉语语法研究[M].哈尔滨：黑龙江教育出版社，2001.
[129] 施春宏.动结式致事的类型、语义性质及其句法表现[J].世界汉语教学，2007(2)：21－39.
[130] 施其生.闽南方言表实现体貌的“了”[J].语言科学，2014，13(3)：252－267.
[131] 施文志.“使”字句的结构研究[J].云南师范大学学报(对外汉语教学与

研究版)，2001，2(5)：64－66.
[132] 石定栩.乔姆斯基的形式句法——历史进程与最新理论[M].北京：北京语言文化大学出版社，2002.
[133] 石东方，张厚粲，舒华，等.动词信息在汉语句子加工早期的作用[J].心理学报，1999，31(1)：28－35.
[134] 石毓智.论现代汉语的“体”范畴[J].中国社会科学，1992(6)：183－201.
[135] 石毓智.现代汉语的动补结构：一个类型学的比较研究[J].现代中国语研究，2000(1)：62－69.
[136] 石毓智.汉语发展史上的双音化趋势和动补结构的诞生——语音变化对语法发展的影响[J].语言研究，2002(1)：1－14.
[137] 时兵.古汉语双宾动词研究[J].淮北师范大学学报(哲学社会科学版)，2003，24(2)：19－20.
[138] 税昌锡.事件过程与存现构式中的“了”和“着”[J].语言科学，2011，10(3)：231－245.
[139] 司富珍.中心语理论和汉语的 DeP[J].当代语言学，2004，6(1)：26－34.
[140] 司惠文，余光武.英语中间结构句法致使生成研究[J].现代外语，2005，28(1)：1－9.
[141] 孙兵，刘鸣.句子加工中语义关联性和句法歧义性实验研究[J].心理与行为研究，2005，3(2)121－124.
[142] 孙晋文，伍雅清.双宾语结构与句末附加语[J].外语教学与研究，2004，36(4)：257－263.
[143] 孙晋文.双宾语结构的最简方案研究[D].长沙：湖南大学，2003.
[144] 太田辰夫.中国语历史文法[M].蒋绍愚、徐昌华，译.北京：北京大学出版社，1987.
[145] 谭和平，昝飞，刘春玲.聋生汉字加工的自由回忆与词序位置记忆实验研究[J].心理科学，2003，26(6)：1065－1068.
[146] 汤廷池.汉语复合动词的使动与起动交替[J].LanguageandLinguistics，2002(3)：615－644.
[147] 唐一源，张武田，马林等.默读汉字词的脑功能偏侧化成像研究[J].心

理学报,2002,34(4):3－7.
[148] 陶红印.试论语体分类的语法学意义[J].当代语言学,1999(3):15－24.
[149] 廷俊荣.给予句研究[D].上海:复旦大学,2001.
[150] 宛新政.试论现代汉语使动句的句法、语义和语用特征[J].阜阳师范学院学报(社会科学版),2005(1):27－31.
[151] 王丹,杨玉芳.强调范围对句子重音知觉的影响及其声学表现的研究[J].心理科学,2006,29(3):680－683.
[152] 王红旗.动结式述补结构在把字句和重动句中的分布[J].语文研究,2001(1):6－11.
[153] 王琼,伍雅清.汉英动结结构的比较研究[J].解放军外国语学院学报,2005,28(4):17－23.
[154] 王文斌.从 Chomsky 的最简方案探解"对字句"[J].外语学刊,2006(2):52－57.
[155] 王新法.汉语句子阅读阈限的初步研究[J].心理科学,2003,26(1):98－101.
[156] 王彦杰."把……给 V"句式中助词"给"的使用条件和表达功能[J].语言教学与研究,2001(2):66－72.
[157] 王跃平.述补结构的分类及其潜在语义预设初探[J].山西师范大学学报(社会科学版),2014(1):153－157.
[158] 王兆鹏.现代汉语的使动用法[J].汉字文化,2002(4):23－24.
[159] 王振华.英语役使动词、感知动词和帮助动词中典型动词在句法上的异同[J].外语与外语教学,2001(1):40－41.
[160] 王政红."把"字句的情状类型及其语法特征[J].南京师范大学学报:社会科学版,1994(4):107－111.
[161] 魏景汉,罗跃嘉.认知事件相关脑电位教程[M].北京:经济日报出版社,2004.
[162] 吴福祥.关于动补结构"V 死 O"的来源[J].古汉语研究,2000(3):44－48.
[163] 吴庚堂."被"字的特征与转换[J].当代语言学,1999(4):25－37.
[164] 吴庚堂.汉语被动式与动词被动化[J].现代外语,2000(3):249－260.

[165] 吴凌非.论“了$_1$”和“了$_2$”[J].语言研究,2002(1):23-27.
[166] 吴门吉,周小兵.“被”字句与“叫、让”被动句在教学语法中的分离[J].云南师范大学学报(对外汉语教学与研究版),2004,2(4):66-71.
[167] 吴映群.中文句子短时记忆信息提取的一般特点[J].心理科学,1999(6):563-564.
[168] 武宁宁,舒华.句子语境中汉语词类歧义词的意义激活[J].心理学报,2002,34(5).454-461.
[169] 肖治野,沈家煊.“了$_2$”的行、知、言三域[J].中国语文,2009(6):518-527.
[170] 邢欣.现代汉语兼语式[M].北京:北京广播学院出版社,2004.
[171] 熊学亮,梁晓波.致使结构的原型研究[J].江西师范大学学报(哲学社会科学版),2003,36(6):106-110.
[172] 熊学亮,梁晓波.论典型致使结构的英汉表达异同[J].外语教学与研究,2004,36(2):90-96.
[173] 熊仲儒.汉语被动句句法结构分析[J].当代语言学,2003,5(3):206-221.
[174] 熊仲儒.动结式的致事选择[J].安徽师范大学学报(人文社科版),2004,32(4):471-476.
[175] 熊仲儒.关于距离相似动因的个案分析[J].华文教学与研究,2004(1):69-76.
[176] 熊仲儒.现代汉语中的致使句式[M].合肥:安徽大学出版社,2004.
[177] 熊仲儒.致使的语音实现及其句法蕴含[J].安徽师范大学学报(人文社会科学版),2005,33(6):723-728.
[178] 徐丹.从动补结构的形成看语义对句法结构的影响——兼谈汉语动词语义及功能的分化[J].语文研究,2001(2):5-12.
[179] 徐杰.两种保留宾语句式及相关句法理论问题[J].当代语言学,1999(1):16-29.
[180] 徐燕青.张宇对“把”字句谓语使用条件的突破[J].汉语学习,1998(5):55-57.
[181] 徐燕青.“使”字句与“把”字句的异同考察[J].世界汉语教学,1999(4):52-58.

[182] 延俊荣.双宾句研究述评[J].语文研究,2002(4):38-41.
[183] 严玉培."最简方案"与汉语"被字句"保留宾语问题[J].曲靖师范学院学报,2006,25(5):96-99.
[184] 杨大然.现代汉语使动结构的 ECM 现象研究[J].现代外语,2003,26(4):365-372.
[185] 杨德峰.用于将来的"动+了+趋"初探[J].语言研究,2002(2):78-84.
[186] 杨洪升,杨武元.使动式在现代汉语中的生命力[J].北方论丛,2005(2):40-42.
[187] 杨丽霞,陈永明等.句子加工水平上对外在干扰的抑制机制[J].心理学报,2002,34(6):553-560.
[188] 杨寿勋."得"的生成语法研究[J].现代外语,1998(1):53-70.
[189] 杨亦鸣,曹明.中文大脑词库形、音、义码关系的神经语言学分析[J].中国语文,1998(6):417-424.
[190] 杨亦鸣,曹明.基于神经语言学的中文大脑词库初探[J].语言文字应用,2000(3):91-98.
[191] 杨亦鸣,梁丹丹,顾介鑫等.名动分类:语法的还是语义的——汉语名动分类的神经语言学研究[J].语言科学,2002,1(1):31-46.
[192] 杨玉玲.重动句和"把"字句的使用考察[J].世界汉语教学,1999(2):71-75.
[193] 叶向阳."把"字句的致使性解释[J].世界汉语教学,2004(2):25-39.
[194] 余林,舒华.句子理解加工的新进展[J].心理学动态,1999,17(4):7-13.
[195] 袁野.用 VP 壳解释几个汉语现象[J].云梦学刊,2004,25(3):100-102.
[196] 袁毓林.一套汉语动词论元角色的语法指标[J].世界汉语教学,2003(3):24-36.
[197] 张黎.现代汉语"了"的语法意义的认知类型学解释[J].汉语学习,2010(6):12-21.
[198] 张伯江.论"把"字句的句式语义[J].语言研究,2000(1):28-40.
[199] 张国宪,卢建.助词了再语法化的路径和后果[J].语言科学,2011,

10(4)：337－352.
[200] 张金桥，莫雷，Zhang-Jinqiao.汉语主动句、被动句的命题表征项目顺序特点[J].心理学报，2006，38(3)：317－323.
[201] 张丽丽.使役动词的多重虚化——从句法、语义和语用三层面观之[C].北京大学汉语语言学研究中心讲座稿.北京：北京大学，2006.
[202] 张美兰.论近代汉语"我把你个＋名词性成分"句式[J].语文研究，2000(3)：40－46.
[203] 张宁，刘明臣.试论运用功能法教"把"字句[J].语言教学与研究，1994(1)：79－91.
[204] 张旺熹."把"字句的位移图式[J].语言教学与研究，2001(3)：1－10.
[205] 张亚旭，舒华，张厚粲.句法歧义消解与句子理解研究综述[J].心理科学，2000，23(1)：88－91.
[206] 张亚旭，刘友谊，舒华等.中文句子中双音节兼类词句法分析历程初探[J].心理学报，2003，35(4)：433－440.
[207] 张云秋，柴兴东.汉语主动式的表达形式及强化等级[J].北方论丛，2002(4)：111－114.
[208] 赵杨.汉语使动及其中介语表征[M].北京：北京大学出版社，2006.
[209] 赵玉荣.汉语主动、被动简单句中的量词辖域释义[J].清华大学学报(哲学社会科学版)，2004(S1)：12－16.
[210] 赵元任.汉语口语语法[M].北京：商务印书馆，1979.
[211] 郑杰.现代汉语"把"字句研究综述[J].语言教学与研究，2002(5)：41－47.
[212] 仲晓波，吕士楠.句子重音对汉语同音异义词的解歧作用[J].心理学报，2003，35(3)：333－339.
[213] 仲晓波，杨玉芳.汉语普通话句子重音在时长方面的声学表现[J].心理学报，2003，35(2).
[214] 周长银.现代汉语"给"字句的生成句法研究[J].当代语言学，2000，2(3)：155－167.
[215] 周长银，张法科.Larson 壳、vP 壳与双宾语句[J].济南大学学报(社会科学版)，2002，12(5)：51－54.
[216] 周红.现代汉语致使范畴研究[M].上海：复旦大学出版社，2005.

[217] 周红."使"字句与"把"字句致使表达异同分析[J].吉林省教育学院学报,2006(2):86-88.
[218] 周静仪,陈少芳,宋华.中文阅读中主题与语意信息在句子加工中的作用[J].心理学报,2000,32(1):7-12.
[219] 朱德熙.语法丛稿[M].上海:上海教育出版社,1990.
[220] 朱庆祥.论否定副词"没(有)"与"了$_2$"共现问题[J].语言科学,2012,11(1):37-51.
[221] 朱行帆.轻动词和汉语不及物动词带宾语现象[J].现代外语,2005,28(3):221-231.
[222] 朱祖德,王穗苹,吴岩.语言理解中语义与句法加工的脑功能定位研究[J].华南师范大学学报(社会科学版),2006(2):117-124.
[223] 左思民.现代汉语的"体"概念[J].上海师范大学学报(哲学社会科学版),1997(2):109-115.
[224] Abeillé A, Danièle Godard, Ivan A. Sag. Two Kinds of Composition in French Complex Predicates [C].//In Erhard Hinrichs, Andreas Kathol, and Tsuneko Nakazawa (Eds.) Complex Predicates in Nonderivational Syntax. San Diego: Academic Press, 1998.
[225] Arabatzi M, Edwards S. Tense and Syntactic Processes in Agrammatic Speech[J]. Brain and Language, 2002, 80(3): 314-327.
[226] Andrew R. Syntax: A Minimalist Introduction[M]. Beijing: Foreign Language Teaching and Research Press London: Cambridge University Press, 2000.
[227] Arad M. A minimalist view of the syntax-lexical semantics interface UCL Working Papers in Linguistics[R/OL]. a) https://www.docin.com/p-2042639910.html
[228] Baker. Mark C. Incorporation: A Theory of Grammatical Function Changing[M]. Chicago: University of Chicago Press, 1988.
[229] Baker. Mark C. Thematic roles and grammatical categories. Elements of grammar: Handbook of generative syntax, ed. by Liliane Haegeman [M]. Dordrecht: Kluwer, 1997, 73-137.
[230] Bandettini P A, Cox R W. Event-related fMRI contrast when using

constant interstimulus interval: Theory and experiment[J]. Magnetic resonance in medicine: official journal of the Society of Magnetic Resonance in Medicine/Society of Magnetic Resonance in Medicine, 2000, 43(4): 540-548.

[231] Bastiaanse R, Thompson C K. Verb and auxiliary movement in agrammatic Broca's aphasia[J]. Brain and Language, 2003, 84(2): 286-305.

[232] Bastiaanse R, Van Z R. Broca's aphasia, verbs and the mental lexicon [J]. Brain and Language, 2004, 90(1): 198-202.

[233] Bates E, Appelbaum M, Allard L. Statistical constraints on the use of single cases in neuropsychological research[J]. Brain and Language, 1991, 40(3): 295.

[234] Bedny M, Caramazza A, Grossman E, et al. Concepts are more than percepts: the case of action verbs[J]. Journal of Neuroscience the Official Journal of the Society for Neuroscience, 2008, 28(44): 11347.

[235] Ben-Shachar M, Palti D, Grodzinsky Y. Neural correlates of syntactic movement: Converging evidence from two fMRI experiments[J]. NeuroImage, 2004, 21(4): 1320-1336.

[236] Boland J E, Tanenhaus M K, Carlson G, et al. Lexical projection and the interaction of syntax and semantics in parsing[J]. Journal of Psycholinguistic Research, 1989, 18(6): 563.

[237] Breedin S D, Saffran E M. Sentence processing in the face of semantic loss: a case study[J]. Journal of Experimental Psychology General, 1999, 128(4): 547.

[238] Brown C M, Berkum J J A V, Hagoort P. Discourse Before Gender: An Event-Related Brain Potential Study on the Interplay of Semantic and Syntactic Information During Spoken Language Understanding[J]. Journal of Psycholinguistic Research, 2000, 29(1): 53-68.

[239] Burkhardt P, Mercedes P M, Wong K. The role of the anterior left hemisphere in real-time sentence comprehension: evidence from split intransitivity[J]. Brain and Language, 2003, 86(1): 9-22.

[240] Butt M. The Light Verb Jungle [C].//Workshop on Multi-Verb Constructions Trondheim, 2003, 26 - 27.

[241] Butt M, Aditi L. Historical Stability vs. Historical Change[A/OL]. Unpublished http: //mull.ccl.umist.ac.uk/staff/mutt/

[242] Butt, M, Wilhelm G. On the (Semi) Lexical Status of Light Verbs [M].//Norbert Corver and Henkvan Riemsdijk (eds.) Semi-lexical Categories: On the content of function words and the function ofcontent words, Berlin: De Gruyter Mouton, 2001, 323 - 370.

[243] Caplan D. Functional Neuroimaging Studies of Syntactic Processing [J]. Journal of Psycholinguistic Research, 2001.

[244] Caramazza A, Hillis A E. Lexical organization of nouns and verbs in the brain[J]. Nature, 1991, 349(6312): 788 - 790.

[245] Cartwright T A, Brent M R. Syntactic categorization in early language acquisition: formalizing the role of distributional analysis [J]. Cognition, 1997, 63(2): 121 - 170.

[246] Cattell, Ray. Composite Predicates in English[M]. Sydney: Australian Academic Press, 1984.

[247] Chee M W, Hon N, Lee H L, et al. Relative language proficiency modulates BOLD signal change when bilinguals perform semantic judgments. Blood oxygen level dependent [J]. Neuroimage, 2001, 13(6): 1155 - 1163.

[248] Chee M W L, Soon C S, Lee H L. Common and Segregated Neuronal Networks for Different Languages Revealed Using Functional Magnetic Resonance Adaptation [J]. Journal of Cognitive Neuroscience, 2003, 15(1): 85 - 97.

[249] Chee M W, Tan E W, Thiel T. Mandarin and English single word processing studied with functional magnetic resonance imaging [J]. Journal of Neuroscience, 1999, 19(8): 3050 - 3056.

[250] Chee, Michael W L, Caplan, et al. Processing of Visually Presented Sentences in Mandarin and English Studied with fMRI[J]. Neuron, 1999, 23(1): 127 - 137.

[251] Chee M W L, Weekes B, Lee K M, et al. Overlap and Dissociation of Semantic Processing of Chinese Characters, English Words, and Pictures: Evidence from fMRI [J]. Neuroimage, 2000, 12 (4): 392 - 403.

[252] Chen Y, Fu S, Iversen S D, et al. Testing for Dual Brain Processing Routes in Reading: A Direct Contrast of Chinese Character and Pinyin Reading Using fMRI[J]. Journal of Cognitive Neuroscience, 2002, 14(7): 1088 - 1098.

[253] Chen S, Bates E. The dissociation between nouns and verbs in Broca's and Wernicke's aphasia: Findings from chinese [J]. Aphasiology, 1998, 12(1): 5 - 36.

[254] Chomsky N. (1970). Remarks on nominalization. In Readings in English transformational grammar, eds. Roderick A. Jacobs and Peter S. Rosenbaum. Waltham, Mass: Ginn and Co, 184 - 221.

[255] Chomsky N. Lectures on government and binding [R]. Dordrecht: Foris, 1981.

[256] Chomsky N. Barriers[M]. Cambridge, Mass.: MIT Press, 1986.

[257] Chomsky N. Knowledge of language[M]. New York: Praeger, 1986.

[258] Chomsky N. Generative Grammar: its Basis, Development and Prospect[R]. Kyoto: Kyoto University of Foreign Studies, 1987.

[259] Chomsky N. The minimalist program[M]. Cambridge, Mass.: MIT Press, 1995.

[260] Chomsky N. Minimalist inquiries [C].//MIT Occasional Papers in Linguistics. Department of Linguistics and Philosophy, Massachusetts Institute of Technology, 1998.

[261] Chomsky N. Derivation by phase [C].//MIT Occasional Papers in Linguistics18. Department of Linguistics and Philosophy, Massachusetts Institute of Technology, 1999.

[262] Chomsky, N. The minimalist program[M]. Cambridge, Mass: MIT Press, 1995.

[263] Chou T-L, Lee S-H, Zhang S-M, et al. The role of inferior frontal

gyrus in processing Chinese classifiers[J]. Neuropsychologia, 2012, 50(7): 1408 - 1415.

[264] Cox R W, Hyde J S. Software tools for analysis and visualization of fMRI data[J]. NMR in Biomedicine, 1997, 10(4 - 5): 171 - 178.

[265] Daniele A, Silveri M C, Giustolisi L, et al. Category-specific deficits for grammatical classes of words: Evidence for possible anatomical correlates[J]. Italian Journal of Neurological Sciences, 1993, 14(1): 87 - 94.

[266] Dapretto, M, Bookheimer, S. Y. Form and content: dissociating syntax and semantics in sentence comprehension[J]. Neuron, 1999, (24): 427 - 432.

[267] Caplan D, Waters G. On-line syntactic processing in aphasia: Studies with auditory moving window presentation [J]. 2003, 84 (2): 222 - 249.

[268] Davidson D. The logical form of action sentences[C],//Essays on actions and events. Clarendon Press, 2001, 105 - 122.

[269] Davis M H, Meunier F, Marslenwilson W D. Neural responses to morphological, syntactic, and semantic properties of single words: An fMRI study[J]. Brain and Language, 2004, 89(3): 439 - 449.

[270] Ding G, Perry C, Peng D, et al. Neural mechanisms underlying semantic and orthographic processing in Chinese ??? English bilinguals[J]. NeuroReport, 2003, 14(12): 1557 - 1562.

[271] Dobel C, Friedemann Pulvermüller, Markus Härle, et al. Syntactic and semantic processing in the healthy and aphasic human brain[J]. Experimental Brain Research, 2001, 140(1): 77 - 85.

[272] Dogil G, Ackermann H, Grodd W, et al. The speaking brain: a tutorial introduction to fMRI experiments in the production of speech, prosody and syntax[J]. Journal of Neurolinguistics, 2002, 15(1): 59 - 90.

[273] Dowty D. Word Meaning and Montague Grammar[M]. Dordrecht: Kluwer Academic Press, 1979.

[274] Dowty D. Thematic Proto-Roles and Argument Selection [J]. Language, 1991, 67(3): 547 - 619.

[275] Duanmu S. Phonologically motivated word order movement: Evidence from Chinese compounds[J]. 1997(1): 49 - 77.

[276] Feng S, Legault J, Yang L, et al. Differences in grammatical processing strategies for active and passive sentences: An fMRI study [J]. Journal of Neurolinguistics, 2015, 33: 104 - 117.

[277] Fisher S E, Vargha-Khadem F, Watkins K E, et al. Localization of a gene implicated in a severe speech and language disorder[J]. Nature Genet, 1998, 18: 68 - 170.

[278] Friedemann, Pulvermüller. Words in the brain's language [J]. Behavioral and Brain Sciences, 1999, 22(2): 253 - 279.

[279] Friedemann Pulvermüller, Assadollahi R, Elbert T. Neuromagnetic evidence for early semantic access in word recognition[J]. European Journal of Neuroscience, 2010, 13(1): 201 - 205.

[280] Friederici A D, Cramon DY, Kotz SA. Language related brain potentials in patients with cortical and subcortical left hemisphere lesions[J]. Brain, 1999, (122): 103 - 1047.

[281] Friederici A D. The Time Course of Syntactic Activation During Language Processing: A Model Based on Neuropsychological and Neurophysiological Data [J]. Brain and Language, 1995, 50 (3): 259 - 281.

[282] Friederici A D, Frisch S. Verb Argument Structure Processing: The Role of Verb-Specific and Argument-Specific Information[J]. Journal of Memory and Language, 2000, 43(3): 476 - 507.

[283] Friederici A D, Meyer M, Cramon D Y V. Auditory Language Comprehension: An Event-Related fMRI Study on the Processing of Syntactic and Lexical Information [J]. Brain and Language, 2000, 74(2): 289 - 300.

[284] Friederici A D, Opitz B, Von Cramon D Y. Segregating Semantic and Syntactic Aspects of Processing in the Human Brain: an fMRI

Investigation of Different Word Types[J]. Cerebral Cortex, 2000, 10(7): 698-705.

[285] Friederici A D, Steinhauer K, Frisch S. Lexical integration: Sequential effects of syntactic and semantic information [J]. Memory and Cognition, 1999, 27(3): 438-453.

[286] Friederici A D, Steinhauer K, Mecklinger A, et al. Working memory constraints on syntactic ambiguity resolution as revealed by electrical brain responses[J]. Biological Psychology, 1998, 47(3): 193-221.

[287] Friedmann N, Grodzinsky Y. Tense and Agreement in Agrammatic Production: Pruning the Syntactic Tree[J]. Brain and Language, 1997, 56(3): 397-425.

[288] Fu S, Chen Y, Smith S, et al. Effects of Word Form on Brain Processing of Written Chinese[J]. NeuroImage, 2002, 17(3): 1538-1548.

[289] Gabriela Alboiu. The Features of Movment in Romannian[M]. Bucharest: University of Bucharest Press, 2002.

[290] Gandour J, Dzemidzic M, Wong D, et al. Temporal integration of speech prosody is shaped by language experience: an fMRI study[J]. Brain and Language, 2003, 84(3): 318-336.

[291] Garrard P, Carroll E, Vinson D, et al. Dissociation of Lexical Syntax and Semantics: Evidence from Focal Cortical Degeneration[J]. Neurocase, 2004, 10(5): 353-362.

[292] Grimshaw J, Armin M. Light verb and Q-marking[J]. Linguistic Inquiry, 1995, (19): 205-232.

[293] Grodner D, Gibson E, Watson D. The influence of contextual contrast on syntactic processing: evidence for strong-interaction in sentence comprehension[J]. Cognition, 2005, 95(3): 275-296.

[294] Grodzinsky Y. Theoretical perspectives on language deficits[M]. Cambridge, MA: MIT Press, 1990.

[295] Grodzinsky Y. Trace deletion, theta-roles, and cognitive strategies[J]. Brain and Language, 1995, 51(3): 469-497.

[296] Grodzinsky Y, Santi A. The battle for Broca's region[J]. Trends in Cognitive Sciences, 2008, 12(12): 474 - 480.

[297] Gu Y. The syntax of Causativity and Resultative Compounds in Chinese[D]. The State of New York: Cornell University, 1992.

[298] Gu Y. On defining causativity and the significance of discourse information[M]. Berlin: Mouton de Gruyter Publisher, 1997, 17, 435 - 455.

[299] Gunter T C, Stowe L A, Mulder G. When syntax meets semantics[J]. Psychophysiology, 1997(34): 660 - 676.

[300] Hagoort P. Interplay between syntax and semantics during sentence comprehension: ERP effects of combining syntactic and semantic violations[J]. Journal of Cognitive Neuroscience, 2014, 15(6): 883 - 899.

[301] Hagoort P. On Broca, brain, and binding: a new framework[J]. Trends in Cognitive Sciences, 2005, 9(9): 416 - 423.

[302] Hale K, Samuel J K. On the syntax of argument structure[C].// Lexicon Project Working Papers. Center for Cognitive Science, Massachusetts Institute of Technology, 1991.

[303] Hale K, Samuel J K. On argument structure and the lexical expression of syntactic relations[C].//In The view from building 20: Essays in linguistics in honor of Sylvain Bromberger, eds. Kenneth H. and Samuel J K. Cambridge, Mass.: MIT Press, 1993, 51 - 109.

[304] Hale K, Samuel J K. On the complex nature of simplepredicators [C].//In Complex predicates, eds. Alex Alsina, Joan Bresnan, and PeterSells. CSLI, Stanford University, 1997, 29 - 66.

[305] Hale K, Keyser S J. A Response to Fodor and Lepore, "Impossible Words?"[J]. Linguistic Inquiry, 1999, 30(3): 453 - 466.

[306] Hale K, Samuel J K. Prolegomenon to a Theory of Argument Structure[M]. Cambridge, MA: MIT Press, 2002.

[307] He A G, Tan L H, Tang Y, et al. Modulation of neural connectivity during tongue movement and reading[J]. Human Brain Mapping,

2003, 18(3): 222 - 232.
[308] Higginbotham J. On Semantics[J]. Linguistic Inquiry, 1985, 16(4): 547 - 597.
[309] Hillis A E, Caramazza A. Representation of Grammatical Categories of Words in the Brain[J]. Journal of Cognitive Neuroscience, 1995, 7(3): 396 - 407.
[310] Hook, Peter E. The Compound Verb in Hindi[Z]. Center for South and Southeast Asian Studies: The University of Michigan, 1974.
[311] Hook, Peter E. The Emergence of Perfective Aspect in Indo-Aryan Languages [C].//In Elizabeth C. Traugott and Bernd Heine Approaches to Grammaticalization, II, 1991, 59 - 89.
[312] Hoshi. H, Mamoru S. The Japanese light verb construction: a case of LF theta marking [C].//In the Second Annual Research Report Submitted to BBN Systemsand Technologies. Department of Linguistics, University of Connecticut, Storrs, 1993, 45 - 46.
[313] Hsieh L, Gandour J, Wong D, et al. Functional Heterogeneity of Inferior Frontal Gyrus Is Shaped by Linguistic Experience[J]. Brain and Language, 2001, 76(3): 227 - 252.
[314] Hu W, Lee H L, Zhang Q, et al. Developmental dyslexia in Chinese and English populations: dissociating the effect of dyslexia from language differences[J]. Brain, 2010, 133(6): 1694 - 1706.
[315] Huang C-T. Logical relations in Chinese and the theory of grammar [D]. Boston: Massachusetts Institute of Technology, 1982.
[316] Huang C-J. On the distribution and reference of empty pronouns[J]. Linguistic Inquiry, 1984, 15(4): 531 - 574.
[317] Huang C-T. Existential sentences in Chinese and (in) definiteness [C].//In The representation of (in) definiteness, eds. Eric J. Reuland and Alice G. B. ter Meulen. Cambridge, Mass: MIT Press, 1987, 226 - 253.
[318] Huang C-T. "Wo pao de kuai" and Chinese phrase structure [J]. Language, 1988(64): 274 - 311.

[319] Huang C-T. Discussion on "shi" and "you": verb classification in Chinese[C].//Manuscript, Cornell University, 1989.
[320] Huang C-T.. Complex predicates in control[C].//In Control and grammar, eds. Richard Larson, Sabine Iatridou, Utpal Lahiri, and James Higginbotham. Cambridge, Mass: Kluwer Academic Press, 1992, 109 - 147.
[321] Huang C-T. Reconstruction and the Structure of VP: Some Theoretical Consequences[J]. Linguistic Inquiry, 1993, 24(1): 103 - 138.
[322] Huang C-T. On lexical structure and syntactic projection[C].//Proceedings of the third International Symposium of Chinese Langugaes and Linguistics. Taipei: Academia Sinica, 1994.
[323] Huang C-T.. Some aspect of the historical development of postverbal structure in Chinese[C].//Talk given at Theoretical East Asian Linguistics Workshop.University of California, Irvine, 1995.
[324] Huang C.-T. James. On lexical structure and syntactic projection [C].//Chinese Languages and Linguistics. Taipei: Academia Sinica, 1997, 3, 45 - 89.
[325] Indefrey P, Hagoort P, Herzog H, et al. Syntactic Processing in Left Prefrontal Cortex Is Independent of Lexical Meaning[J]. Neuroimage, 2001, 14(3): 546 - 555.
[326] Jackendoff R. Parts and boundaries[J]. Cognition, 1991, (41): 9 - 45.
[327] Jespersen Otto. A Modern English Grammar on Historical Principles, Part VI, Mor-phology[M]. London: George Allen and Unwin Ltd, 1965.
[328] Just M A, Carpenter P A, Keller T A, et al. Brain Activation Modulated by Sentence Comprehension[J]. Science, 1996, 274 (5284): 114 - 116.
[329] Kang A M, Constable R T, Gore J C, et al. An Event-Related fMRI Study of Implicit Phrase-Level Syntactic and Semantic Processing[J]. NeuroImage, 1999, 10(5): 555 - 561.

[330] Kansaku K, Shimoyama I, Nakajima Y, et al. Functional magnetic resonance imaging during recognition of written words: Chinese characters for concrete objects versus abstract concepts [J]. Neuroscience Research, 1998, (4): 361 - 364.
[331] Kelly M H. Using sound to solve syntactic problems: The role of phonology in grammatical category assignments [J]. Psychological Review, 1991, 99(2): 349 - 364.
[332] Kemmerer D, Eggleston A. Nouns and verbs in the brain: Implications of linguistic typology for cognitive neuroscience [J]. Lingua, 2010, 120(12): 2686 - 2690.
[333] Kuperberg G R, Mcguire P K, Bullmore E T, et al. Common and Distinct Neural Substrates for Pragmatic, Semantic, and Syntactic Processing of Spoken Sentences: An fMRI Study[J]. J Cogn Neurosci, 2000, 12(2): 321 - 341.
[334] Klein D, Zatorre R J, Milner B, et al. A Cross-Linguistic PET Study of Tone Perception in Mandarin Chinese and English Speakers [J]. NeuroImage, 2001, 13(4): 646 - 653.
[335] Kuo W J, Yeh T C, Duaan J R, et al. Frequency effects of Chinese character processing in the brain: an event-related fMRI study [J]. Neuroimage, 2003, 3: 720 - 730.
[336] Kuperberg G R, Deckersbach T, Holt D J, et al. Increased Temporal and Prefrontal Activity in Response to Semantic Associations in Schizophrenia[J]. Archives of General Psychiatry, 2007, 64 (2): 138 - 151.
[337] Lamers M J, Jansma B M, Hammer A, et al. Neural correlates of semantic and syntactic processes in the comprehension of case marked pronouns: Evidence from German and Dutch[J]. Bmc Neuroscience, 2006, 7(1): 23.
[338] Larson R. On the Double Object Construction[J]. Linguistic Inquiry, 1988, 19: 335 - 391.
[339] Lee M. Dissociations among functional categories in Korean

agrammatism[J]. Brain and Language, 2003, 84(2): 170 - 188.

[340] Levelt, W. J. Speaking: From intention to articulation [M]. Cambridge: MIT Press, 1989.

[341] Levin, B, Malka, R. H. Unaccusativity: At the Syntax-Lexical Semantic Interface[M]. Cambridge, Mass: MIT Press, 1995.

[342] Li C. Mandarin resultative verb compounds: Simple syntax and complex thematic relations[J]. Language Sciences, 2013, 37(3): 99 - 121.

[343] Li G, Liu H-L, Cheung R, et al. An fMRI study comparing brain activation between word generation and electrical stimulation of language-implicated acupoints[J]. Human Brain Mapping, 2003, 18(3): 233 - 238.

[344] Li Y H. Plurality in a Classifier Language[J]. Journal of East Asian Linguistics, 1999, 8(1): 75 - 99.

[345] Li P, Jin Z, Tan L H. Neural Representations of Nouns and Verbs in Chinese: An fMRI Study[J]. Essays on Linguistics, 2013, 21(4): 1533 - 1541.

[346] Li Y F. On V-V Compounds in Chinese: a functional reference grammar[D]. CA: University of California, 1990.

[347] Lin T J. Light Verb Syntax and the Theory of Phrase Structure[D]. Irvine, CA: University of California, 2001.

[348] Liu H L, Wu C T, Chen J C, et al. Implementations of Clinical Functional Magnetic Resonance Imaging Using Character-based Paradigms for the Prediction of Chinese Language Dominance[J]. Journal of Computer Assisted Tomography, 2003, 27(2): 207 - 212.

[349] Luke K K, Liu H L, Wai Y Y, et al. Functional anatomy of syntactic and semantic processing in language comprehension[J]. Human Brain Mapping, 2002, 16(3): 133 - 145.

[350] Martina P. Controversies about CP: A Comparison of Language Acquisition and Language Impairments in Broca's Aphasia[J]. Brain and Language, 2001, 77: 351 - 363.

[351] McCawley J D. Lexical insertion in a transformational grammar without deep structure[C].//Papers from the 4th Regional Meeting of the Chicago Linguistic Society. Chicago: Chicago Linguistic Society, 1969, 71 - 80.

[352] Mcclure K D, Mcclure S M, Richter M C, et al. The kinetics of the BOLD response depend on inter-stimulus time[J]. Neuroimage, 2005, 27(4): 817 - 823.

[353] Mecklinger A, Schriefers H. Processing relative clauses varying on syntactic and semantic dimensions: An analysis with[J]. Memory and Cognition, 1995, 23(4): 477 - 494.

[354] Menning H, Zwitserlood P, Ning S, et al. Pre-attentive detection of syntactic and semantic errors[J]. NeuroReport, 2005, 16(1): 77 - 80.

[355] Meyer M, Alter K, Friederici A. Functional MR imaging exposes differential brain responses to syntax and prosody during auditory sentence comprehension[J]. Journal of Neurolinguistics, 2003, 16(4): 277 - 300.

[356] Meyer M, Friederici A D, Von C D Y. Neurocognition of auditory sentence comprehension: event related fMRI reveals sensitivity to syntactic violations and task demands[J]. Cognitive Brain Research, 2000, 9(1): 19 - 33.

[357] Meyer Patric, Axel Mecklinger, Thomas Grunwald, et al. Language processing within the human medial temporal lobe[J]. Hippocampus, 2005, 15(4): 451 - 459.

[358] Miyamoto T. The Light Verb Construction in Japanese: The Role of the Verbal Noun[M]. Amsterdam: John Benjamins Publishers, 2000.

[359] Moro A, Tettamanti M, Perani D, et al. Syntax and the Brain: Disentangling Grammar by Selective Anomalies [J]. Neuroimage, 2001, 13(1): 110 - 118.

[360] Müller O, Hagoort P. Access to lexical information in language comprehension: semantics before syntax [J]. Journal of Cognition Neuroscience,2006, 1: 84 - 96.

[361] Müller R-A, Surina B. Are nonlinguistic functions in "Broca's area" prerequisites for language acquisition? FMRI findings from an ontogenetic viewpoint [J]. Brain and Language, 2004, 89 (2): 329-336.

[362] Newman A J, Pancheva R, Ozawa K, et al. An Event-Related fMRI Study of Syntactic and Semantic Violations [J]. Journal of Psycholinguistic Research, 2001, 30(3): 339-364.

[363] Newman T M, Vasile J, Levine J L, et al. Perforator flap magnetic resonance angiography for reconstructive breast surgery: A review of 25 deep inferior epigastric and gluteal perforator artery flap patients [J]. Journal of Magnetic Resonance Imaging, 2010, 31 (5): 1176-1184.

[364] Newman S D, Just M A, Keller T A, et al. Differential effects of syntactic and semantic processing on the subregions of Broca's area[J]. Cognitive Brain Research, 2003, 16(2): 297-307.

[365] Noppeney U, Price C. An fMRI study of syntactic adaptation[J]. Cognitive Neuroscience Journal of, 2004, 16(4): 702-713.

[366] Packard J L. The Morphology of Chinese-A Linguistic and Cognitive Approach[M]. Cambridge: Cambridge University Press, 2000.

[367] Palolahti M, Leino S, Jokela M, et al. Event-related potentials suggest early interaction between syntax and semantics during on-line sentence comprehension[J]. Neuroscience Letters, 2005, 384(3): 222-227.

[368] Palti D, Ben S M, Hendler T, et al. Neural correlates of semantic and morphological processing of Hebrew nouns and verbs[J]. Human Brain Mapping, 2010, 28(4): 303-314.

[369] Parsons T. Events in the Semantics of English: A Study in Subatomic Semantics[M]. Cambridge: MIT Press, 1990.

[370] Peelle J E, Mcmillan C, Moore P, et al. Dissociable patterns of brain activity during comprehension of rapid and syntactically complex speech: Evidence from fMRI[J]. Brain and Language, 2004, 91(3):

315 - 325.

[371] Perani D, Cappa S F, Schnur T, et al. The neural correlates of verb and noun processing. A PET study[J]. Brain, 2000, 122 (Pt 12): 2337 - 2344.

[372] Peterson K. Artificial syntactic violations activate Broca's region[J]. Cognitive Science, 2004, 28(3): 383 - 407.

[373] Peterson R R, Burgess C, Dell G S, et al. Dissociation between syntactic and semantic processing during idiom comprehension[J]. Journal of Experimental Psychology: Learning, Memory, and Cognition, 2001, 27(5): 1223 - 1237.

[374] Pinker S. Talk of genetics and vice versa[J]. Nature, 2001, 413 (6855): 465 - 466.

[375] Platzack C. The initial hypothesis of syntax[C].//In H. Clahsen (Ed.). Generative perspective on language acquisition. Amsterdam: Benjamins, 1996: 369 - 414.

[376] Pu Y, Liu H L, Spinks J A, et al. Cerebral hemodynamic response in Chinese (first) and English (second) language processing revealed by event-related functional MRI[J]. Magnetic Resonance Imaging, 2001, 19(5): 643 - 647.

[377] Pulvermüller F, Mohr B, Schleichert H. Semantic or lexico-syntactic factors: what determines word-class specific activity in the human brain[J]. Neuroscience Letters, 1999, 275(2): 81 - 84.

[378] Radford A. Syntax: A Minimalist Introduction[M]. Cambridge: Cambridge University Press, 1997.

[379] Ritter E, S T Rosen. Event Structure and Ergativity[C].//In Events as Grammatical Objects. Stanford: Center for the Study of Language and Information. 2000: 187 - 238.

[380] Hartsuiker R J, Kolk H H J, Huinck W J. Agrammatic Production of Subject-Verb Agreement: The Effect of Conceptual Number[J]. Brain and Language, 1999, 69(2): 119 - 160.

[381] Roelien B, Thompson C K. Verb and auxiliary movement in

agrammatic Broca's aphasia [J]. Brain and Language, 84 (2): 286 - 305.

[382] Roeper T, Ramos E, Seymour H, et al. Language Disorders as a Window on Universal Grammar: An Abstract Theory of Agreement for IP, DP, and V-PP [J]. Brain and Language, 2001, 77 (3): 378 - 397.

[383] Rosen S T. Events and Verb Classification [J]. Linguistics, 1996, 34(2): 191 - 223.

[384] Rosen S T. The Syntactic Representation of Linguistic Events A State-of-the-Article[J]. Glot International, 1999, 4: 3 - 10.

[385] Ruchsow M, Trippel N, Groen G, et al. Semantic and syntactic processes during sentence comprehension in patients with schizophrenia: evidence from event-related potentials [J]. Schizophrenia Research, 2003, 64(2 - 3): 147 - 156.

[386] Sereno J A. Hemispheric Differences in Grammatical Class[J]. Brain and Language, 1999, 70(1): 13 - 28.

[387] Poeppel T D, Michael O Flüss, HW Müller, et al. Dissociating neural correlates for nouns and verbs [J]. Neuroimage, 2005, 24 (4): 1058 - 1067.

[388] Shapiro K A, Moo L R, Caramazza A. Cortical signatures of noun and verb production[J]. Proceedings of the National Academy of Sciences of the United States of America, 2006, 103(5): 1644 - 1649.

[389] Sherman J C, Schweickert J. Syntactic and semantic contributions to sentence comprehension in agrammatism [J]. Brain and Language, 1989, 37(3): 419 - 439.

[390] Simpson, J. Resultatives[C].//In L. Levin, Rappaport, and Zaenen (eds.) Papers in Lexical-Functional Grammar. Bloomington, Ind.: Indiana University Linguistics Club, 1983: 143 - 157.

[391] Siok W T. et. al. Biological abnormality of impaired reading is constrained by culture[J]. Nature, 2004, 431(7004): 71 - 76.

[392] Siok W T, Jin Z, Fletcher P, et al. Distinct brain regions associated

with syllable and phoneme[J]. Human Brain Mapping, 2003, 18(3): 201 - 207.

[393] Soon C S, Venkatraman V, Chee M W L. Stimulus repetition and hemodynamic response refractoriness in event-related fMRI [J]. Human Brain Mapping, 2003, 20(1): 1 - 12.

[394] Stavrakaki S. Comprehension of Reversible Relative Clauses in Specifically Language Impaired and Normally Developing Greek Children[J]. Brain and Language, 2001, 77(3): 419 - 431.

[395] Stromswold K, Caplan D, Alpert N, et al. Localization of Syntactic Comprehension by Positron Emission Tomography [J]. Brain and Language, 1996, 52(3): 452 - 473.

[396] Swinney D, Zurif E. Syntactic Processing in Aphasia [J]. Brain and Language, 1995, 50(2): 225 - 239.

[397] Talairach J, Tournoux P. Co-planar stereotaxic atlas of the human brain[M]. New York: Thieme Medical Publishers, 1988.

[398] Taler V, Jarema G, Saumier D. Semantic and syntactic aspects of the mass/count distinction: A case study of semantic dementia[J]. Brain and Cognition, 2005, 57(3): 222 - 225.

[399] Tan L H. The Neuroanatomical System Underlying Chinese Reading and Its Constraints on Second L anguage Learning[J]. HK J Paediatr (new series), 2005, 10: 131 - 139.

[400] Tan L H, Spinks J A, Gao J H, et al. Brain activation in the processing of Chinese characters and words: A functional MRI study [J]. Human Brain Mapping, 2000, 10(1): 16 - 27.

[401] Tan L H, Liu H L, Perfetti C A, et al. The Neural System Underlying Chinese Logograph Reading [J]. NeuroImage, 2001, 13(5): 836 - 846.

[402] Tan L H, Spinks J A, Feng C M, et al. Neural systems of second language reading are shaped by native language [J]. Human Brain Mapping, 2003, 18(3): 158 - 166.

[403] Tan L H, Feng C M, Feng C C, et al. An fMRI study with written

Chinese[J]. Neuroreport, 2001, 12(1): 83 - 88.
[404] Tang C J. Chinese Phrase Structure and the Extended X'-theory[D]. The State of New York: Cornell University, 1990.
[405] Tham W W P, Liow S J R, Rajapakse J C, et al. Phonological processing in Chinese-English bilingual biscriptals: an fMRI study[J]. Neuroimage, 2005, 28(3): 579 - 587.
[406] Thompson C K, Tait M E, Ballard K J, et al. A grammatic Aphasic Subjects " Comprehension of Subject and Object Extracted Wh Questions[J]. Brain and Language, 1999, 67(3): 169 - 187.
[407] Tyler L K, Moss H E. Towards a distributed account of conceptual knowledge[J]. Trends in Cognitive Sciences, 2001, 5(6): 244 - 252.
[408] Ullman M T, Pancheva R, Love T, et al. Neural correlates of lexicon and grammar: Evidence from the production, reading, and judgment of inflection in aphasia[J]. Brain and Language, 2005, 93(2): 185 - 238.
[409] Vigliocco G. Language processing: The anatomy of meaning and syntax[J]. Current Biology, 2000, 10(2): 78 - 80.
[410] Wang S, Zhu Z J, Wang Z, et al. Broca's Area Plays a Role in Syntactic Processing during Chinese Reading Comprehension[J]. Neuropsychologia, 2008, 46(5): 1371 - 1378.
[411] Xiang H, Lin C, Ma X, et al. Involvement of the cerebellum in semantic discrimination: an fMRI study[J]. Human Brain Mapping, 2003, 18(3): 208 - 214.
[412] Yang J, Tan L H, Li P. Lexical representation of nouns and verbs in the late bilingual brain[J]. Essays on Linguistics, 2011, 24(6): 674 - 682.
[413] Yang Y, Bi H Y, Long Z Y, et al. Evidence for cerebellar dysfunction in Chinese children with developmental dyslexia: an fMRI study[J]. International Journal of Neuroscience, 2013, 123(5): 300 - 310.
[414] Yokoyama S, Miyamoto T, Riera J, et al. Cortical Mechanisms Involved in the Processing of Verbs: An fMRI Study[J]. Journal of

Cognitive Neuroscience, 2006, 18(8): 1304 - 1313.

[415] Yu X, Bi Y C, Han Z Z, et al. An fMRI Study of Grammatical Morpheme Processing Associated with Nouns and Verbs in Chinese [J]. PLoS ONE, 2013, 8(10): e74952 -.

[416] Zhang, Hongming. The grammaticalization of bei in Chinese [J]. Chinese Languages and Linguistics, 1994(2): 321 - 360.

[417] Zuckerman S, Bastiaanse R, Zonneveld R V. Verb Movement in Acquisition and Aphasia: Same Problem, Different Solutions — Evidence from Dutch [J]. Brain and Language, 2001, 77 (3): 449 - 458.

后　记

这本书的出版归功于我在徐州师范大学（现江苏师范大学）语言研究所（现为语言科学研究院、国家语委语言能力高等研究院）、语言与神经认知科学江苏省重点实验室、《语言科学》杂志社、语言科学学院（现为语言科学与艺术学院）、语言能力协同创新中心等单位学习和工作的17年。

2000年起，我师从杨亦鸣教授学习神经语言学并开始研究汉语词类的脑加工机制。2003年在国内语言学专业率先以功能性磁共振成像（fMRI）为技术手段完成了硕士论文。从2005年开始，在杨亦鸣教授指导下研究汉语句法的脑加工机制，2013年开始着手研究并指导研究生探讨语境或口语中句法的脑加工机制，这期间还获得了国家和江苏省哲学社会科学等多项科研基金项目的资助。

将汉语轻动词加工这一句法的脑加工机制研究成果系统化为一本专著，既是对过往研究的总结，也是为今后的研究做准备。对轻动词的词类属性、句法属性及其在实际口语句法中的研究，应该能为我们研究汉语语言能力问题提供一些新的证据和思路。本书中收录的部分研究已经在学术期刊上发表过，在此再次致谢合作者。

感谢南通大学文学院、人事处和社会科学处等部门的领导和同事，为我营造了一个自由宽松的学术环境，让这本书得以顺利出版。同时也感谢上海社会科学院出版社支持出版本书。

图书在版编目(CIP)数据

汉语轻动词加工的神经机制研究/封世文著. —上海：上海社会科学院出版社，2019
ISBN 978-7-5520-2754-9

Ⅰ.①汉… Ⅱ.①封… Ⅲ.①神经语言学—研究②汉语—动词—研究 Ⅳ.①H0-05②H146.2

中国版本图书馆 CIP 数据核字(2019)第 091056 号

汉语轻动词加工的神经机制研究

著　　者：封世文
责任编辑：霍　覃
封面设计：霍　覃
出版发行：上海社会科学院出版社
上海顺昌路 622 号　邮编 200025
电话总机 021-63315947　销售热线 021-53063735
http://www.sassp.org.cn　E-mail：sassp@sassp.cn
排　　版：南京展望文化发展有限公司
印　　刷：上海龙腾印务有限公司
开　　本：890×1240 毫米　1/32 开
印　　张：9.125
字　　数：200 千字
版　　次：2019 年 10 月第 1 版　2019 年 10 月第 1 次印刷

ISBN 978-7-5520-2754-9/H·055　定价：58.00 元